LOUISE LABÉ, LYONNAISE

DU MÊME AUTEUR

Pantagruel, Gargantua, Paris, Hachette, 1977 (Classiques Hachette).

La Comédie humaniste et ses personnages, Paris, PUF, 1978.

Rabelais et la Renaissance, Paris, PUF, 1979 (collection « Que sais-je ? »). Traduction japonaise, Tokyo, 1980.

Le Théâtre en France au XVIe siècle, Paris, PUF, 1980 (collection « Littératures modernes »).

Images littéraires de la femme à la Renaissance, Paris, PUF, 1985 (collection « Littératures modernes »).

Le Laquais avec P. de Larivey (en collaboration avec L. Zilli), édition critique, Paris, SFTM, 1987.

Mémoires-journaux de P. de L'Estoile (en collaboration avec G. Schrenk), édition critique, Genève, Droz, t. I du « Journal d'Henri III », 1992 ; t. II, 1996 ; t. III, 1997 ; t. IV, 2000 ; t. V, 2001 ; t. VI 2003 (Prix de l'Académie des inscriptions et belles-lettres).

Michel de Montaigne, Paris, Fayard, 1992 (Prix d'Aumale de l'Institut de France décerné par l'Académie française, Prix du nouveau cercle de l'Union interalliée).

Rabelais l'humaniste, Paris, Hachette, 1993 ; réédition, Pluriel, Hachette littératures, 2002

Pierre de Bourdeille, seigneur de Brantôme, Paris, Fayard, 1995.

Agrippa d'Aubigné, Paris, Fayard, 1998 (Prix Bodin de l'Académie des inscriptions et belles-lettres).

Les Avenues de Fémynie, Paris, Fayard, 2001 (Prix Marianne, Prix Monseigneur Marcel de l'Académie française).

Madeleine Lazard

LOUISE LABÉ, LYONNAISE

Fayard

Avant-propos

L'étonnante réussite de Louise Labé, le plus grand poète féminin de la Renaissance française, l'admiration que suscita son œuvre dès sa parution ne l'ont pas empêchée de rester bien mal connue, sinon d'un public restreint d'amateurs, ou même de devoir sa célébrité à une légende hostile qui s'en est pris à sa vie privée et a fait d'elle une courtisane.

De cette vie, à vrai dire, on sait très peu de chose et c'est une gageure que d'entreprendre de la retracer. Sa réussite tient du paradoxe. À une époque où une petite-bourgeoise n'avait pas de chance d'accéder à la vie intellectuelle et risquait sa réputation en renonçant à la réserve imposée à son sexe et à sa condition, comment cette fille et femme de cordier a-t-elle pu devenir un poète célèbre en son temps tout en affirmant publiquement sa qualité d'auteur ?

Le succès immédiat remporté par son œuvre ne peut s'expliquer que par la rencontre exceptionnelle d'une personnalité remarquable et d'un climat social, intellectuel et culturel où elle a pu s'épanouir et se faire connaître.

Louise Labé, à maintes reprises, s'est déclarée Lyonnaise, non sans fierté. Fierté justifiée à en croire l'un de ses contemporains, Antoine du Moulin, se portant garant de la « vivacité des bons esprits qu'en tous arts ce climat lyonnais a toujours produit en tous sexes voire assez, plus copieusement que guère autre qu'on sache ».

Comme l'ensemble de la France, et avec une intensité plus grande encore, Lyon a vécu l'aventure de la Renaissance. Un faisceau de circonstances favorables a porté la ville au niveau des premières cités européennes et en a fait une métropole commerciale, financière et intellectuelle.

Louise Labé, née vers 1520-1523, a vécu son enfance et son adolescence pendant les années qu'on tient pour l'âge d'or de la ville de Lyon, la grande heure de l'humanisme. Elle-même, dans les années 1550, symbolise la Renaissance au féminin, l'éclat de la ville intellectuelle lyonnaise qui rayonne durant le « beau XVIe siècle ». Louise vit au rythme de cette ville qu'elle ne quitta, à ce qu'on sache, que pour aller dans ses terres toutes proches, à Parcieu ou à Dombes, habitant au cœur même de Lyon, dans une famille d'artisans lyonnais.

Les changements de la politique royale, qui délaisse l'Italie, puis les guerres religieuses et civiles vont réduire l'activité foisonnante de la capitale des Gaules et son prestige. Les grands marchands étrangers la quittent pour la plupart, le groupe d'écrivains et d'intellectuels que fréquentait Louise se disperse et disparaît. Il est surprenant qu'on ne retrouve guère de trace à présent de la prodigieuse prospérité qui fit de Lyon un centre de l'Europe, monuments publics, œuvres commémoratives.

Tandis que se déchaînent les luttes religieuses, que s'amorce un sensible déclin de la ville dans une conjoncture économique de plus en plus difficile, Louise se tait, peu après la parution de ses *Œuvres*. Que devient-elle ? On ne sait. Elle mourra, à peu près oubliée, en accord avec le destin de sa ville natale. Elle devait renaître sous les multiples aspects que lui prêtera sa légende posthume tour à tour scandaleuse, calomnieuse ou résolument admirative.

Depuis quelques décennies, tandis que grandissait l'intérêt pour une littérature féminine souvent négligée, les études des œuvres de Louise se sont multipliées. On n'entreprendra pas ici de les répéter. Il y en a d'excellentes et elles relèvent de la tâche du critique.

La tâche du biographe est autre, a-t-on dit. « Il doit faire revivre l'homme (ou la femme !) tel que la nature ou les habitudes l'ont fait et formé, avec son entourage, ses méthodes de travail, faire apparaître son caractère plus que les signes de son génie pour établir ainsi une sorte d'intimité entre son héros et la postérité. »

Cette tâche est particulièrement difficile en ce qui concerne Louise Labé, restée énigmatique à tant d'égards. Mais peut-être réussira-t-on à l'apercevoir en creux, en faisant revivre l'atmosphère de cette ville à laquelle elle était si fière d'appartenir, les milieux qu'elle a pu fréquenter, les livres, les entretiens, les expériences et les rêves qui ont pu nourrir son génie poétique.

« Le climat lyonnais »

Lyon, c'est ville entre toutes cités
pleine de gens, de richesse et d'avoir
Boyssoné

On ne peut comprendre le « phénomène Louise Labé » sans le replacer dans ce « climat lyonnais » dont le rôle fut déterminant tant sur l'orientation de sa vie que sur sa réussite. Il offrait des conditions particulièrement favorables à une fille bien douée pour développer des qualités innées. Plus encore, il lui permit de faire une surprenante entrée dans le monde des lettres lyonnaises et d'y conquérir une place si glorieuse.

L'ancienne capitale des Gaules avait connu une suite de désastres jusqu'au XVe siècle. L'avènement de Lyon au rang de grand centre du commerce et de la banque s'est accompli en moins d'un demi-siècle. Lorsque naît Louise Labé (entre 1520 et 1523), la population est passée de vingt mille habitants vers 1470 à soixante ou soixante-dix mille. Lyon est alors parmi les cités les plus peuplées d'Occident, digne de prendre place à côté de Florence, d'Anvers, de Londres, de Séville, l'un des lieux où l'essor du grand commerce et de l'urbanisation se manifeste le plus brillamment.

Cet essor, la ville le doit d'abord à une situation naturelle incomparable, au débouché des grands passages alpestres, au confluent de deux fleuves, la Saône et le Rhône, et à proximité d'un troisième, la Loire, en un temps où la voie d'eau comporte d'immenses avantages. Bien desservie par ses fleuves et par ses routes, ville frontière entre la France et la Savoie, véritable plaque tournante d'où les convois s'acheminent par eau et par route vers la Méditerranée, les terres d'Empire et l'intérieur de la France, Lyon, l'une des « clefs du royaume » selon un acte de Charles VII, voit s'éveiller dès le début du siècle une brillante activité économique, surtout à partir de 1535. Elle doit essentiellement sa richesse à l'importance de ses foires, à l'invasion des étrangers et à la diffusion de l'imprimerie.

Deux foires franches avaient été instituées à Lyon par Charles VII en 1420, puis une troisième en 1444. Louis XI les transféra à Genève, mais les réinstalla à Lyon au nombre de quatre, de quinze jours chacune. Confirmées par ses successeurs, à travers bien des polémiques, notamment par Charles VIII – il avait besoin du soutien des marchands de Lyon pour financer ses expéditions en Italie –, énergiquement protégées par François Ier et Henri II, elles atteignent leur apogée dans la première moitié du XVIe siècle. Favorisées par le déclin des foires de Champagne et de Brie, elles virent s'augmenter leurs privilèges : exemption d'impôts pour les marchands et marchandises de France ou de l'étranger, exemption de service militaire, protection du sénéchal accordé aux étrangers, dont les monnaies avaient cours, etc.

Destinées à jouer un rôle de carrefour économique et culturel semblable à celui de leurs devancières au Moyen Âge, elles deviennent l'une des principales sources de la richesse et du prestige de la ville. Les foires, en effet, favorisent l'essor fulgurant du commerce : dès 1470 les échanges portent surtout sur les textiles, soieries italiennes, toiles de Hollande, frises d'Angleterre, camelots de Flandre, et aussi toiles et draps du royaume. Le marché des épices, venues des Échelles du Levant, tient la seconde place. Viennent ensuite celui de nombreux artisanats de luxe et, loin derrière, celui des métaux. L'espace commercial de Lyon embrasse la France, les pays méditerranéens, et l'Europe du Nord-Ouest. Ce sont les foires qui donnent aussi l'impulsion à l'industrie de la soie, encouragée par les rois, de Louis XI à François Ier qui réorganisa la douane de Lyon au profit des marchands de la ville. Henri II confirma leurs privilèges. Les métiers de la soie, vers 1554, font vivre 12000 personnes.

Place industrielle et commerciale, la ville devient parallèlement une place bancaire de première importance, exerçant un grand pouvoir d'attraction. Ainsi, dès 1461-1466, les Médicis avaient transféré leur succursale de Genève à Lyon.

La préoccupation croissante de l'argent fait que, dès la fin du XVe siècle, les trois classes, les trois «états» de la société lyonnaise se distinguent presque uniquement en fonction de leur richesse : la bourgeoisie, vivant de ses revenus et de ses terres, la «clergie» regroupant gens de droit et officiers (du roi ou de l'archevêque), et la «marchandise», négociants et artisans formant le monde du commerce et de l'industrie, dont les «maîtres» jouent un rôle dans l'administration. Les corporations sont alors florissantes (46 vers 1554), et Lyon, ville de métiers majoritairement libres (218 d'après les «nommées», recensements pour établir les taxes), à l'inverse de Paris, ville de métiers jurés c'est-à-dire réglementés, est alors un lieu de liberté économique. Elle n'a pas de noblesse ancienne, à l'exception des chanoines de Saint-Jean, comtes de Lyon. Le patriciat lyonnais est issu du monde des affaires et ses descendants se sont vite tournés vers les offices, dont peu étaient d'importance puisque la ville n'a pas de cours souveraines.

La prospérité lyonnaise attire un grand nombre d'immigrés venus des provinces voisines, ouvriers, manœuvres, gagnés par la misère lors des famines. La crise de 1528-1529 provoque une révolte, la «grande rebeyne». Née de la faim, elle provoque des pillages, mais traduit aussi des tensions qui opposent marchands et artisans, ceux-ci se sentant écartés du pouvoir urbain qu'exerce le consulat. De nouvelles périodes de disette amèneront notables et consuls à organiser, en 1534, l'Aumône générale, exemple de «charité organisée, sélective, collective, permanente et laïque» selon R. Gascon, contrôlée par l'oligarchie marchande, que suivront les grandes villes d'Europe.

Le commerce international est dominé par les grands marchands – banquiers étrangers, surtout italiens, appartenant aux quatre «nations», Lucquois, Milanais, Génois, Florentins, qui investissent dans le commerce mais aussi dans les prêts aux particuliers ou au souverain. Car le roi de France venait régulièrement chercher du crédit auprès d'eux. Ils formeront le « Grand Parti » en 1555, que l'insolvabilité royale mettra en difficulté à la fin du règne.

Parmi les étrangers qui affluent à Lyon, les Italiens ont passé souvent pour être les plus nombreux. En fait, le contingent allemand, flamand et suisse est au moins aussi important dans le domaine de la banque et de l'imprimerie. Mais dès la fin du XVe siècle une soixantaine de familles italiennes, les Médicis, les Guadagni, les Gondi, etc. étaient installées dans cette ville cosmopolite où, depuis 1470, les Florentins avaient leur église et leur consulat indépendant. Bien avant les guerres d'Italie, nombre de banquiers, d'imprimeurs, de graveurs, de marchands, d'artistes et de diplomates y ont vécu (César Borgia fut gouverneur de Lyon en 1498, Machiavel y séjourna à plusieurs reprises de 1500 à 1510).

L'importance des Italiens avait joué surtout dans le monde économique. Au XVIe siècle, elle devait également gagner sur le plan intellectuel et artistique. Après l'italianisme des banquiers vint celui des écrivains et des artistes.

Quant aux expéditions militaires, dont l'influence fut bien moins décisive qu'on l'affirma longtemps, elles assurèrent des contacts humains, contribuèrent surtout à la découverte de la civilisation de la péninsule en révélant aux « barbares du Nord » – qui ne se privèrent pas de les piller – les trésors de la civilisation de la péninsule et orientèrent l'italianisme français vers les domaines de l'art, du décor de vie et de la littérature.

L'essor de l'imprimerie, implantée dans la ville en 1473, trois ans après Paris, devait faire de Lyon une capitale intellectuelle, le « second œil de la France », une « nouvelle Athènes ». Ces « impressions [...] inventées par inspiration divine comme, à contrefil, l'artillerie par suggestion diabolique », selon Rabelais, furent introduites dans la ville, grâce à l'afflux des capitaux, dû au commerce florissant mais aussi à la présence du puissant chapitre des chanoines-comtes de Saint-Jean et de nombreux établissements monastiques. Dès le XVe siècle, Lyon comptait soixante-douze maîtres imprimeurs, une centaine de nouveaux au XVIe siècle.

Certains venaient d'Allemagne comme Jean Trechsel. Il prit pour correcteurs Josse Bade et Sébastien Gryphe qui s'y établit peu avant 1524, fut connu à partir de 1528 par ses éditions de livres latins, et mourut en 1556. Son atelier fréquenté par nombre d'érudits semble bien avoir été le centre le plus actif de l'activité intellectuelle lyonnaise, le lieu de rencontre des humanistes, résidents ou de passage. Les Flamands, les Italiens suivirent. En dépit de la concurrence italienne, qui réduisait à la misère les premiers imprimeurs français, ceux-ci se multiplièrent. Les romans populaires étaient publiés par Claude Nourry et François Juste, éditeur de Rabelais ; une avalanche de livres répandit les sources du savoir, en latin et en français.

L'imprimerie suscita des échanges entre Lyon et l'Italie, les Français allant faire leur apprentissage en Italie et plusieurs Italiens venant se fixer à Lyon. Les contrefaçons de livres italiens publiés à Lyon montrent le prestige dont jouissait alors la typographie italienne. Au lieu des caractères gothiques utilisés en France et des romains en Italie, Alde Manuce de Venise fit vite préférer les lettres aldines ou italiques, d'une lecture aisée. Ces caractères sont devenus à la mode après 1532 pour tous les livres de poésie, français ou italiens. Jean de Tournes les emploiera, en 1555 et 1556, pour les deux premières éditions de Louise Labé.

Cet « essor » de l'imprimerie lyonnaise tient à la liberté dont elle a pu jouir, loin de la rigoureuse surveillance que la Sorbonne exerçait sur leurs confrères parisiens, toujours menacés par la censure. Par ailleurs, les rois, François Ier surtout, leur accordèrent d'appréciables franchises, et les foires leur offraient de fructueux débouchés pour leurs livres. En un temps où partout ailleurs dans le royaume l'attitude prudente de l'évangélisme, entre l'orthodoxie catholique et la Réforme, n'était plus possible, Lyon a fait figure de capitale de la liberté intellectuelle. C'est ainsi que s'y installe Étienne Dolet, et qu'il crée son atelier en 1534, après s'être enfui de Toulouse. Étudiant en droit, il y avait prononcé en 1533 deux violents réquisitoires contre les comportements sociaux et religieux des Gascons, fut emprisonné puis chassé de la ville.

La richesse industrielle, l'organisation commerciale et bancaire de la ville de Lyon, bien servie aussi par sa situation géographique, en ont fait un centre de civilisation extrêmement favorable aux échanges matériels et spirituels, accueillant et ouvert aux influences les plus diverses. L'imprimerie a permis la reconquête de l'Antiquité, dans l'enthousiasme du premier humanisme, dominé par les grands noms d'Érasme et de Guillaume Budé, admirés de toute l'Europe lettrée du temps, les contemporains de Symphorien Champier (1472-1537), l'un des représentants les plus remarquables de l'humanisme lyonnais dans le premier tiers du siècle. C'est d'abord, selon Étienne Dolet, l'un des six meilleurs médecins de France, avec Rabelais. Partisan de restaurer l'art médical selon Hippocrate et Galien, botaniste, archéologue, philologue, sa curiosité d'esprit l'oriente vers les domaines les plus divers. Épris de savoir, il a beaucoup œuvré pour l'enrichissement de la culture humaniste par la diffusion des Anciens, Platon et Aristote, l'introduction en France des idées néo-platoniciennes et l'édition d'un corpus hermétique. Champier a, par ailleurs, contribué à l'institution à Lyon du Collège de Médecine et avec Claude de Bellièvre, son ami, à celle du Collège de la Trinité, fondé par le Consulat en 1527.

Cette fondation répondait à la fois au désir des lettrés de diffuser les idées de la Renaissance et à celui de la bourgeoisie marchande d'instruire ses fils pour les pousser vers la magistrature, réputée plus honorable que le commerce ou la banque.

En 1540, Barthélemy Aneau, pédagogue, poète, juriste, romancier en deviendra le principal et établira un plan d'études dans l'esprit de l'éducation humaniste.

Plus encore qu'à ses nombreux ouvrages, Champier doit sa célébrité à son rôle de ferment des idées nouvelles. Ajoutons qu'en opposition à la tradition misogyne, encore bien vivace dans les premières années du siècle, sa *Nef des dames vertueuses* (1503) plaide pour l'honneur de la femme, devançant ainsi le féminisme des années 1540, et les rebondissements de la querelle des femmes. Elle est contemporaine de *La Noblesse et Préexcellence du sexe féminin* de Corneille Agrippa, lui aussi défenseur de la femme.

Dès l'âge de Champier, à l'aube du XVIe siècle, la curiosité intellectuelle des notables, des gens de robe en particulier, favorise l'épanouissement de l'humanisme. Lyon connaît alors des cercles lettrés tel celui qui se tient dans la résidence de Pierre Sala, gentilhomme de Charles VIII et de Louis XII, où il a réuni une collection de vestiges archéologiques et de livres anciens. François Ier vient en 1522 visiter ce beau domaine appelé l'*Antiquaille*.

On a mis en doute l'existence de l'Académie de l'Angélique (réunie chez le Président de Lange, d'où son nom), qui se rassemblait vers 1500 dans une maison située sur les pentes de Fourvières. Il ne s'agit pas en fait d'une académie se donnant des statuts et tenant des séances à date fixe à la mode de celles d'Italie, selon les dires du Père de Colonia. Une lettre d'un érudit adressée à Symphorien Champier atteste simplement l'existence des réunions informelles d'un groupe d'amis épris de conversations sérieuses sur les sujets les plus divers, de concerts, de promenades loin de la ville. Dans une autre lettre est évoquée la présence dans l'Académie du poète Jean Lemaire de Belges (mort entre 1515 et 1524), auteur des *Illustrations de Gaules*.

Lyon connaît alors ses premiers salons, dont la légende a d'ailleurs augmenté le nombre et l'importance. Rien de comparable avec ce que sera l'hôtel de Rambouillet. Celui de Marie-Catherine de Pierrevive notamment atteint son apogée vers 1536. Épouse d'Antonio de Gondi, seigneur du Perron en 1520, elle écrivait, mais ses œuvres ont été perdues. Marot passa dans son salon avant qu'elle ne quittât Lyon (1541) pour être attachée à Catherine de Médicis et devenir la gouvernante de Charles IX.

Cette génération, curieuse de savoir, plus ouverte qu'on pouvait l'être à Paris à une certaine liberté de pensée, l'est aussi aux débats, littéraires et moraux, aux nouvelles discussions en particulier sur l'amour. Elle prépare en tout cas le climat intellectuel de ce qu'on a qualifié d'âge d'or lyonnais, les années 1530-1540, celles de l'enfance et de l'adolescence de Louise Labé.

Vie mondaine et vie de l'esprit se rejoignent. Mais les cercles lettrés ne reçoivent pas tous le même public. Celui de Marie de Pierrevive accueille des gens du monde, des poètes (qui écrivent en français, non en latin), un Marot de passage, ou un Estorg de Beaulieu. Le cercle savant, lui, regroupe humanistes et poètes néo-latins, le célèbre *sodalitium lugdunense* dont l'existence est formellement attestée. Certes, les membres des deux cercles distincts peuvent se rencontrer : Marot et Beaulieu sont des amis de Scève.

Mais si le cercle mondain est noble, en rapport avec la Cour de France, le cercle savant est bourgeois, et compte surtout des Lyonnais authentiques ou des visiteurs qui résident dans Lyon depuis un certain temps. La culture gréco-latine compte pour eux plus que l'italienne, qu'ils accueillent pourtant volontiers. Le cercle mondain par contre regarde davantage vers l'Italie, tant par ses affinités, qui tiennent aux personnes, que par ses goûts pour les fêtes, les jeux, les arts, plus encore que pour les lettres. Les conversations des « devisants » mis en scène dans l'*Heptaméron* de Marguerite de Navarre donnent une idée – compte tenu de la transposition littéraire – de celles du cercle mondain.

Dans les cercles savants du *sodalitium*, le ton des entretiens devait être différent. Les ateliers des imprimeurs étaient aussi des centres vivants, de l'activité intellectuelle, d'échanges entre érudits, imprimeurs, correcteurs, écrivains, tels ceux de Sébastien Gryphe, Jean de Tournes, Guillaume Rouillé. Ce petit monde ouvert aux nouveautés, fort cosmopolite, actif, original, turbulent, devenait un aimant pour les gens de lettres, attirés de loin par cette flamme lyonnaise, « illuminante et réchauffante ». Vers 1540, Lyon, « cité aux cent presses en action », est d'ailleurs la capitale du livre. « Il n'y a aujourd'hui lieu en la chrétienté où il se fasse plus bel ouvrage ni en plus de diverses sciences qu'il se fait audit Lyon », selon l'Édit de Fontainebleau du 28 décembre 1541.

Autre centre de l'humanisme, le Collège de la Trinité, fondé par des laïcs en 1527. Son premier principal, puis son successeur prêtent leur appui à Dolet, quand il est menacé.

Barthélemy Aneau y enseigne depuis 1529, avant d'en être principal de 1540 à 1550 puis de 1558 à sa mort, en 1561.

Lié d'amitié avec Dolet, favorable à la Réforme, il s'adonne en même temps à des travaux littéraires : des pièces destinées à être jouées au Collège, un *Mystère de la Nativité*, une satire proclamant la supériorité de Lyon sur Paris, Rouen, Orléans (*Lyon marchant*), d'autres ouvrages concernant la langue, le droit, un roman.

Mais le principal centre de ralliement est la demeure de Guillaume Scève, chez qui se tiennent les réunions. Commanditaire de l'atelier de Gryphe, où plusieurs humanistes sont à la fois correcteurs et clients, il semble faire fonction de directeur de l'imprimerie et c'est à lui que s'adressent les *sodales* (camarades), qu'il invite et protège. Dolet, à qui il servit d'introducteur lors de son arrivée à Lyon, et Guillaume sont maintes fois associés comme les deux patrons du groupe. Guillaume, conseiller du Parlement de Chambéry, manie l'épigramme érotique et bachique. Il collabore au recueil en l'honneur du fils aîné de François Ier, mort mystérieusement, le *Tombeau du dauphin* (1536), ainsi que son cousin Maurice Scève. Ces deux Lyonnais d'origine occupent une place d'honneur dans les *Epigrammata* de Jean Visagier. L'archéologue du Choul et les trois «illustres» frères Vauzelles, parents et amis de Maurice, y complètent le cercle des autochtones. Cet ouvrage qui comporte 631 pièces en vers latins évoque le milieu intellectuel lyonnais des années 1536-1537, ce monde de «bons camarades» dépeint par L. Febvre, où les brouilles font écarter d'une édition à l'autre les noms de certains anciens amis.

N'a-t-il pas adressé lui-même une pièce «*ad sodalitium amicorum Lugdunensium*», où paraissent à côté des Lyonnais résidents, de souche ou naturalisés, les Lyonnais d'adoption, de passage, de cœur et parfois d'intérêt? Ce Champenois qui prit le nom latin de Vulteius (appelé aussi Vautier, Vouet ou Voulté) et se donne celui de Visagier, d'abord régent de collège à Bordeaux, étudia le droit à Toulouse où il se lia d'amitié avec le juriste Nicolas Bourbon, poète des *Nugae*. Jean de Boysonné, ami de Michel de l'Hospital qu'il retrouve à Lyon en 1536, ainsi que Dolet, auquel Visagier viendra en aide lorsqu'il est incarcéré à Lyon pour avoir tué, au cours d'une rixe, le peintre Compaings, puis finalement libéré. Les éloges que cet Apollon de collège leur adresse dans son recueil tourneront au vinaigre après qu'il se fit brouillé avec l'un et l'autre.

Le nom de Dolet est tout naturellement associé à celui de Marot qui, comme lui, connut l'exil. Et Visagier de faire entendre la plainte de Lyon qui a perdu deux enfants d'adoption, dont l'un d'eux, Marot, en a chanté la grandeur avec une émotion sincère.

Au nombre des Lyonnais de passage, et de cœur, il mérite une place à part. Fils du rhétoriqueur Jean Marot, familier de la cour des Valois, valet de chambre de François Ier, protégé de sa sœur, Marguerite de Navarre, dont il partage le goût des lettres et les convictions religieuses, poète officiel admiré du roi, il jouit d'une belle réputation (octobre 1534). Mais l'affaire des Placards (affiches placardées dans les rues de Paris, dans plusieurs villes jusqu'à Amboise où séjourne la cour, et même sur la porte de la chambre du roi à Blois) va lui faire frôler le bûcher. Ces affiches condamnant la messe ont valeur d'acte politique autant que de déclaration de foi hétérodoxe. Elles déclenchent la colère du roi, et les persécutions. Marot figure sur la liste des suspects. Il s'enfuit à Nérac auprès de la reine Marguerite, puis à Ferrare, à la cour de Renée de France, qui l'accueille chaleureusement. Mais son époux le duc d'Este, soucieux de rester en bons termes avec le pape, finit par le juger trop suspect. Bâtonné une nuit, sur son ordre sans doute, Marot s'enfuit en juin 1536 à Venise. L'amnistie accordée par le roi aux réformés qui abjureraient leur « erreur » lui permettra d'obtenir un sauf-conduit pour regagner la France. Au tout début de décembre 1536, il est à Lyon.

Le cardinal de Tournon, gouverneur du Lyonnais, poète lui-même, l'interroge à son arrivée, se déclare assuré de la bonne foi du pénitent qu'il estime « en bon chemin ». Et Marot doit donc abjurer publiquement l'« erreur luthérienne ». En chemise, pieds nus, un cierge à la main, il lui faut aller s'agenouiller dans la cathédrale Saint-Jean devant l'archevêque, ou l'un de ses vicaires, tandis que celui-ci prononce les psaumes en lui frappant l'épaule de verges (une baguette, en fait) à chaque verset. Après récitation du *Pater*, de deux autres prières, Marot reçoit l'absolution. Il rentre, blanc comme neige, dans le giron de l'Église.

La jeune Louise Labé s'est-elle trouvée dans la foule massée autour de la cathédrale pour observer la cérémonie ? C'est bien possible.

Si celle-ci fut humiliante, l'accueil chaleureux de l'«intelligentsia» lyonnaise en compensa largement l'amertume. Dès son arrivée, on reçut l'exilé en prince des lettres. Il fréquente la maison de Guillaume Scève, son cousin Maurice le met au-dessus de tous les poètes, il rencontre ses trois sœurs, et peut-être Pernette du Guillet, l'égérie de Maurice, toutes aimables et lettrées, reçoit des vers louangeurs, adresse des épigrammes aux demoiselles.

Quant à Louise, il n'a guère pu la connaître encore enfant, lors de son séjour à Lyon en mai 1533, dans la suite du roi se rendant à Marseille. Admira-t-il, en 1536, une jolie fille – elle n'avait guère plus de quatorze ans – dont quelque érudit lui vanta les dons prometteurs, en la lui présentant ? Assurément pas la femme de lettres accomplie qu'elle devint par la suite, lorsqu'elle se mit à écrire après avoir découvert l'amour, à seize ans dit-elle.

Dès janvier 1537, Marot regagnait Paris et la Cour. Ses *Adieux* à la «cité de grand'valeur», qui s'était montrée si accueillante, si fertile en beaux et bons esprits, et si ouverte aux Muses, témoignent donc d'une reconnaissance émue, et d'une admiration sincère :

> Adieu Lyon qui ne mords point
> Lyon plus doux que cent pucelles…
> ....
> Adieu aussi à toutes celles
> Qui embellissent ton séjour.
> ....
> Et citoyens que j'aime bien.

Parmi les visiteurs que font défiler à nos yeux les *Epigrammata*, citons encore Hugues Salel, Ducher, Bonaventure des Périers, Sussaneau, Charles Fontaine.

Quant aux Lyonnais d'origine, les plus célèbres sont Scève, Guillaume et son cousin Maurice.

Certaines pièces du recueil de Visagier traduisent aussi des préoccupations religieuses sur les collines de Fourvières et les rives de la Saône. L'esprit humaniste et l'esprit évangélique – réformiste – ne faisaient souvent qu'un. Visagier traduit les sentiments d'un milieu qui déplorait l'exil de Marot à Ferrare et l'accueillait avec joie à son retour. Les *Epigrammata* mentionnent plusieurs hauts personnages, évêques et cardinaux, y compris le libéral Gérard Roussel, évêque d'Oloron, très représentatif de l'époque et des tendances religieuses – progressistes – du milieu intellectuel lyonnais. «Érasmiens», «évangéliques», ces prélats sont des religieux selon le cœur de Marguerite de Navarre (à laquelle Visagier adresse plusieurs pièces), ceux que l'on a appelés les chefs de l'Église catholique réformée, d'esprit gallican, la partie la plus éclairée du clergé français, et sans doute la classe la plus élevée et la plus tolérante de la nation.

Jean de Vauzelles, sur lequel nous reviendrons, car il connaît bien Louise Labé, est l'auteur d'une *Police subsidiaire ou Assistance des Pauvres* (1531) à l'origine de la création de l'Aumône générale, l'une des gloires de Lyon. La vie charitable de cet ecclésiastique, poète et doué d'une solide culture humaniste, répond à sa devise : «D'un vrai zèle». Il composera deux épitaphes pour deux célèbres Lyonnaises, Pernette du Guillet et Louise Labé. Notre belle cordière n'est qu'une jeune adolescente lors de l'édition des *Epigrammata*. Mais l'ouvrage est révélateur de l'effervescence intellectuelle – à laquelle elle fut sans doute sensible – de la Renaissance dans sa ville natale.

Un poème adressé au lieutenant-général de Lyon, Peyrat, protecteur des humanistes, en constitue l'un des plus beaux éloges : «Ville qui abonde en richesse, en jeux, en poètes et en marchandises de toute nature. Elle a produit nombre de savants et en possède encore, et aussi ceux dont le désir est grand de soutenir la cause de la bienheureuse corporation des docteurs et celle des études sacrées. Ville qui depuis toujours entretient et favorise avec munificence la langue des orateurs les plus diserts. Ville à bien des égards favorisée des Muses, je ne saurais le nier, mais dont la faveur, à aucune autre époque, n'a égalé celle dont elle jouit aujourd'hui grâce à toi, dans la prospérité et l'harmonie. »

1536, année exceptionnelle dans l'histoire lyonnaise. Au printemps et en été la cour du roi est à Lyon, ainsi que Marguerite de Navarre. Clément Marot y rentre à la fin de l'année, et il y abjure. Calvin y passe. Rabelais a Lyon pour port d'attache dans les années 1532-1542, même après avoir abandonné l'Hôtel-Dieu. Dolet y travaille avec acharnement, attire des amis, s'impose comme le chef du *sodalitium*. Deux ans après l'affaire des Placards, les humanistes menacés affluent à Lyon, cité accueillante. L'arrivée de la Cour n'était pas gênante. La Sorbonne restait à Paris.

Les poètes du *sodalitium* écrivent en latin. La France poétique de 1536 est une France latine, V.L. Saulnier l'a bien montré dans son ouvrage sur Maurice Scève. Ce sont les néo-Latins qui préparent le renouvellement poétique, l'avènement d'une poésie renaissante, savante, humaniste, classique, qui va s'inspirer des modèles grecs, latins, voire italiens pour traduire sa propre expérience de la vie et de l'art. La floraison de cette école tient dans les années 1536-1538. Elle affirme, avec l'appétit du beau savoir, de l'honnêteté morale, le goût de l'amour, à la fois courtois et sensuel, qui n'exclut pas les plaisirs de la facétie.

Cependant le goût de la culture et de la littérature italiennes se répandait à Lyon. C'est une date capitale dans l'histoire de l'italianisme lyonnais que la publication des *Opere Toscane* de Luigi Alammani, imprimés chez Gryphe en 1531. L'ouvrage attire l'attention d'un public, déjà initié à Pétrarque et Boccace, sur la littérature italienne. Jean de Tournes, alors apprenti chez Gryphe (et futur éditeur de Louise Labé) puise dans sa lecture l'amour de la langue toscane. Alamanni devait faire beaucoup pour acclimater en France les idées nouvelles de son pays. Si Dante reste peu connu en France au XVIe siècle, Pétrarque et Boccace vont jouir alors d'un très vif succès.

Les œuvres de Boccace furent imprimées et réimprimées plusieurs fois à Lyon avant 1552. La première édition lyonnaise des *Triomphes* de Pétrarque en français (1531) fut suivie de quatre éditions en italien. Textes dont Louise Labé dut sûrement posséder un exemplaire parmi ses livres favoris.

Après Pétrarque et Boccace, l'Arioste, l'Arétin, Plutarque et bien d'autres sortirent des presses de Lyon dans les années 1540. Livres de poésie, livres de contes trouvaient aisément des lecteurs, séduits aussi par ceux qui décrivaient la vie sociale et la vie de cour en Italie. En 1538, François Juste publiait *Le Courtisan* de Baldassar Castiglione, véritable bréviaire du parfait gentilhomme et du courtisan. Imprimé à Venise en 1526, traduit en français par Jacques Colin, il parut à Paris en 1537. C'est cette traduction, revue et corrigée par Étienne Dolet et Mellin de Saint-Gelais que publia Juste, suivie par une autre édition lyonnaise de Denis de Harsy.

Il libro del Cortigiano connut un tel succès qu'il échappe à la littérature pour devenir un phénomène social et historique. Il devait servir de modèle à la foule de traités qui codifiaient les manières de cour, l'art de la civilité, et de la « conversation », ce mot désignant l'ensemble des rapports entre les hommes. La poésie française, au temps de l'« École lyonnaise » dont nous allons parler a trouvé chez lui une inspiration amoureuse et galante où la tradition courtoise était vivifiée par une esthétique et une érotique néoplatoniciennes.

La présence féminine est indispensable à la vie de cour, et l'auteur affirme l'égale dignité des hommes et des femmes. Le livre s'achève sur un bel hymne à l'amour, dû à Bembo qui en fait l'apothéose de la vie courtisane. Le sujet devait prêter à nombre de débats dans les cercles lettrés français où les femmes, comme dans les entretiens du *Courtisan*, tenaient leur place.

François Ier qui appréciait fort le livre de Castiglione, faisait de Lyon le centre de ses opérations militaires, y séjournait avec sa Cour, donnant à la ville l'allure d'une seconde capitale. Chevalier-poète, le « père des lettres », qui parlait leur langue, s'entourait d'Italiens, artistes, hommes de guerre, marins, médecins. Luigi Alamanni, Andrea del Sarte, Léonard de Vinci pour ne citer que les plus célèbres, firent à sa Cour des séjours plus ou moins prolongés.

À partir de 1515, les « Nommées » de Lyon indiquent l'augmentation de la colonie italienne, où se rencontrent tous les métiers et tous les rangs, et le nombre accru d'artistes, peintres, sculpteurs, poètes, venus de la péninsule.

Marguerite de Navarre, comme son frère, parle, lit et écrit l'italien. Elle compte parmi ses amis la « divine » Vittoria Colonna, marquise de Pescaire, amie de Michel-Ange et poète de talent, qui lui fait connaître le platonisme de Ficin. Elle se plaît à Lyon, où elle découvre un cercle d'intellectuels à peine teintés de réformisme, s'y rend assez souvent. Elle accorde sa protection à bien des Lyonnais résidents ou d'origine, notamment à Étienne Dolet qui risquait la mort, à Antoine du Moulin, valet de chambre de la reine avant de devenir le collaborateur de l'imprimeur Jean de Tournes, et à Bonaventure des Périers, collaborateur de Dolet vers 1535-1536 avant d'entrer au service de Marguerite.

Sous François Ier, et surtout dans les années 1525-1540, la Cour séjourne à Lyon des semaines durant. Pour le plus grand plaisir des badauds. L. Febvre a joyeusement évoqué cette armée pittoresque, cirque ambulant de courtisans à cheval, de grandes dames en chariots, de valets et de bouffons, d'animaux de selle et de bât, qui en janvier 1536 envahit la presqu'île entre Saône et Rhône, et y campe bruyamment. C'est à Lyon que

> on y peut de grandes choses voir,
> Le Roi, la Reine, Evêques, Cardinaux,
> Les Trois Enfants, les Seigneurs principaux
> Ayant crédit envers le puissant Roi.

Tout ce monde excursionne de Crémieu à Saint-Chef et à Montbrison au printemps, de Valence à Avignon pendant l'automne ; mais le Conseil reste à Lyon avec ses gens de lettres. Cependant, la politique adroite du cardinal de Tournon prépare, dans un climat de confiance, ses campagnes d'emprunts à la ville et aux banques.

La vie théâtrale est faible, irrégulière. Jean Neyron ouvre un théâtre près des Terreaux entre 1539 et 1541, mais ses héritiers liquident l'entreprise. Par contre les mascarades en musique et à thèmes, les combats masqués et simulés, inspirés à la fois de thèmes antiques et de l'exotisme qu'on attend dans une ville de grand commerce, connaissent un vif succès. La chronique de Jean Guéraud, drapier à l'aise et collecteur d'impôts, en a fixé le souvenir. Les gens du peuple sont parfois déconcertés par ces fantaisies d'humanistes, telle la momerie organisée pour le dimanche gras de 1552 par l'opulent Thomas Gadagne, avec la collaboration de l'abbé de Belleville et de P. Alamanni sur le thème de Pluton et Proserpine.

Cette « horrible diablerie » évoquait par trop l'Enfer des Mystères, gouffre béant et menaçant, pour faire rire la foule lyonnaise. Louise Labé dut y assister. Elle pouvait sans doute prendre plaisir à ce spectacle. Plusieurs cultures se rencontraient ainsi à Lyon, la populaire et l'humaniste. Témoins de la première, les représentations de mystère, les entrées royales qui restaient des occasions de réjouissances exceptionnelles. Comptaient bien davantage les festivités annuelles, le calendrier de la jeunesse que Claude de Rubys a évoqué dans son *Histoire véritable de Lyon*.

Au mardi-gras la chevauchée de l'âne, procession burlesque escortant les maris ridicules, reniant leur virilité puisqu'ils sont convaincus de s'être laissé battre par leur femme, juchés à l'envers sur un âne, tandis que fusent les quolibets.

Pendant le mois de mai les corporations vont planter un arbre, un « mai », devant la résidence des grands magistrats. À la Saint-Jean, nouvelles fêtes. Durant les Rogations, une procession de trois jours appelle la bénédiction divine sur les produits de la terre. L'Ascension est célébrée par un spectacle grandiose. Le maître des ports, ses gardes, les sergents du roi, quelques magistrats de justice remontent en barque jusqu'à l'Île-Barbe. Un cortège de canots fleuris les accompagne tandis que résonnent fifres, trompettes et tambours. C'est le jour où, dans la Maison de Mont d'Or, est exposé... l'olifant de Roland !

À la Pentecôte, c'est la fête du Cheval Fol. Une troupe de compagnons s'assemble près du Pont du Rhône, à la Chapelle du Saint-Esprit, et portant épée, couronne et perruque, richement vêtus ils enfourchent des chevaux de carton peint dont le caparaçon bleu est semé de lys d'or. Des joueurs de hautbois les précèdent tandis qu'ils font le tour de la ville jusqu'à Ainay. Là ils sont régalés par l'abbé du lieu.

Cependant, à la porte des Terreaux, se dispute un concours d'arquebuse. Les vainqueurs, ceux qui ont le mieux frappé le papegay (oiseau de bois qui sert de but) sont déclarés roi et connétable. Les bateliers de Saint-Georges et de Saint-Vincent fêtent leur patron par des joutes nautiques, à grand renfort de fusées, de musique et de coups de canon.

Le « bon peuple de Lyon », auquel Rabelais dédia ses Almanachs, prenait plaisir à ces fêtes. L'élite aussi sans doute. Mais elle avait en outre des divertissements d'autre nature, ceux de l'esprit, faits pour plaire aux « gens libres, bien nés, bien instruits, conversant en compagnies honnêtes », chers à l'auteur de *Gargantua*. Sans renier le Moyen Âge avec l'ardeur méprisante de la Pléiade, sans abandonner la tradition indigène, les écrivains lyonnais qui entretiennent avec Marot, le grand poète français, et avec ses émules des relations nombreuses et cordiales n'en cultivent pas moins la poésie néo-latine et participent aux progrès de l'humanisme. Ils ont combattu pour la création du collège royal, s'en prennent à la Sorbonne et glorifient les Anciens. Conscients du progrès des lettres, ils exaltent le temps présent comme une époque de renouveau. L'apogée de la poésie néo-latine se place vers 1535, surtout cultivée à Lyon où Rabelais, en 1532, explosait de joie renaissante dans la fameuse lettre de Gargantua à Pantagruel.

Le plus célèbre néo-Latin, entre 1528 et 1548, Salmon Macrin, partage cet enthousiasme et veut voir illustrer le français autant que l'idiome ancien dont il a fait choix. Cette illustration, les écrivains de la génération suivante vont l'entreprendre.

La vogue de l'italianisme à Lyon n'avait d'ailleurs pas nui à la survivance de la tradition française. Bien au contraire. C'est aux presses lyonnaises, les premières, qu'on doit le sauvetage et la vulgarisation des chefs-d'œuvre de la littérature nationale, romans de chevalerie, farces et poèmes, tandis que les presses parisiennes étaient tenues en laisse par la prude Sorbonne.

Il n'empêche que l'Italie, par ses imprimeurs, ses savants, ses commerçants et ses artistes qui envahissent la ville, contribua à introduire la Renaissance en France. Lyon, la «Florence française» s'orne de palais et de villas à l'imitation de ceux de la péninsule, sur le mont Fourvières ou dans les environs. La Renaissance est partout à Lyon. Elle n'est pas venue uniquement par les livres ou par une société de savants, par une espèce d'académie, comme l'a souligné A. Baur : «Elle s'est développée sous l'influence de l'art et du luxe italiens dans une société qui s'adonnait à la gaieté et à des fêtes auxquelles les femmes prenaient part. Voilà pourquoi la Renaissance lyonnaise est polie, galante, bien différente de celle du nord de la France.»

Séduction des nouveautés italiennes, attachement à la tradition française, au sein de l'intense vie intellectuelle lyonnaise dans la première moitié du XVIe siècle, Louise Labé les éprouvera l'une et l'autre et les manifestera dans son œuvre.

La famille du cordier

La vie de Louise Labé reste très mal connue. Les documents qui la concernent personnellement sont rares : six ou huit. Les appréciations qu'ont laissées les contemporains de sa personnalité sont souvent contradictoires. Et l'on ne saurait prendre au pied de la lettre les renseignements donnés au cours de son œuvre : s'appliquent-ils à l'auteur ou à la *persona*, au masque de l'héroïne mise en scène dans les *Élégies* et les *Sonnets* ? Il en va de même pour les pièces des admirateurs qui les accompagnent comme une sorte de biographie poétique.

Sur sa famille, les archives se montrent plus bavardes. Son premier biographe, l'abbé Pernetti, auteur des *Recherches pour servir à l'histoire de Lyon ou les Lyonnais dignes de mémoires* (Lyon, 1657, 2 vol.) s'était fondé sur des documents originaux, découverts, dit-il, dans les registres de l'archevêché par un de ses amis (mais il ne vérifie pas les dires de celui-ci...).

Plus récemment, Dorothy O'Connor, dans sa thèse sur Louise Labé (1926), a analysé les documents connus. Les recherches minutieuses de Georges Tricou, dans les Archives de Lyon, les registres des notaires, les sentences de la Sénéchaussée et celles du Présidial, les archives hospitalières, celles de l'Archevêché et celles du fonds des Dames de Saint Pierre, soit plus de deux cents documents, ont permis au moins de découvrir la famille et l'entourage de la Belle Cordière.

Sur le père de Louise, nous sommes assez bien renseignés. Un certain Jacques Humbert dit Labbé, à la fois cordier et affaneur (cultivateur), figure dans les registres d'impôts à la fin du XVe siècle. Taxé à 24 sols pour les frais de l'entrée de Charles VIII en 1492, il est encore, l'année suivante, déclaré propriétaire de la maison haute, moyenne et basse de la rue de l'Arbre-Sec, bien qu'il soit mort. Sa veuve, Guillemette Decuchermois, était remariée dès 1489 à Pierre Charlieu (on trouve simultanément les graphies Charly, Charlin, Charlieu).

La veuve de Jacques Humbert avait épousé, comme c'était souvent l'usage, un cordier lui aussi, qui avait peut-être travaillé dans l'entreprise de son premier mari. Les veuves d'artisans étaient autorisées en effet à poursuivre l'activité professionnelle du défunt époux, mais on ne leur permettait pas d'engager des apprentis, main-d'œuvre à bon marché, ce qui empêchait de faire face à la concurrence, aux demandes des compagnons et des créanciers. Le meilleur moyen de s'en sortir était de se remarier à un ouvrier – du même métier que le mari, c'était indispensable – dont elles favorisaient l'accès à la maîtrise et qui prenait le contrôle de l'affaire.

Guillemette, légataire universelle de Jacques Humbert, apporta à Pierre Charly la maison de la rue de l'Arbre-Sec et le commerce de cordier qui y était exploité. Elle géra son patrimoine propre, après son remariage, avec assez d'attention pour se faire octroyer quelques réductions de taxe.

Vers 1510, elle mourut sans enfant, laissant sa fortune à son second mari. L'appellation « Labbé » était une espèce de firme commerciale, Charly dit Labbé, cordier, ayant succédé à Humbert, dit Labbé, cordier dans la même maison sans en changer le nom.

En 1515, Pierre Labbé, dont le nom revient assez souvent dans les registres de la ville, est taxé sous son nom. Il possède, dans la rue de l'Arbre-Sec (nom de l'actuelle place Bellecour), trois maisons, l'une desquelles est estimée à cent livres en fonds; dans la rue « tirant de Sainte-Catherine à la porte Saint-Marcel » une moitié de maison, plus une maison entière, un colombier, une vigne « de la contenance de trente hommes » et un bâtiment d'exploitation. Ce domaine, appelé la Gella, était situé « jouxte le grand chemin tendant de Saint Vincent à la Croix Benoîte Gaignet ». Les époux Claude Bezet lui doivent sur leur maison de l'Arbre-Sec une pension rachetée plus tard. Ses propres charges se bornent à deux pensions : l'une de 3 livres, à l'attention de Saint-Pierre les Nonnains, l'autre de 4 livres, 16 sous, 8 deniers, due aux

Carmes pour messes et anniversaires. D'après l'*Inventaire* des Archives, la « nommée » (taxe) entière du père de Louise Labé s'élève à 318 livres tournois, 17 sous, 4 deniers.

Artisan certes, mais artisan fort à l'aise, propriétaire de plusieurs maisons sujettes au paiement de certaines pensions, d'une vigne, à la tête d'une entreprise de bon rapport, le veuf se remaria, vers 1511 ou peu avant, à près de quarante-cinq ans, avec Étiennette Roybet. Elle lui apporta en dot la propriété de la Gela, vers le haut de la côte Saint-Vincent. Ils eurent trois fils, Barthélemy, François et Mathieu, et deux filles, Claudine et Louise. Tous étaient mineurs à la mort de leur mère, survenue en 1523 ou 1524.

Pierre Labé, veuf à nouveau avec cinq enfants en bas âge et une entreprise importante à diriger, ne tarda sans doute pas à se remarier. Il avait alors plus de soixante ans. Sa troisième femme, Antoinette, était la fille de Jean Taillard, maître boucher, et de N. Maignin, également fille d'un boucher. Elle devait être beaucoup plus jeune que son mari car on la retrouve encore vivante en 1571, soixante-dix-huit ans après le mariage de Pierre Charly avec la veuve de Jacques Humbert. Sans doute n'eut-elle point de dot puisque, lors d'une taxe perçue en 1529 au nom du roi, Jean Taillard est « accoutré » seulement à douze deniers ou un sou pour denier, « à cause qu'il n'a point d'immeubles et qu'il est chargé de douze enfants ».

Mais ce mariage n'était pas une déchéance sociale pour Pierre et sa famille car la corporation des bouchers était, dans l'ordre des métiers, toujours classée avant celle des cordiers. Et dans les entrées royales, les bouchers figuraient, en riches costumes, dans le cortège, tandis que les cordiers se contentaient de les regarder défiler.

De cette troisième union, Pierre Charly n'eut que deux enfants : Jeanne, née vers 1528 et Pierre II, dit Labé. À sa mort (entre 1548 et 1551) il ne laissait qu'un fils, François, pour lui succéder comme chef de famille et deux filles, Louise et Jeanne. Ses trois autres garçons, Barthélemy, Mathieu et Pierre (II) étaient morts avant 1548, date à laquelle il ajoutait à son testament un codicille qui en modifiait la teneur primitive.

Le nom de Pierre Labé revient assez souvent dans les registres de la ville. Elle sera, de 1512 à 1548, sa cliente attitrée, ce qui semble tout à son honneur. Les cordiers n'étaient qu'une trentaine à Lyon pour satisfaire à des besoins multiples : ceux de la batellerie, très importante et très active, du voiturage, du ligotage des ballots etc. La fourniture des cordages intéressait les transports, l'armée, la marine. Et les cordiers travaillaient le lin, le chanvre, la soie. Leur corporation était importante. Deux quartiers les regroupaient : le Bourgchanin et le bas de la colline Saint-Sébastien. Il fallait pouvoir se loger et avoir un jardin ou une cour suffisante pour y étendre un câble.

L'essor de la prospérité lyonnaise dans la première moitié du XVIe siècle favorisa Pierre Charly et lui permit d'acquérir une situation honorable et de mener une vie confortable. Il put s'agrandir rue de l'Arbre-Sec et construire sur le terrain de la Gela, apporté en dot par sa seconde femme et qu'elle avait légué à ses trois garçons. Il possédait plusieurs maisons en ville, un domaine sur la côte Saint-Vincent, quelques terres à Vaux en Dauphiné. Il avait assez de fonds disponibles, outre l'argent employé dans son commerce, pour prêter au Roi, sans perte, volontairement ou sur taxe, des sommes relativement importantes pour un artisan, de 15 à 50 écus d'or ou de 18 à 56 livres tournois, dont il fut toujours remboursé.

S'il n'a pas été courrier (messager) de la puissante confrérie de la Trinité, comme on l'a parfois affirmé (son nom ne figure pas dans le livre des confrères), confondue avec la plus modeste confrérie du Plâtre Saint-Esprit, dont il fut effectivement membre en 1538, il fut chargé, en 1533, des quêtes de l'Aumône générale de son quartier. En 1533 encore, on le trouve maître des métiers pour les canabassiers (marchands de chanvre).

De 1523 à 1533, il est quaternier (c'est-à-dire qu'il commande le guet de son quartier, veille à la sécurité des portes et des rues de la ville) et notable de 1537 à 1546 : il est alors appelé simplement pour renforcer l'autorité des conseillers, se rend aux convocations une fois sur deux. Les « nommées » indiquent qu'il a payé des taxes de plus en plus importantes (de 7 sous entre 1512 à 30 livres en 1522, et 15 écus en 1537). On trouve plusieurs fois mention de livraisons de chanvre brut ou fabriqué qu'il fit aux Recteurs et au Consulat. C'était donc un artisan cossu.

Preuve a été faite qu'il ne savait pas écrire. Lorsqu'en 1529 il est invité par le trésorier de la ville à recevoir le remboursement d'un prêt de 30 livres, souscrit pour la rançon des enfants de France, il se contente de signer, maladroitement une sorte de marque commerciale, et pour préciser, le trésorier ajoute, à côté, « fait à la demande dudit Charly », la quittance étant par la suite authentifiée par notaire. Il en va de même pour toutes les autres quittances qu'il a dû donner.

Savait-il lire ? Ce n'est pas impossible. Car l'instruction rudimentaire donnée par les maîtres d'école dissociait l'apprentissage de l'écriture, plus difficile, et plus cher : le prix de « l'écolage » devenait alors plus élevé. Même s'il savait lire, il paraît difficile de penser que le père de Louise se soit inspiré de Rabelais ou de traités et d'ouvrages français et italiens pour diriger l'éducation de sa fille. Quant à sa troisième femme, Antoinette Taillard, elle déclarait, à la fin de son testament, en 1571, qu'elle ne savait pas signer.

À soixante-dix-huit ans, Pierre Charly fait son testament, le 15 août 1543. Cinq ans plus tard, il ajoute un codicille augmentant les avantages déjà accordés à sa troisième femme. Il meurt entre 1548 et 1550 et son seul héritier universel, François, figure sur un livre de taxes en 1550, au quartier de l'Arbre-Sec, et commence à vendre au détail, en 1552, des terres à Vaulx-en-Velin provenant de la succession de son père. En 1553, il est engagé dans un procès contre Antoinette Taillard, remariée avec le notaire Popon. Elle prétendait mettre la main sur la totalité de l'héritage, tandis que son beau-fils revendiquait la part de sa mère. Une transaction se fait au bout de cinq ans : l'immeuble de la rue de l'Arbre-Sec fut restitué à François, à charge d'une pension de quinze livres. La pension de vin et blé fut convertie en une rente annuelle. Quant aux meubles, le notaire Popon les racheta moyennant trente livres.

Pierre Charly n'eut pas d'enfants de son premier mariage avec la veuve Humbert. Il a indiqué, dans une pièce officielle, en les citant dans l'ordre, les enfants de son second mariage avec Étiennette Roybet, alias Deschamps, alias Compagnon : Barthélemy, qui dut mourir en bas âge, François, puis Mathieu, mort « homicidé » en 1555. François, marchand cordier, tuteur de Claudine sa sœur, sœur également du défunt, déclare que sa pupille « ne prétend à aucuns dommages et intérêts contre Jehan Noyaux, cordier de Vienne, pour raison de l'omicide (sic) fait à la personne de Mathieu Charly dit Labbé son frère ».

Le même jour, Jeanne Charly, sœur consanguine, et Antoine Noyer son mari renoncent, eux aussi, devant le même notaire aux dommages et intérêts et tous consentent à l'entérinement des lettres de grâce. Leur attitude laisse entendre qu'il s'agissait d'un homicide par imprudence, sinon ils n'auraient pas renoncé à poursuivre le coupable. Il semble que le désistement de Louise et François Charly aurait dû être mentionné. Peut-être sont-ils allés eux-mêmes en audience se le faire octroyer ? Quant à Claudine, elle n'était pas en tutelle du fait de son âge, mais sans doute en raison d'un état maladif, psychique ou non.

Antoinette Taillard, la troisième femme de Pierre Charly, lui donna encore deux enfants, Pierre et Jeanne. Celle-ci, peu avant le remariage de sa mère, épousait un clerc praticien lyonnais. Elle était morte, en 1571, lorsque sa mère fit son testament. Son contrat de mariage indique que François, chef de famille, donnait à sa sœur 300 livres, deux robes, deux cottes nuptiales en drap, compris dans le legs fait par son père Pierre Charly. Qu'avait fait celui-ci pour Claudine et Louise, nées de son second mariage ? Son testament n'en dit rien.

François Charly, second fils de son second mariage, a pu naître entre 1514 et 1523. La date de sa mort se place après le 6 décembre 1563 (où il comparaît sur un acte) et avant le 28 avril 1565, date du testament de sa sœur Louise. L'un des auteurs des *Escriz de divers poètes à la louenge de Louise Labé*, publiés anonymement à la suite des *Œuvres* de la poétesse, fait allusion à ses «deux vaillants frères» transformés en Castor et Pollux dont l'un, «allègre escrimeur», est François. Ses talents de joueur d'épée nous sont connus par le livret de l'entrée d'Henri II à Lyon

> Et l'autre de hardi courage,
> Inventa premier l'usage
> De joindre au Char le coursier.

Il s'agit là certainement de Mathieu, dont le «hardi courage» causa sans doute la mort violente en 1555.

François dut succéder à son père dans son entreprise vers 1550, et en 1557 comme confrère du Plâtre Saint-Esprit. Pierre Charly avait institué trois légataires universels, ses trois fils, à défaut les uns des autres. Cependant, dès juin 1552, François vend seul les terres de la succession à Vaux-en-Velin, et, avant la mort de Mathieu, en juin 1553, il hypothèque seul, au profit des dames de Saint-Pierre, la propriété de la Gela.

G. Tricou suppose qu'est intervenue une combinaison juridique, inconnue jusqu'ici, permettant une clause de substitution de mâle en mâle, éteinte lors du décès du dernier des Charly, dit Labbé, sans enfant, en 1570. Quant à la vie civile de François, elle nous apparaît au travers d'un certain nombre de pièces officielles : location d'un local à un Taillard dans sa maison de l'Arbre-Sec (décembre 1553) ; contrats de mariage de Jeanne sa sœur, et de sa belle-mère Antoinette avec Claude Popon, signés chez lui ; testament de la veuve du procureur Jacques de Groso, où il est témoin (1554). En juin 1561, il se charge de la dot constituée à sa femme, Catherine Pinard, par Marguerite Cottin, mère de celle-ci (et épouse d'un parent d'Antoinette, le boucher Millet Taillard).

À sa mort, entre 1563 et 1565, François laisse deux garçons, Jacques et Pierre, fils de Catherine, encore mineurs et placés sous la tutelle d'André de Ryno ou de Raphaël Taillard. Ils seront les légataires universels de leur tante, Louise Labé.

La situation financière de François Charly ne semble pas avoir été très brillante à la fin de son existence. Il emprunte, sous forme de cession de revenus de ses immeubles, vend hâtivement les terres de son père, cautionne des emprunteurs de solvabilité douteuse. Il garde pourtant la maison de la rue de l'Arbre-Sec, la propriété de la Gela, et une maison rue Saint-Marcel.

Ses deux enfants sont en difficulté dès 1567, en butte aux réclamations d'un créancier de la succession paternelle, contraints à emprunter à un crieur public. Pierre Charly meurt peu après. Jacques, son frère, assisté de son curateur de Ryno, après avoir revendu sans grand profit quelques parcelles de terre, comparaît devant le magistrat de Lange, entouré de cinq parents ou amis : divers créanciers lui réclament 1000 à 1200 livres. Déjà très malade, venant sans doute de se marier, il meurt sans enfant et intestat en novembre 1568.

Un de ses collatéraux les plus proches, Jean Rosset, marchand imagier à Lyon, se met rapidement en possession de l'héritage : la maison de la rue de l'Arbre-Sec venant de Humbert, dit Labbé, une maison rue de l'Hôpital, venant des Pinard, une autre près de la fontaine Saint-Marcel et la propriété de la Gela, venant de l'oncle Deschamps dit Compagnon. Rosset entreprit de vendre ces biens avant même d'avoir obtenu l'accord de la Sénéchaussée.

En moins d'un siècle, la famille de Louise Labé, répartie sur trois générations, père, mère, frères, sœurs, belles-sœurs, s'est éteinte. La seule survivante était, en 1571, la belle-mère de Louise, qui fit alors son testament, se qualifiant d'« honnête femme Antoinette Taillard, veuve délaissée de feu Claude Popon ».

Antoinette mourait en catholique, demandant une sépulture en l'Église de l'Hôtel-Dieu, un enterrement avec grand-messe, faisait des legs divers à l'Hôpital de l'Hôtel-Dieu et à l'Aumône générale. Pas un mot de souvenir dans son testament pour ses propres enfants, pas plus que pour ceux de son premier mari. Claude Popon était protestant, comme son frère, lui aussi notaire à Lyon, et tous deux cessèrent d'exercer en 1564.

Sans doute les troubles religieux de 1562 y furent-ils pour quelque chose. La tante maternelle de Louise Labé, Marguerite Roybet, veuve d'un barbier et barbière de son état, participa au mouvement protestant à la fin des années 1550. Les Charly, eux, sont restés dans la foi traditionnelle. Aucune trace de mésentente n'apparaît dans ce qu'on sait des rapports entre catholiques et protestants au sein de la famille de la Belle Cordière.

Énigmatique adolescence

La date de la naissance de Louise n'est pas connue. Elle était la deuxième fille des cinq enfants d'Étiennette Roybet et de Pierre Charly. Ils sont nés entre 1512 et 1523. En admettant que Barthélemy fût l'aîné, la naissance de Louise se placerait vraisemblablement après celles de ses frères François et Mathieu, peut-être après celle de Claudine, soit vers 1520-1523.

On sait que sa mère, Étiennette, avait apporté en dot la propriété de la Gela qui lui venait de son oncle, Benoît Deschamps, dit Compagnon. Or le dernier des *Écrits* qui suivent les sonnets de Louise, l'ode XXIV, semble bien indiquer le lieu de sa naissance.

Rappelons d'abord l'étymologie attribuée alors à Fourvière, la colline qui domine la ville de Lyon : *Forum Veneris* (forum de Vénus), et non *Forum Vetus* (vieux marché) comme on le pense aujourd'hui. Le poète Jean Lemaire de Belges, vulgarisateur des légendes sur l'origine des Français, avait d'ailleurs dans sa *Concorde des deux langages* placé à Lyon le temple de Vénus, en vantant l'heureuse situation de la ville au confluent de la Saône et du Rhône, célébrée ensuite par divers poètes. Marot avait évoqué « la Saône au port bien fructueux/Et son mari le Rhône impétueux ». M. Scève avait repris cette image de la confluence pour célébrer « la cité très noble et très antique » installée sur « le mont Vénus ». C'est dire combien le destin de Lyon était associé à la présence de la déesse de l'amour sur le « mont orgueilleux de Fourvière ».

Dans l'ode qui clôt les *Écrits*, « Des louenges de Dame Louïze Labé Lionnoise », Guillaume Aubert, son auteur présumé, prêtant à Louise Labé une identité mythique, la disait

« fille de Mars et de Vénus », ce que révélait à celle-ci pendant son sommeil sa « douce mère ». Le poète précisait d'ailleurs que « ce songe presque incroyable après fut véritable ». C'était ainsi affirmer son origine lyonnaise, et lier le destin de Louise à celui de sa ville natale. La déesse l'informait aussi du lieu de sa naissance.

> Un peu plus haut que la plaine
> Où le Rhône impétueux
> Embrasse la Saône humaine
> De ses grands bras tortueux
> De la mignonne pucelle
> Le plaisant jardin estoit
> ....
> En moi tu fus engendrée
> Joignant le gracieux bord
> Où la Saône toute quoie [tranquille]
> Fait une paisible voie
> S'en allant fendre Lyon
> Dans laquelle on voit encore
> Un mont où l'on me décore
> Qui retient de moi son nom.
> ....
> Le lieu où tu fut conçue
> Ne fut ville ni château
> Ains[mais] une forêt tissue
> De maint plaisant arbrisseau.

On a supposé d'après ces vers que Louise était née à Parcieu en Dombes ou à Saint-Jean de Thurignieu, en Franc-Lyonnais, où elle possédait, au moins à la fin de sa vie, deux propriétés, appelées à Lyon des granges, qui lui venaient d'Étiennette Roybet. Il paraît plus probable, si l'on tient compte du paysage décrit dans l'ode, comme l'a fait remarquer G. Tricou, qu'elle vit le jour à la Gela. K. Varty le pense aussi. C'est la solution la plus probable au « problème du jardin » de Louise sur lequel Giudici renonce à se prononcer. Mais le lieu élu pour l'apparition de Vénus ne saurait, selon lui, être confondu avec le jardin de sa demeure d'épouse, rue Notre-Dame-du-Confort. La propriété de la Gela, située en dehors des anciens murs, dépendait de Lyon (les nommées de Benoît Deschamps, dit Campagnon, le prouvent). Elle se trouvait à la jonction de l'actuelle côte des Carmélites et du chemin du Buffet (aujourd'hui rue des Chartreux). Or de la Gela se découvrait une vue magnifique sur les deux quartiers de Lyon, partagés par la Saône, et, plus loin, sur les deux fleuves réunis vers le sud. À Parcieu et à Saint Jean, à quelque vingt kilomètres de Lyon, la vue était beaucoup moins dégagée et il y avait plus de vignes et de haute futaie que d'arbrisseaux.

C'est ce lieu, poursuivait Vénus,

> Dont je veux (en témoignage
> De ta race) te pourvoir
> Ainsi que d'un héritage
> que je tiens en mon pouvoir.

Elle décrivait ensuite maintes plaines, vignes, bocages, fontaines entourant ce lieu et, pour finir, un château

> Qu'en brief (bientôt) bâtir je veux faire
> Suffisant pour te complaire
> S'il te plaît y séjourner.

C'était lui prédire qu'elle hériterait de la propriété où elle avait vu le jour. Don de Vénus, ou plutôt legs maternel d'Étiennette, car Louise n'en hérita pas de son père, le testament de celui-ci en fait foi.

La Gela relevant de la paroisse Saint-Vincent, Louise y fut sans doute baptisée, à moins qu'elle l'ait été à Saint-Pierre Saint-Saturnin.

Où, comment, et de qui Louise Charly reçut-elle l'éducation qui permit à une fille de cordier de devenir non seulement une femme lettrée au sein d'une famille dont la plupart des membres ne savait pas écrire, mais aussi l'auteur d'une œuvre aussi savante ? C'est une des énigmes de cette vie.

On sait l'intérêt porté, au XVIe siècle, aux problèmes de l'éducation, dont la conception subit alors une modification radicale. Mais seule est envisagée l'organisation des études masculines. Les collèges et les universités sont fermés aux femmes. À quoi leur serviraient-ils puisqu'elles ne peuvent exercer aucune fonction civile ?

L'accès à la culture était reconnu de plein droit aux princesses et aux femmes de haut rang. Ne détenaient-elles pas, de par leur position sociale, un certain pouvoir qui les rapprochait des hommes ? Mais ce droit à la culture n'était pas communément admis dans toutes les classes de la société. On compte certes, à la Renaissance, plus de femmes lettrées qu'à aucune autre époque antérieure : princesses qu'on donne toujours en exemple, Marguerite de Navarre, Marguerite de Valois ou Marie Stuart, nobles et grandes bourgeoises, parisiennes ou provinciales, femmes et filles d'imprimeurs, etc. Qu'une élite féminine recrutée dans les milieux de la noblesse ou de la bourgeoisie ait eu accès à la culture et qu'on lui en ait volontiers reconnu le droit est indéniable.

Mais la grande masse des femmes, petites bourgeoises, artisanes et paysannes qui partageaient avec les hommes les tâches les plus pénibles, est restée dans l'ignorance, comme eux d'ailleurs. Et personne ne songeait à ériger en droit et en devoir pour toutes un savoir, même modeste, qu'on admirait chez quelques-unes. L'instruction de la femme du peuple n'est évidemment jamais envisagée. Le moraliste Jean Bouchet estime impossible pour celles qui sont contraintes de « vaquer aux choses domestiques, de vaquer aux lettres, parce que c'est chose répugnante aux femmes de bas état et à la rusticité ». Elles seraient d'ailleurs condamnées au ridicule, si elles s'y essayaient. Quant aux femmes de « moindre qualité », François de Billon, auteur du *Fort inexpugnable du sexe féminin* souligne que lorsqu'elles cultivent le jardin du savoir, elles le font comme à la dérobée et « nonobstant les épines de prohibition paternelle ».

Ce ne fut assurément pas le cas de Louise Labé. Pour la majorité des filles, c'était à la maison, auprès de la mère que se faisait leur apprentissage des travaux domestiques, souvent doublé d'un apprentissage professionnel dans l'atelier ou la boutique du père.

Mais le père de Louise, qui avait, peu à peu, acquis une belle aisance pouvait offrir à sa fille une instruction moins réduite que celle de la petite école où l'on enseignait en milieu rural ou en ville, moyennant un « écolage » trop cher pour la plupart des familles pauvres. L'existence d'écoles de filles séparées de celles des garçons est attestée par les cahiers de doléance, à Paris et dans les grandes villes au moins, où elles sont payantes et dépendent de la cathédrale. La mixité y est interdite. Les écolières se recrutaient parmi les familles d'artisans et de petits bourgeois. On apprenait d'abord à lire. L'initiation à l'écriture venait dans un second temps, lorsque la lecture était bien maîtrisée, et nombre de maîtresses n'étaient pas suffisamment expertes pour l'enseigner. Maîtresses qui ne pouvaient enseigner qu'aux filles, à la différence des maîtres, et d'ailleurs fort peu nombreuses. À Lyon, pour les années 1490 à 1570, Nathalie Z. Davis en a compté 5, contre 87 maîtres d'école. Les conteurs signalent leur penchant pour la boisson. Érasme déplore leur ignorance presque générale.

La fortune de Pierre Charly lui permettait de viser plus haut. D'où un certain nombre d'hypothèses fantaisistes avancées pour justifier le savoir de sa fille. Louise aurait pu fréquenter le collège – mixte ? – de la Trinité (ce que suggèrent la biographie de K. Berriot et le récent roman de Fl. Weinberg), dont Barthélemy Aneau devint principal en 1540. Ouvert aux conceptions humanistes, le collège a pu accueillir des élèves d'origine modeste aussi bien que des fils de notables, et à partir de 1532, aux côtés des fils de Lyonnais, des garçons dont les parents n'habitaient pas la ville.

Si mixité il y a eu, c'était une mixité de classes sociales, non une mixité de sexes. En proposant aux consuls un plan d'études, et un projet d'organisation du collège, Barthélemy Aneau prévoyait de nourrir convenablement les pensionnaires et d'engager quelqu'un pour l'achat des provisions. Pas de femmes, disait-il, « car c'est une peste en un collège ! ». Mêler filles et garçons ? Il ne l'aurait sûrement pas accepté.

Quant aux parents, ils auraient été fort choqués, pareille cohabitation étant inadmissible au XVIe siècle, voire scandaleuse.

Louise Labé et Pontus de Tyard, côte à côte sur les bancs du collège, rivalisant en latin et en mathématiques, Louise « reine du latin » au milieu des jeunes gens ! Le collège de la Trinité n'était pas un campus, et la romancière nous emmène là en pleine utopie comique, et d'un anachronisme réjouissant.

Bien des pères d'ailleurs, soucieux d'envoyer leurs fils à la Trinité, n'étaient pas prêts à donner la même instruction à leurs filles. C'était le cas de Guillaume Henry, grand et riche marchand catholique dont les trois fils fréquentaient le Collège avec leur pédagogue, mais qui fit éduquer ses filles dans un monastère pour une courte durée, car elles n'avaient besoin d'apprendre que peu de choses. L'une, Loyse Henry, est mise en pension à 3 livres par mois chez une cousine, Claude Peyron, une veuve, pour lui apprendre ses « heures ». L'autre, écrit-il, la Pernette Henry, « fut mise à la l'abbaye de la Déserte chez Madame Lorencine (une religieuse) pour apprendre ses heures où elle a demeuré 20 mois et tiers à un écu le mois ». On faisait moins de frais pour les filles que pour les garçons.

Autre hypothèse improbable : Louise aurait reçu, selon D. O'Connor, une instruction à la mode d'Italie, conforme aux conceptions humanistes, grâce à un père ébloui par la culture italienne si manifestement présente à Lyon. Que Pierre Charly, conscient de la valeur d'une « institution » soignée, ait voulu lui en donner une digne de lui faire espérer une belle position sociale n'est pas invraisemblable. Ce qui l'est, c'est qu'il ait pu lui-même en prendre l'initiative et l'encourager à l'étude des lettres. C'étaient d'ordinaire les fils, au moins l'aîné, auxquels on s'occupait d'assurer un bel avenir, non les filles, et Charly avait trois fils. Or le seul survivant à sa mort, François, avait, sans plus, suivi la même voie que son père.

Beaucoup d'humanistes laïques, à Lyon, acceptèrent, pour vivre, des charges de précepteur. Louise, dès lors, aurait pu assister aux leçons données à ses frères. Une fois acquis des rudiments d'écriture et de lecture, elle aurait continué à se cultiver toute seule. La jeune sœur et ses frères durent sans doute se rapprocher les uns des autres et partager mêmes occupations et mêmes jeux, probablement livrés à eux-mêmes après la mort de leur mère. Mais, plus que ses frères, elle se passionna pour les lettres et prolongea ses études bien au-delà de ses jeunes années, comme l'atteste sa familiarité avec la littérature classique et contemporaine et ses capacités linguistiques.

Une autre hypothèse, peut-être la plus acceptable, proposée par Rigolot, est qu'elle fut mise très tôt au couvent, ce qui était fréquent (l'héroïne de la nouvelle XXII de l'*Heptaméron*, Marie Héroët, y entre à cinq ans), plus précisément à la Déserte, dans le quartier de la Gela. Cette abbaye, fondée au XIVe siècle et remise à l'ordre bénédictin en 1503, était située dans la paroisse de la Platrière. On a retrouvé du côté maternel dans la famille de Louise des bienfaiteurs de la Déserte, les Deschamps. La petite fille avait très tôt perdu sa mère et Antoinette, sa belle-mère, très jeune en 1526 ou 1527 quand Pierre Charly l'épousa, devait être peu apte ou peu empressée à régenter les enfants de son mari et ceux qu'elle ne tarda pas à avoir. Quoi de plus naturel que de confier Louise, après les années de nourrice et de brefs séjours rue de l'Arbre-Sec, aux religieuses de la Déserte ?

Les moniales et les supérieures des couvents se recrutaient d'ordinaire dans les classes sociales élevées qui plaçaient leurs filles excédentaires dans un asile honnête, commode et préservaient ainsi le patrimoine des fils. (En entrant en religion elles apportaient une dot, comme à un mari, mais de moindre importance.) Toutes les religieuses étaient cloîtrées, et l'on apprenait à lire ou à écrire aux filles qu'on destinait au couvent. Sans plus. Point d'ordre féminin non cloîtré et destiné à une activité charitable et éducative avant la création par Angela Merici de l'ordre des Ursulines en 1535, à Brescia, forcées finalement d'accepter le cloître comme les clarisses. Elles n'apparurent en France qu'en 1612.

Le couvent pouvait toutefois être un lieu d'éducation, le plus souvent sommaire, mais, comme dans la famille, les conditions de cette éducation étaient loin d'être uniformes.

Beaucoup de parents escomptaient d'ordinaire que les filles entrées très jeunes en religion y restaient toute leur vie. Mais celles-ci pouvaient être préparées au genre de vie convenable à leur naissance, à leur rôle de bonne chrétienne, d'épouse et de mère. Dans toutes les classes de la société, filer, coudre, tisser était ce qu'on enseignait d'abord aux filles. La quenouille, les fuseaux et les aiguilles étaient les emblèmes féminins par excellence. Aux pauvres le fuseau et la quenouille, aux riches la broderie et la tapisserie, prescrit Érasme.

Ce peut être par les sœurs de la Déserte que la jeune Louise fut initiée à ces délicats travaux féminins et aussi, à la maison, par sa belle-mère, Antoinette. L'Élégie III où elle se dépeint, en sa prime jeunesse, exerçant, dit-elle, « mon corps et mon esprit/En mille et mille œuvres ingénieuses » (v. 30.31), ne manque pas de signaler avec fierté son habileté en la matière. Et, la mythologie toujours présente à son esprit comme à ceux des poètes du temps, elle s'identifie, en poésie, à Arachné qui osa prétendre égaler Pallas dans l'art de tisser. La déesse dut avouer sa défaite devant la jeune Lydienne et se vengea en déchirant sa toile et en la frappant au front. Puis, prise de remords en voyant Arachné prête à mettre fin à ses jours, la déesse la changea en araignée.

Ce mythe du concours de tapisseries qu'Ovide a conté aux livres IV, V et VI des *Métamorphoses* reparaît à plusieurs reprises dans l'œuvre de Louise. Ce n'est pas simple ornement poétique. Car on a noté de curieuses ressemblances entre la jeune Lydienne et l'héroïne dont la voix s'exprime dans l'œuvre de Louise. Comme elle, sa condition est modeste ; le père d'Arachné est artisan tisserand, celui de Louise artisan cordier et c'est à leur talent seul qu'elles doivent toutes deux leur célébrité.

Celui de la Lyonnaise ne tient pas seulement à son habileté aux travaux d'aiguille, mais à l'acquisition d'une riche culture qui a fait épanouir ses dons d'écrivain. À qui en est-elle redevable ? Sûrement pas à l'un des membres de sa famille et, au couvent, on ne se souciait guère d'instruire les moniales. La plupart ne savait de latin que ce qu'il fallait pour suivre les offices.

Mais certaines femmes cloîtrées furent exceptionnellement cultivées et trouvèrent dans la vie conventuelle le temps d'étudier, d'écrire et de composer des œuvres en langue vulgaire (généralement sans rapport avec l'univers contemporain d'érudition latine), livres de piété ou jeux scéniques. Rien n'empêche de croire que Louise connut une religieuse ou une abbesse comme Anne de Marquets qui, au monastère de Poissy, accueillait dans sa cellule une société lettrée et dont on vantait la vivacité de ses entretiens. Frappée de l'intelligence, des dons exceptionnels de la petite Louise, elle a pu se consacrer à former son goût, à lui donner l'appétit de découvrir les beaux textes, à lui faire apprendre l'italien et peut-être la recommander à quelque personnage notable, à sa sortie de la Déserte.

Louise s'initia tôt sans doute à la langue de Pétrarque. K. Varty lui concède d'avoir pu traduire un sonnet de Sannazaro et d'en composer un elle-même en italien, un exercice plutôt qu'une œuvre inspirée, selon lui, sans qu'elle ait étudié systématiquement cette langue. Elle n'apprit ni le grec, ni l'allemand comme on l'a prétendu. Parlait-elle l'espagnol, comme l'a affirmé du Verdier ? Ni la langue, ni la littérature de l'Espagne en tout cas, n'ont laissé de trace dans son œuvre. Mais elle apprit le latin.

L'étude de la musique faisait partie d'une éducation accomplie. Il semble bien que Louise s'y soit adonnée avec un vif plaisir. Presque tous les poètes qui ont écrit « à sa louange » ont fait allusion aux talents de musicienne de la « Dame du lut » et à ses dons pour le chant :

> Louize a voix que la Musique avoue
> Louize a main qui tant bien au lut joue
> Ton lut hersoir [hier au soir] encor se resentait
> De ta main douce et gozier gracieux,

dit l'un d'eux. Tel autre assure que sa voix a le pouvoir

> De son lut argentin tempérée
> D'arrêter les passants est moyen suffisant.

Rappelons que le luth, dans la poésie de la Renaissance, est l'instrument qui inspire et qui interprète l'amour. Louise le nommera d'ailleurs «compagnon de ma calamité». Et Castiglione recommande à la dame du palais de le préférer à tout instrument dont le son brutal convient mieux aux hommes. Louise a peut-être appris, comme Gargantua, à jouer aussi de l'épinette, de la harpe, de la viole, de la flûte ?

Le luth est, en tout cas, l'un des plaisirs des réunions mondaines, où, nous apprend encore du Verdier, elle entretenait ses amis de «musique tant à la voix qu'aux instruments où elle était fort duicte [experte]».

Louise dut très tôt poursuivre lectures et études. Que lisait-on alors, lorsqu'on savait lire ? Que trouvait Louise sur les éventaires des libraires lyonnais ? Des officines des imprimeurs se répandait un flot de papier de grosse vente, livres de piété et de dévotion, remèdes de bonnes femmes et trésors de drogues, théâtre des plantes, en français. Le roman d'aventures enchantait encore les imaginations et l'imprimerie ne faisait qu'en accentuer la mode. Entre 1478 et 1549, on ne voit pas paraître moins de soixante-dix-neuf romans, adaptations en prose de chansons de geste et de romans de chevalerie. La tradition du conte gaulois se poursuivait avec succès, on rééditait *les Quinze Joyes de mariage*, les *Cent nouvelles nouvelles*. Mais sous l'influence de Boccace, édité dès le début du siècle, et surtout sous celle des Espagnols, va se développer un genre concurrent, le roman sentimental, auquel Maurice Scève contribuera lui-même avec *Flamette* (1535), et dont le best-seller est l'*Amadis* de Gaule, roman de chevalerie traduit de l'espagnol en français par Herberay des Essarts (1540). Amadis y est le modèle des chevaliers valeureux et des amants fidèles.

Dans le domaine poétique, on ne s'est jamais beaucoup intéressé aux rhétoriqueurs à Lyon, depuis le passage de Jean Lemaire de Belges. En revanche, la poésie néo-latine, on l'a vu, a été florissante autour de 1535, tout comme la littérature idéaliste, qui y connaîtra sa principale éclosion. L'effort de renouvellement qui se manifeste dans les lettres dès le début du XVIe siècle semble étroitement lié à l'intérêt pour la poésie latine et à la découverte de l'Italie. Les genres poétiques qui se développent proviennent des œuvres de l'Antiquité, directement ou non, des œuvres néo-latines et italiennes.

Dans la cité lyonnaise, l'argent est entre les mains des banquiers italiens qui apportent leurs capitaux aux rois de France. Grâce à eux les notables, unis au sein d'un puissant consulat, ont pu obtenir la concession des quatre foires annuelles où hommes et biens, à l'abri des franchises, circulent librement. Ces rassemblements cosmopolites qui permettent les échanges des marchandises permettent aussi ceux des idées et des cultures. On imagine la curiosité de la jeune Louise découvrant pêle-mêle sur les éventaires ces livres tout frais sortis des balles des marchands hollandais, flamands et des plus nombreux, les Vénitiens. Les vieux romans, la réédition des quatre fils Aymon ou de Lancelot voisinent avec les textes italiens à la mode, ceux de Dante, Boccace, Pétrarque, mais aussi des contemporains Castiglione, Machiavel, Bembo, l'Arioste, les œuvres d'Érasme et ceux d'écrivains bien connus des Lyonnais pour avoir séjourné dans leur ville, Rabelais, Clément Marot, alors le plus grand poète français, et les marotiques de Lyon.

On y trouve côte à côte les Anciens, latins et grecs, Catulle, Virgile, Horace, Ovide, Homère et Platon, dans le texte original et en traduction, tous ouvrages commodes à lire grâce à leur petit format in-octavo et aux caractères italiques, substitués aux caractères gothiques, que le Vénitien Alde Manuce a répandus en Europe. Les Lyonnais n'ont pas tardé à suivre son exemple, et ils ne sont surpassés que par les Vénitiens pour la qualité et la correction des éditions. Louise avait amplement de quoi satisfaire sa curiosité et son appétit de lectures qui était grand, à en juger par les traces qu'on en retrouve dans ses œuvres.

Cet appétit fut peut-être encouragé et dirigé par quelque savant précepteur. Les humanistes étaient nombreux à Lyon, à commencer par ceux qui enseignaient au collège de la Trinité, à trouver ainsi un emploi lucratif. Et Pierre Charly n'avait dû refuser à cette fille hors du commun ni les leçons d'un érudit qu'on lui recommanda peut-être, ni les instruments de musique, ni, pour se constituer une belle « librairie », les livres auxquels la ville devait en partie sa célébrité. Les comptoirs de sa célèbre compagnie de libraires quadrillaient alors l'Europe entière. Selon l'Édit de Fontainebleau du 28 décembre 1541, « il n'y a aujourd'hui lieu en la chrétienté où il se face plus bel ouvrage, n'en plus de diverses sciences qu'il s'en fait audit Lyon où une grande partie, tant de notre royaume qu'autres pays et provinces étrangers se fournissent de livres avec tel et si bon prix, qu'il ne saurait être plus raisonnable. »

Et des livres, il s'en trouvait à foison, non loin de la demeure de son père, dans la rue Mercière et les quartiers du centre. Parmi les marchands libraires seuls quelques-uns possédaient leurs presses, la plupart donnaient leurs ouvrages aux imprimeurs, un petit monde très cosmopolite, actif, original, turbulent, dont les ateliers étaient le rendez-vous de l'élite intellectuelle de Lyon et d'ailleurs. Celui de Gryphe était l'asile de collaborateurs et correcteurs de renom, d'Alciat à Rabelais et à Dolet pendant les années glorieuses de l'humanisme lyonnais, comme un peu plus tard celui de Jean de Tournes qui travailla d'abord chez Gryphe. Louise, en compagnie de quelque chaperon érudit bien sûr, a-t-elle pu assister aux entretiens des beaux esprits qu'on y rencontrait et s'initier aux secrets du monde des lettres ? On y découvrait et on y discutait des dernières nouveautés en feuilletant ce qui s'écrivait en France, aux Pays-Bas, en Italie. C'est en lisant les *Opere toscane* de Luigi Alamanni, imprimés chez son maître en 1531, que de Tournes se prit d'amour pour la langue toscane. Cet exilé florentin fit, a-t-on dit, plus que n'importe lequel de ses compatriotes pour acclimater en France le renouveau intellectuel de l'Italie et y donner le goût de la littérature italienne.

Dès 1502, les éditions in-octavo latines et italiennes d'Alde Manuce étaient contrefaites à Lyon sitôt leur parution, et ces contrefaçons furent les premiers livres italiens imprimés dans la ville. Leurs caractères italiques avaient été conservés et, après 1532, ils devinrent à la mode pour tous les livres de poésie, français ou italiens. Jean de Tournes les employa pour les deux premières éditions des œuvres de Louise Labé.

La nation florentine était nombreuse et puissante à Lyon. Peut-être sa présence justifie-t-elle la préférence marquée, en ce début de la Renaissance française, non pour Dante, poète national par excellence des Florentins cependant, peu compris et peu édité alors – mais pour Boccace et Pétrarque. Leur influence fut décisive sur les lettres lyonnaises.

Avant 1552 sont publiées à Lyon impressions, réimpressions, imitations des œuvres boccaciennes. La première traduction française de Pétrarque avait paru à Paris en 1514. Ses *Triomphes*, dont la première édition française avait été donnée à Lyon par Denis de Harsy, en 1531, furent suivies par quatre éditions en italien de 1545 à 1551 (chez De Tournes, De Tournes et Roville, puis Roville), éditions connues de notre belle Cordière qui en possédait à coup sûr un exemplaire.

L'ancien apprenti de Sébastien Gryphe, Jean de Tournes, cinq ans après s'être mis à son compte, en 1545, avait publié un ouvrage à la gloire du Chantre de Laure, *Il Petrarca*. L'épître en italien qui précédait le texte était dédiée à Maurice Scève. Elle relatait d'après le récit de Scève lui-même la découverte – prétendue – que celui-ci, étudiant à Avignon, avait faite du tombeau de Laure dans la Chapelle Sainte-Croix du couvent de Saint-François d'Avignon en 1533. Scève était même censé avoir relevé, sur la pierre tombale, les armes de Madonna Laura : « deux branches de laurier en sautoir, avec une croix sur le tout et une rose au-dessus de l'écu ». François Ier, parti de Paris en mai 1533, fit étape à Lyon et s'arrêta en Avignon au cours du voyage entrepris pour rencontrer le pape Clément VII à Marseille. Une tradition veut qu'une cérémonie ait eu lieu à la chapelle des Cordeliers, au cours de laquelle le roi aurait improvisé cette épigramme :

En petit lieu compris vous pouvez voir
Ce qui comprend beaucoup par renommée
Plume, labeur, la langue et le devoir
Furent vaincus par l'Aimant et l'Aimée.
O gentill'Ame étant tant estimée
Qui te pourra louer qu'en se taisant ?
Car la parole est toujours réprimée
Quand le sujet surmonte le disant.

On peut douter de la réalité de cet épisode que de Tournes est le seul à relater. Toutefois François Ier avait donné l'ordre d'élever à Laure un tombeau digne d'elle. Promesse qui servit de prétexte à plus d'un rimeur pour célébrer le Père des lettres, mais qui ne fut pas tenue.

La découverte du tombeau dut susciter l'intérêt des milieux lettrés lyonnais où l'on pétrarquisait. La tradition veut qu'elle ait largement contribué à la vogue du pétrarquisme, dont Scève se faisait le prophète. Assertion fort exagérée, selon V.L. Saulnier, car elle était lancée avant 1533, inspirait déjà Jean Lemaire de Belges, Marot et Saint-Gelais, et l'italianisme était répandu à Lyon avant la même date. Mais si Scève fut sacré grand-prêtre du pétrarquisme ce ne fut vrai qu'en 1544-1545, après *Délie* et la proclamation de de Tournes.

Les impressions d'auteurs italiens, une cinquantaine après 1555, se multiplièrent. Les imprimeurs lyonnais Gryphe, de Tournes, Roville firent appel à des correcteurs italiens. Grâce à eux, les chefs-d'œuvre de la littérature de la péninsule étaient mis à la portée de tous les gens cultivés.

La Cour de François Ier, qui séjournait à Lyon, en fit une seconde capitale. Aux festivités de tradition locale et populaire, s'en ajoutaient d'autres, venues d'Italie, plus aristocratiques, auxquelles Louise, dans le sonnet XVII, dit avoir pris plaisir dans sa jeunesse, divertissements «à la florentine», «masques, tournois et jeux» dans les rues et les places où s'offraient l'art et le luxe qui donnait le ton à la vie de ce «Lion» allégorique chanté par Marot :

On dira ce qu'on voudra
Du Lyon et sa cruauté
J'ai trouvé plus d'honnêteté
Et de noblesse en ce Lyon
Que n'ai pour avoir fréquenté
D'autres bêtes un million.

La fille de Mars et de Vénus

L'auteur présumé du long poème qui achève la série des *Écrits à la louange* de Louise y a dépeint le «plaisant jardin» où elle aurait reçu de Vénus la révélation de son ascendance divine : sa mère, la déesse de l'Amour, l'a «engendrée» de Gradive le fort, surnom de Mars. Or la lecture astrologique de la conjonction Vénus-Mars se situe au mois d'avril (qui doit son nom à Aphrodite, nom grec de Vénus). Conçue au printemps, Louise aurait vu le jour dans la première décade du Verseau, à la fin du mois de janvier (la date exacte n'est pas précisée). À défaut d'ajouter foi à ce décryptage astrologique du mois de la naissance de Louise (conforme aux habitudes de la Renaissance et dû au critique Luc Van Brabant), convenons que l'auteur de l'ode, soucieux de donner à son héroïne une dimension mythique, a voulu évoquer à la fois l'audace virile, la séduisante grâce féminine, ainsi que ses dons pour le lyrisme amoureux, à laquelle la prédisposait son hérédité divine.

Dans l'Élégie III, sorte d'autobiographie poétique, l'image que l'amante-auteur donne d'elle est celle d'une femme qui, dans son «vert âge», avant d'être blessée par l'amour, a exercé simultanément son «corps et son esprit», «Mon cœur n'aimant que Mars et le savoir», dit-elle. Si elle se flatte d'avoir pu surpasser Arachné dans l'art de la broderie, travail féminin par excellence, elle se dépeint aussitôt en Amazone, brillante cavalière, voire en vaillante guerrière :

> «Qui m'eût vu lors en armes fière aller
> Porter la lance et bois faire voler,
> Le devoir faire en l'estour [combat] furieux
> Piquer, volter le cheval-glorieux.
> Pour Bradamante, ou la haute Marphise,
> Soeur de Roger, il m'eût, possible, prise.

En se comparant aux héroïnes de l'*Orlando furioso* (le *Roland furieux*) de l'Arioste, poème épique où le neveu de Charlemagne est devenu un héros italien, Louise s'affirmait en possession de qualités typiquement viriles : adresse, puissance et vaillance physique. Elle unit en effet à l'habileté à manier les armes la maîtrise du cheval de combat.

Bradamante, fille de Sire Aymon, est la cousine de Roland, auquel elle est promise, et reste inébranlablement fidèle à son amant Roger dont le sort ne cesse de l'éloigner. Incarnation de l'amante parfaite, elle s'emploie à l'aider, comme le fait Marphise, sœur de Roger, incarnation du désir de gloire. Ces valeureuses héroïnes symbolisent les vertus de la femme forte, tout à l'opposé de la faiblesse généralement considérée comme caractéristique du sexe féminin.

La poétesse possède ainsi la pluralité des talents de la *virago*, célébrée par la littérature italienne, qui combine harmonieusement dons de l'esprit, capacités propres à la femme et qualités spécifiquement viriles, dont l'androgyne est la figure mythique. Cette créature bisexuée, séparée en deux pour punir sa révolte contre les dieux, selon l'Aristophane du *Banquet* de Platon, fut condamnée à errer en quête de sa moitié perdue.

Si l'équitation était couramment pratiquée par les dames de l'aristocratie, cet entraînement militaire, dont a bénéficié Louise, paraît aussi insolite pour une fille de sa condition que sa formation intellectuelle si poussée. Elle le doit, sans aucun doute, à François, son « vaillant frère », « allègre escrimeur », qui, nous le verrons, était « joueur d'épée » et maître assez habile pour figurer en cette qualité aux fêtes de l'entrée à Lyon d'Henri II, en 1548.

Ses dons d'adroite écuyère et d'habile archer ont dû faire naître une légende, fondée sur le récit de l'auteur de l'ode XXIV, qui clôt les *Ecritz à la louange* de la poétesse, et sur le portrait de la guerrière de l'Élégie III : Louise Labé aurait suivi l'armée du Dauphin, le futur Henri II, au siège de Perpignan en 1542. L'armée passa par Lyon où le roi et son fils se rendirent solennellement, en grande pompe. Monluc dit qu'il n'avait jamais vu armée plus belle et plus brillante.

L'auteur du dernier des *Écrits* vante d'abord la beauté et la vaillance de Louise, conformes à sa généalogie mythique qui la fait fille de Vénus et de Mars, mais aussi « sa doctrine, son savoir/La pensée aux arts encline » et sa « chasteté fidelle », qualités propres à Pallas Athénée, faisant ainsi écho à l'autoportrait de l'Élégie III, dont il développe la partie guerrière :

Louize ainsi furieuse
En laissant les habits mols
Des femmes, et envieuse
De bruit, par les Espagnols
Souvent courut, en grand'noise,
Et maint assaut leur donna
Quand la jeunesse Françoise
Perpignan environna
....
Là sa force elle desploye,
Là de sa lance elle ploye
Le plus hardi assaillant :
Et brave dessus la celle, [selle]
Ne demontrait rien en elle
Que d'un chevalier vaillant.
....
Ores la forte guerrière
Tournait son destrier en rond.
Ores en une carrière
Essayait s'il estoit pront :
Branlant en flots son panache
Soit quand elle se jouait
D'une pique ou d'une hache,
Chacun Prince la louait :
Puis ayant à la senestre [gauche]
L'épée ceinte, à la destre [droite]
La dague, enrichies d'or,
En s'en allant toute armée
Ell'sembloit parmi l'armée
Un Achile ou un Hector.

Le portrait s'achève sur une double comparaison avec les héros masculins de l'*Iliade* d'Homère dans l'Ode, les héroïnes guerrières du *Roland furieux* dans l'Élégie III.

Les biographes les plus anciens ont pris ce texte au pied de la lettre en supposant que Louise Labé était allée au siège de Perpignan en 1542. Elle aurait suivi en Roussillon son père ou son frère, « exerçant dans l'armée quelque emploi utile » (notice de l'édition de 1762), ou bien « le patriotisme de Jeanne Hachette ou de Jeanne d'Arc », selon les éditeurs de 1824, l'aurait poussée au combat. Selon Blanchemain, l'éditeur de 1875, elle se serait engagée dans une « équipée semi-guerrière, semi-amoureuse », bref elle aurait réellement pris part au siège de Perpignan, déguisée en homme et sous le nom de « Capitaine Loys ».

Un autre éditeur de Louise Labé, Charles Boy, a démontré l'invraisemblance de sa présence au siège de Perpignan : si elle fut réelle, pourquoi ses amis auraient-ils passé sous silence cet épisode propre à célébrer le courage de Louise, et pourquoi ses ennemis n'y auraient-ils pas vu l'occasion de dénigrer la conduite d'une courtisane qui avait appris son métier de bonne heure et à bonne école ? Ce que Charles Boy suggère, c'est que le souvenir de cette expédition ait été rappelé à Lyon dans une parade où des jeunes gens de la ville, partagés en deux camps, espagnol et français, auraient simulé la prise de Perpignan. C'est alors que l'héroïne, après avoir obtenu un rôle grâce à son frère, maître joueur d'épée, aurait gagné ses galons de capitaine. Dorothy O'Connor pense aussi que Louise figura dans un tournoi.

Malheureusement ces deux hypothèses ne valent pas mieux l'une que l'autre. Car, selon G. Tricou, on ne peut envisager une parade militaire à travers la ville sans l'assentiment du Consulat, lui-même ne pouvant l'autoriser sans ordre du roi. Or les registres consulaires n'en font nulle part mention, pour une bonne raison : c'est que l'expédition en Roussillon fut un échec complet. Tandis qu'à Lyon le départ de l'armée royale se préparait, à grands renforts de matériel, de munitions et de pièces, l'empereur avait eu le temps de fortifier efficacement Perpignan. La garnison résista plusieurs semaines, les pluies d'automne firent le reste, et l'armée du dauphin dut lever le siège.

Pourquoi aurait-on commémoré cet insuccès ? Les historiens de Lyon d'ailleurs, Paradin, de Rubys, et Nicolaï, qui prit part à l'expédition, n'en ont rien dit. Mieux vaut donc s'en tenir simplement au texte d'Antoine du Verdier, le seul, parmi ses contemporains, à fournir ce renseignement et sans souffler mot de Perpignan : « Elle picquoit fort bien un cheval, à raison de quoy les gentilshommes qui avoient accès chez elle, l'apeloyent le capitaine Loys. »

Dans l'analyse très précise qu'il fait de l'ode XXIV, Daniel Martin signale l'opposition très significative à la rime (vers 116 et 119) des termes « Espagnols » et « jeunesse française ». Dans le contexte de la rivalité, à cette époque, entre la France et l'Empire, l'Espagnol est l'incarnation de l'ennemi. L'armée qui passa à Lyon étant commandée par le Dauphin, le terme « jeunesse française » l'identifie à son chef, Henri, avenir de la monarchie française en 1542, souverain régnant en 1555, date de la parution de l'ode. La légende de la participation de Louise au siège de Perpignan illustre la valeur guerrière de la belle Cordière, cette vaillance qui est le véritable critère de la noblesse. L'auteur en lui reconnaissant cette « fermeté du cœur et du corps que les hommes du XVIe siècle appellent générosité » en fait une garantie de sa vertu et lui confère presque des lettres de noblesse.

Le portrait de Louise en guerrière s'ouvre sur une comparaison entre Louise et Sémiramis, dont le comportement viril dément « la Nature/Et le sexe féminin » puis entre Louise et Penthésilée, reine des Amazones qui combattit pour Hector et pour Troie.

Mais si Louise est partie guerroyer c'est seulement sur le conseil de Vénus :

> Ainsi cette belliqueuse
> Ne fut jamais orgueilleuse :
> Telle au camp elle n'alla.
> Ainsi [Mais] ce fut à la prière
> De Vénus sa douce mère
> Qui un soir lui en parla (v. 149-154)

Vénus apparaît alors et, dans un long discours, souligne que l'aventure militaire et l'aventure amoureuse de sa fille Louise sont étroitement liées. Celle-ci ne pourra pas résister aux «dars» de son frère, le fils de Vénus, Amour, que sa mère l'incite à ne pas mépriser car «c'est le plus puissant des Dieux» (v. 494). Il rendra, lui dit-elle, «d'un homme de guerre/Ton tendre cœur amoureux».

Fille de Vénus et de Mars, combinant les perfections de la nature masculine et féminine, Louise incarne à la fois la guerrière et la femme docte que son double destin amènera à la création poétique, et l'amante.

L'ode XXIV des *Écrits* nous apprend qu'elle s'éprit d'un mystérieux «homme de guerre». Voilà donc Cupidon et Mars réconciliés. Passion de jeunesse, à en croire l'amante de l'Élégie I évoquant le temps où l'Amour,

> Faisait brûler de sa flamme mon coeur
> En embrasant de sa cruelle rage
> Mon sang, mes os, mon esprit et courage [coeur].
> bien avant le temps, dit-elle, que je fisse des vers.

Dans l'Élégie III, elle commence par implorer les Dames lyonnaises : «Ne veuillez pas condamner ma simplesse/Et jeune erreur de ma folle jeunesse.» C'est Amour qu'il faut blâmer, car dès l'adolescence, il l'a pris dans ses «lacs» :

> Je n'avais vu encore seize hivers
> Lorsque j'entrai en ses ennuis divers.

Quel fut l'objet de sa passion ? Serait-ce quelque beau capitaine, lorsque la Cour séjournait à Lyon ou passait par la ville ? On a suggéré que ce pût être le Dauphin lui-même, le futur Henri II, lors de son passage à Lyon en 1542. Ce qui paraît fort invraisemblable. Quant à qualifier le prince de simple homme de guerre ce serait bien impertinent !

L'ode XXIV, pas plus que d'autres écrits contemporains, n'évoque une telle aventure amoureuse. En revanche elle fait état d'une inscription en capitales, ornant le jardin de Louise, et témoignant de sa fidélité au roi :

Du très noble roy de France
Le croissant neuve acroissance
De jour en jour reprendra
Jusques a tant que ses cornes
Jointes sans aucunes bornes
En un plein rond il rendra.

Avouons que ce serait de bien mauvais goût de la part de Louise d'avoir fait placer ces emblèmes d'Henri II et de Diane de Poitiers dans son jardin si, comme on l'a parfois avancé, elle avait eu avec le roi une liaison dont elle restait meurtrie ! Elle contribua plutôt, dans l'enthousiasme général, à célébrer les amours de Diane et du roi, dont celui-ci ne faisait pas mystère. Les Lyonnais fêtèrent sa maîtresse qui, selon Brantôme, « en aima toute sa vie la ville de Lyon ».

De cette première expérience qui fit sentir à la poétesse la « cruauté d'Amour », les élégies ne nous disent rien, pas plus que l'ode XXIV des *Louanges*. Mais celle-ci nous apprend que, plus tard, « l'Amour prendra bien vengeance/Du bon poète Romain » que Louise a dédaigné. Quel est ce « vieil Rommain » « mal séant » à sa jeunesse, qui a abandonné l'Italie, « la terre saturnienne », pour l'amour de Louise, dont la « ferme loyauté » n'a pas été payée de retour et qui est parti mourir « dans les Champs ibériens » après avoir célébré Louise « de ses pleurs et de ses chants » ?

S'agit-il de Clément Marot, comme l'ont supposé D. O'Connor et K. Berriot ? Après son exil à Ferrare, il était à Lyon en 1536, y séjourna encore de 1537 à 1538 et le même texte des *Écrits* le cite parmi les poètes qui ont chanté la gloire de Louise, avec Antoine du Moulin, Charles Fontaine et M. Scève (v. 555-557). On a allégué d'autre part la déclaration du sonnet de Marot à deux hommes qui écrivaient à sa louange (A. Du Moulin et Claude Galland) sans doute :

Laissez-moi là et louez-moi Louise
C'est le doux feu dont ma Muse est éprise.
C'est de mes vers le droit but limité ;
Haussez la donc en toute extrémité
Car bien pris me sens quand on la prise.

Et, ajoute-t-il, il n'a qu'un seul reproche à lui faire : « J'y ai trouvé amitié à redire. » Cette Louise qu'il n'a pas réussi à toucher est-elle Louise Labé ? Pour qu'il puisse la louer ainsi, il faudrait qu'il l'ait connue et appréciée comme poète, introduite dans le *Sodalitium*, et elle était encore bien jeune alors, environ une quinzaine d'années. À moins qu'il ne se soit simplement amusé à offrir ces vers à une jolie fille qui est restée sur la réserve. Et où l'aurait-il rencontrée ? Dans la famille de Clémence de Bourges, fille de notable, a-t-on avancé, laquelle, nettement plus jeune que Louise, ne devait pas avoir plus de dix ans.

D'autre part, identifier Marot au « Vieux poète romain » semble très peu convaincant. Car Marot revient de Ferrare, non de Rome, l'Italie est pour lui terre d'exil, non « demeure ancienne » et, surtout, il incarne à l'époque le grand poète français. Quant aux champs ibériens, ils désignent sans doute, plutôt que l'Espagne, le royaume des morts, situé traditionnellement en Hespérie, à la limite occidentale du monde connu, un au-delà assimilable aux Champs-Élyséens, séjour des poètes après la mort. C'est là que l'a envoyé la « Parque naturelle », le destin, en « l'obscure demourée/Des Royaumes ténébreux ».

Selon Daniel Martin, en prenant le langage pétrarquiste au pied de la lettre, le refus de l'échange traditionnel, l'amour de la dame contre la renommée donnée par le poète, l'amant trouve la mort, si sa demande n'a pas été acceptée.

Ce « vieil Rommain », nous le pensons avec F. Rigolot, ne serait-il pas plutôt Luigi Alamanni (1495-1550), réfugié florentin, évêque de Mâcon, ambassadeur auprès de Charles-Quint, poète et auteur présumé d'au moins deux des quatre poèmes italiens des *Écrits* ?

Après sa première aventure amoureuse, après l'abandon des vêtements féminins pour la tenue du guerrier, Louise devait, selon la prédiction de Vénus, retrouver sa liberté d'esprit première, reprendre ses habits de femme et s'occuper à de «plus doux jeux» (v. 549), retendre son luth et toujours aimer «du poète le labeur». Mais si l'on connaît la date de publication de ses œuvres, il est difficile de préciser l'époque à laquelle elles ont été composées. Une maîtrise de l'écriture comme la sienne ne s'acquiert pas sans effort et sans tentatives en divers sens. Il est probable qu'elle se mit très tôt à écrire, en vers et en prose. Elle resta à coup sûr une ardente lectrice toute sa vie.

Ses œuvres ne nous apportent aucun renseignement sur le milieu où elle vivait, sur ses rapports avec les membres de sa famille. Son père était assez libéral pour lui faire donner une éducation exceptionnelle, au-dessus de sa condition. Ses parentes qui n'en savaient pas tant l'ont-elles jalousée? Charles Boy l'imagine en butte à l'hostilité de sa belle-mère, Antoinette Taillard, qui semble avoir été procédurière et assez avide, au moins dans ses rapports avec son frère François. Mais c'est pure supposition. Jeune, jolie, brillante, a-t-elle participé aux réjouissances lyonnaises, aux représentations de jeux et de mystères dont Lyon, à l'apogée de son prestige, fut le théâtre?

Certains historiens de la littérature l'ont prétendu. Mais les recherches de G. Tricou restent tout à fait infructueuses à cet égard. De 1533 (où elle avait entre dix et douze ans) jusqu'à 1564, où elle fut gravement malade, les pièces d'archives et les imprimés des «récits au vrai» consultés indiquent les rôles des acteurs, mais presque jamais leur nom. Ainsi les deux entrées de la reine Éléonore et du futur Henri II (26 et 27 mars 1533) comportent-elles vingt-trois rôles féminins (Thalie, Justice, Foi, etc.) mais deux actrices seulement sont expressément nommées. Il en va de même pour l'entrée d'Hippolyte d'Este, cardinal de Ferrare et archevêque de Lyon dont l'invention des histoires fut confiée à Guillaume Mestier et à Maurice Scève.

En septembre 1544, on célèbre la paix entre le roi et l'empereur par des feux de joie qu'allument le gouverneur de Lyon accompagné de Messieurs de la justice, des notables de la ville, de plusieurs dames, demoiselles et bourgeoises avant de se rendre à un grand banquet dans la maison de ville. Qui sont ces femmes ? On l'ignore.

L'entrée d'Henri II et de Catherine de Médicis (23 et 24 septembre 1548) fut l'une des plus magnifiques du siècle, la plus célèbre sans doute. Dès mars 1547, à la mort de François Ier, le Consulat lyonnais avait envoyé une députation à la Cour pour prêter le serment d'allégeance au nouveau souverain et obtenir de lui confirmation des privilèges des quatre foires franches, l'anoblissement par échevinage, la franchise de ban et d'arrière ban et autres affaires fiscales. Les préparatifs commencèrent dès le mois de mai. Ils comportaient l'établissement de la voie triomphale, l'organisation des attractions, l'agencement du cortège et l'aménagement des séjours royaux. Il fallait bien faire les choses. Il y allait du prestige de la ville, et de ses intérêts.

Quatre corps devaient figurer dans le cortège : le corps municipal, les enfants de la ville (les fils des « bonnes et apparentes maisons ») à pied et à cheval, les « bandes » des représentants des métiers, et ceux des nations étrangères, les colonies de marchands fréquentant les foires ou installées à Lyon, Milanais, Lucquois, Florentins, Allemands. Enfin la Cour défilait : Gentilshommes de la Chambre du roi, caracolant ou devisant, garde suisse royale, cardinaux, Grand Écuyer, puis Henri II, couvert d'or et de pierreries. Les Enfants de France, les Chevaliers de l'Ordre et les archers de la garde fermaient le convoi.

Maurice Scève, avec lequel Louise Labé devait être alors en relation, tint le rôle important d'« ordinateur des hystoires et triomphes », c'est-à-dire qu'il veilla aux attractions : stations décoratives avec figurants pour égayer le parcours du cortège royal, divertissements nautiques, joutes et naumachie. Tous ces motifs réclamaient une préparation minutieuse, un matériel et un personnel très variés.

Les tentures et les tapisseries des rues, les vêtements de velours, de satin, de taffetas de tous les corps du cortège rivalisaient de somptuosité. Le défilé comptait environ sept mille hommes, dont les corps de métiers (5700 hommes) formaient la partie la plus importante. Le total, en 2400 rangs, s'étageait sur trois kilomètres au moins. Pour les Lyonnais il y avait là, compte tenu d'une bonne demi-heure d'arrêt pour les caracoles, les assauts d'escrime, etc., deux ou trois heures de spectacle.

Divers biographes de Louise Labé ont cherché des traces de sa présence parmi les quinze ou vingt femmes habillées aux frais de la ville. On a recensé les six principales, choisies parmi les familles de grands négociants : *Diane*, fille du drapier Jean Guéraud, contrôleur de l'Entrée des draps, et ses deux suivantes, la fille d'un drapier dont le nom figure sur les registres d'Entrée du vin, le grand André et celle d'un grand marchand, bienfaiteur de l'Aumône générale, J. Bripio. *Pallas* était la fille de feu Montaignard et *Vertu* celle d'un agent de la Monnaie de Chambéry, André de la Roze. Quant à *Immortalité*, c'était la fille de Simon Cottières, le joaillier et orfèvre le plus important, dont l'atelier avait fourni les présents, or, pierreries offerts par la ville, selon la coutume, aux rois, reines, princes et princesses.

Ces six demoiselles appartenaient à une caste bien supérieure à celle des cordiers. Quant au reste des actrices, déesses, nymphes, allégories de la Foi, la Justice, l'Espérance, etc. il est désigné, sans aucun nom de famille, sous la rubrique : « des filles qui étaient sur les échafauds ». Louise aurait-elle accepté de figurer dans cette troupe ? Certes non.

Mais si elle ne tint aucun rôle actif durant la semaine des fêtes de l'Entrée, elle y fut sûrement une spectatrice attentive. Elle avait pour cela de bonnes raisons.

Les archives de la ville, les diverses relations de l'Entrée, notamment celle de Maurice Scève, qui avec Claude de Taillemont fit « cette belle entreprise non point comme mercenaires pour avoir de l'argent, mais pour faire honneur à leur patrie », nous en ont laissé une description très précise. Elles nous apprennent que François, le frère de Louise, figurait dans la bande des joueurs d'épée, parmi les gladiateurs.

Derrière le corps d'infanterie des Enfants de la Ville, allant trois par trois, empanachés aux couleurs du roi et de la ville, blanc-noir-rouge, venaient douze gladiateurs vêtus de satin (dix de blanc, deux de cramoisi). Devant la loge du roi, ils se livrèrent à des assauts qui durèrent une demi-heure et dont nous avons le récit détaillé : d'abord combat à armes différentes, « une corsesque ou jagaye » contre une épée à deux mains, deux épées contre une, etc. ; attaque du troisième rang par le deuxième qui faiblit ; le quatrième soutint le choc contre le deuxième qui s'épuisait, etc. Et de renouveler les assauts furieux, mais « sans se mettre en désordre ». Tout l'engagement fut acharné, et le combat finit faute d'armes de rechange pour remplacer les armes brisées. Les combattants trempés de sueur n'en étaient pas moins prêts à continuer, puis ils reprirent leur place dans le rang, suivis des fifres, des tambourins, et des douze pertuisaniers de la garde du capitaine de l'Infanterie (gris, blanc et noir). Le roi se montra charmé de cette « nouvelle mode de combattre et si dangereuse, en sorte qu'il la voulut encore revoir six jours après son entrée ».

Louise dut être fière de son frère – son testament nous apprend qu'elle l'aimait – et apprécier le combat en technicienne. Non content de jouer de l'épée dans la « batterie en armes », François tint encore un rôle, le lendemain, dans un divertissement nautique, la représentation d'une naumachie (bataille navale) de galères. Lors des préparatifs, les trois maîtres d'armes convoqués le 6 août avaient eu la charge de recruter neuf collègues pour des simulacres d'assauts à trois contre trois et six contre six, à l'épée, à l'épée à deux mains, à la javeline, le tout sans mouche, tant le jour de l'entrée – nous les avons vus à l'œuvre – que le lendemain sur l'eau. Le 9 septembre ils étaient désignés : six escrimeurs rouges, contre six blancs. François Charly, « dit Labbé », figurait parmi les blancs. Le jour de la guerre navale, soixante-treize mariniers, puis dix autres engagés en extra galliots (matelots et « patrons ») conduisaient les galères, sous la direction d'un batelier, maître gouverneur des galères. Une comptabilité compliquée de leurs différents salaires est conservée dans les archives de Lyon. Ils entraînèrent des frais considérables.

Au cours de la semaine de fêtes, joutes, festins, comédies, bals le jeudi après déjeuner, « sur les vespres » fut donné au roi le spectacle d'une bataille navale : deux grandes galères « capitanesses », l'une blanc, noir et rouge, l'autre blanc et vert, escortées chacune de deux petites, embarquèrent des soldats « tous armés de morions dorés, pavois, rondelles, targues, cimeterres, coutelas [...] grenades, lances, trompes et pots à feu ». François Labé était parmi eux.

Le bucentaure (navire) du roi vint se placer « droit des Célestins pour être justement au milieu de la tranquillité de l'eau » et aussitôt les flottes adverses s'affrontèrent avec une belle ardeur. Les quais, fenêtres et toits, et la rivière même étaient noirs de monde. Le soir, après le dîner, le vaisseau royal regagna Pierre-Scize, la nuit était calme, sans lune, et, des galères, on tira un magnifique feu d'artifice, avec roues de flammes, lumières et bruits éclatants.

Le vendredi, François Labé participait avec ses compagnons à une seconde exhibition de gladiateurs, sur le désir du roi, dans la salle de bal cette fois et devant la reine. Elle dura jusqu'à l'heure de vespres.

Le mercredi 26, le roi assista à un spectacle inédit dans la salle Saint Jean somptueusement parée : une comédie en cinq actes, *La Calandra* de Bernado Dovizi, cardinal Bibbiena, offert par la nation florentine. Égayée avant et après chaque acte d'un divertissement allégorique, inspirée des *Ménechmes* de Plaute, elle reposait sur une intrigue à travestis et quiproquos, comptait nombre de pitreries de mots et d'attitudes, et des types comiques appelés à un bel avenir : valet rusé et trompeur, mari trompé, épouse rouée. Ce vaudeville annonçait ce que devait être la comédie française de la Renaissance. Il est probable que Scève n'eut aucun rôle dans son organisation. Il n'est pas sûr qu'il y ait assisté, pas plus que Louise, le spectacle étant réservé à la Cour et à quelques notables. Le roi y prit grand plaisir et voulut la revoir une fois encore, le vendredi soir. On s'entretint longuement à Lyon, et en France ensuite, de ce spectacle d'un nouveau genre, très florissant en Italie.

Louise dut vivre intensément et éprouver comme les Lyonnais de la rue « l'ébahissement d'admiration » du chroniqueur Jean Guéraud, appartenant à une grande famille d'orfèvres, devant les journées exceptionnelles de l'Entrée, riches en spectacles divers, d'autant plus intéressée par la participation de son frère aux spectacles. Et son père, Pierre Labé, avait fourni les cordages des bateaux. Mais, nous y reviendrons, les Entrées de 1548 (du roi et de la reine), qui marquaient l'apogée – vraiment étincelante – de l'éclat de Lyon, manifestaient aussi l'esprit de la Renaissance. Louise fit-elle pourtant, comme Guéraud, certaines critiques ? L'arrivée nocturne de la reine d'abord, au grand « mécontentement du peuple et de ceux de la ville » parce qu'il faisait si noir qu'on ne la vit guère, même en allumant des torches de maison en maison, et le sans-gêne des gens de cour, dont les « insolences et fâcheries » firent qu'on ne fut guère marri de voir tout leur train quitter Lyon.

Outre ses recherches dans les relations d'autres entrées lyonnaises (1552, 1554, 1556, 1561, 1564), G. Tricou en a poursuivi aussi dans la catégorie des momeries, mascarades privées, décrites par le prolixe narrateur Jean Guéraud. Il n'a, là non plus, trouvé aucune mention de Louise. Ce qui n'a rien de surprenant car les vedettes de ces divertissements se recrutaient exclusivement dans l'entourage du Consulat, un milieu de notables auquel n'appartenait pas la belle Cordière.

Mariage

Louise aimait l'étude, elle l'a dit elle-même dans son Épître préliminaire. Aussi, les premiers rudiments acquis, dut-elle satisfaire seule son appétit de savoir. Comme du jeune Pantagruel de Rabelais, «enflambé à étudier et profiter, on aurait dit que tel était son esprit entre les livres comme est le feu parmi les brandes, tant [elle] l'avait infatigable et strident».

Elle se fit sans doute remarquer par un érudit, Antoine Fumée (v. 1515-1575), rapporteur de la Chancellerie de France, ami d'Olivier de Magny. Un sonnet lui est attribué dans les *Écrits* à la louange de Louise. Il apprend qu'elle fut connue de lui avant d'être célèbre :

> ... heureux me sens t'avoir non le premier aimé
> Mais prisé ton savoir avant la renommée.

Un autre poète confirme ce fait en appelant Fumée le «bon Seigneur» de Louise (ode XIX). Celle-ci, en tout cas, lui a témoigné respect et affection. L'ode latine que Fumée lui a dédiée dans les *Écrits* (son attribution est presque certaine) est placée avant les poèmes d'hommes aussi célèbres que Maurice Scève, Jean de Vauzelles, Pontus de Tyard, preuve de la reconnaissance de Louise à son égard.

On pense que Fumée (dont on dit qu'il est «docte») fut l'un de ses professeurs et lui fit connaître le latin et la littérature latine. Peut-être a-t-il attiré sur Louise l'attention d'autres érudits. Mais, selon Kenneth Varty, la connaissance qu'elle avait du latin devait être assez superficielle, comme celle de l'italien, car elle a très bien pu subir l'influence des auteurs latins et italiens grâce à des traductions en français (ce qui est prouvé dans certains cas).

Quant à l'italien, il n'était pas difficile de l'apprendre à Lyon, où vivaient tant de gens venant de la Péninsule. Elle aurait pu aussi bien l'apprendre seule, comme fit Marie de Gournay, la «fille d'alliance» de Montaigne qui, à l'aide des textes et sans grammaire apprit seule le latin ! Et, nous le verrons, elle était probablement entrée, avant son mariage, en relation avec le cercle de Maurice Scève, et de quelques autres lettrés où elle était reçue.

Mais lors de ses promenades dans les rues de la ville, ou devant les étals des foires, gageons que Louise portait autant d'intérêt aux bijoux et aux étoffes qu'aux livres et, sensible à la mode, s'entendait à juger de l'élégance féminine et masculine.

Elle sait apprécier «l'habit propre comme la feuille autour du fruit. Et s'il y a perfection du corps ou linéament qui puisse, ou doive être vu et montré, bien peu le cache l'agencement du vêtement; ou s'il est caché, il l'est en sorte que l'on le cuide [croit] plus beau et délicat. Le sein apparaît de tant plus beau qu'il semble qu'elles [les femmes] ne le veuillent être vu… Au reste la robe bien jointe, le corps rétréci où il le faut, les manches serrées, si le bras est massif : sinon larges et bien enrichies, la chausse tirée, l'escarpin façonnant le pied (car le plus souvent l'amoureuse curiosité des hommes fait rechercher la beauté jusqu'au bout des pieds)». Elle sait aussi apprécier les parures : «pommes d'or, chaînes, bagues, ceintures, pendants, gants parfumés, manchons.»

Elle avait peu d'intérêts communs avec les femmes de sa famille. Rien n'empêche pourtant de croire que leurs rapports furent sans histoires et qu'elle savait, quand il le fallait, parler avec elles ménage et chiffons.

Mais il était grand temps pour elle de songer à un établissement. En un siècle où une fille n'a d'autre alternative que le mariage ou le couvent, quelle que soit sa condition, l'union conjugale est son destin, sa «profession» obligée. L'âge requis est, en droit, selon le *Digeste*, douze ans pour les femmes, quatorze pour les hommes. Quinze ans pour la jeune fille semble être l'âge idéal aux yeux du plus grand nombre (les médecins le souhaitent un peu plus tardif). La prudence conseille aux parents de la marier tôt. Son père s'était-il refusé à la brusquer, a-t-il attendu en espérant un parti avantageux et en accord avec les goûts et les dons de Louise qui ne s'est pas présenté ? Par ailleurs, la vieille fille fait honte à sa famille et lui est une charge. La femme célibataire n'a pas sa place dans la société de la Renaissance.

Vers les années 1543-1545, Louise a entre vingt et vingt-cinq ans. Il ne faut plus tarder. Son père Pierre Charly en a soixante-dix-huit en 1543. Le 15 août de cette année, il fait faire son testament. Sans doute sur l'incitation de sa troisième femme Antoinette Taillard, a-t-on supposé, à laquelle il faisait de sérieux avantages. Cinq ans après, il ajouta un codicille qui les augmentait. Les filles n'ayant rien à attendre de l'héritage familial, il fallait les pourvoir dès le mariage ou à leur entrée au couvent. Dans tous les milieux, paysans, bourgeois ou nobles, la grande affaire, de génération en génération, était de maintenir et si possible d'accroître le patrimoine. Aussi le mariage se traite-t-il comme un contrat d'affaires entre deux familles et n'a nullement pour fin de combler la vie sentimentale des époux. Il n'est pas question d'amour (l'érotisme conjugal est, en tout cas, à la limite de l'indécence et sévèrement contrôlé par les prescriptions de l'Église). L'autorité paternelle est toute-puissante. Puisque le mariage met en jeu les intérêts fondamentaux de la famille, intérêts économiques le plus souvent, c'est à son chef qu'il revient d'en assumer la responsabilité.

Le problème de la dot était souvent, dans tous les milieux, une véritable croix pour le père de famille. Il ne dut pas trop tracasser notre cordier, alors fort à l'aise. Mais, devenu vieux, il souhaitait sûrement voir Louise mariée et bien établie dans la vie. Peut-être aussi éprouvait-il le besoin de s'appuyer sur un gendre dans la gestion de son entreprise. Il était normal d'ailleurs de le chercher dans le même milieu que le sien, voire dans le même métier.

Ce fut le cas. Son choix se porta sur Ennemond Perrin, cordier comme lui. Pour une fille aussi séduisante que Louise, jolie, spirituelle, élevée au-dessus de sa condition, Ennemond n'était pas un brillant parti. Son père, Gillet ou

Gilles Perrin, cordier, possédait, dès 1483, une maison basse avec jardin par-derrière, en la rue tendant de Notre-Dame-de-Confort à l'hôpital du Pont du Rhône. Il était mort en 1512 et ses héritiers étaient taxés pour lui. Son fils «cadet» est nommé Ennemond sur un registre de 1515, logeant chez ses cohéritiers et taxé seulement pour son «meuble» (fonds de commerce) estimé 18 livres. Il voit l'estimation de sa maison, rebâtie à neuf, passer de 10 à 38 livres.

À la même époque le fonds de Pierre Charly, dit Labbé, son futur beau-père, est estimé à 100 livres, ses immeubles 168 livres non compris la Gela, qui appartenait aux héritiers mâles de sa seconde femme. Le beau-père paraît ainsi nettement plus riche que son gendre (dans une proportion de 2/3 pour Charly contre 1/3 pour Perrin), jusqu'en 1544 où ils sont à égalité pour une contribution de prêt au roi. Le contrat de mariage de Louise n'a pas été retrouvé. Mais on peut supposer sans invraisemblance que ce changement provient de son union avec E. Perrin. Si Pierre Charly a doté sa fille Louise d'une somme égale à celle qu'il a léguée à sa fille Jeanne, la dot de Louise a représenté 4800 francs or (d'après l'article de Vital de Valous «Mémoires de la société littéraire», Lyon, 1866).

Le plan scénographique de Lyon, dit de 1550, mais commencé vers 1545 et achevé en 1553, indique très précisément la «ruette» ou cul-de-sac tendant de la rue Confort à Bellecour où était la maison de Perrin et l'appelle rue de la Belle Cordière. Or les caractères de la légende sont contemporains du plan. En 1562, les registres consulaires la nomment aussi rue de la Cordière. Le mariage de Louise a donc dû précéder de quelques mois au moins le travail de l'auteur du plan. Si elle avait alors près de vingt-cinq ans, son mari, majeur en 1515 lorsqu'il prit possession de la maison et du fonds de son père, et en mesure de payer des impôts, pouvait avoir la cinquantaine. Et c'est d'après la profession de son mari, selon l'usage, qu'elle fut sacrée Belle Cordière.

On peut aussi envisager une autre explication de l'appellation de la rue, à laquelle on n'a pas songé jusqu'ici. C'est que l'on donnait fréquemment à une rue le nom de l'enseigne d'une boutique qui s'y trouvait (telle la rue du « Chat qui pêche » à Paris). Or la corderie de Pierre Charly avait succédé à celle d'Humbert, située au même endroit, dont il avait épousé la veuve. Louise Labé, à l'époque où le plan était dressé, n'avait encore rien publié et si elle était avantageusement connue, c'était d'un milieu très restreint. N'y aurait-il pas eu quelque gêne pour son mari à voir les charmes de sa femme célébrés si ostensiblement ? En revanche, que depuis Humbert l'entreprise ait eu une enseigne intitulée « la Belle Cordière » n'a rien d'invraisemblable. Et la réputation de Louise grandissant, elle aurait tout naturellement été ainsi qualifiée.

Le 2 avril 1551, après Pâques, Ennemond Perrin signe avec le Consulat un accord dans lequel il déclare agir « tant pour lui que pour Loyse Charly dite Labbé, sa femme ». Cet accord a pour objet le règlement des droits de mutation exigés « à cause de l'acquisition par lesdits mariés Perrin faite de leur maison d'habitation ». Un autre acte du même jour nous apprend que cette maison joignait le jardin et une autre maison, possédée « en son nom propre » par Ennemond à l'angle de la rue Confort et plus petite : elle n'avait qu'un seul étage.

Perrin passa reconnaissance tant pour lui que pour sa femme de la maison achetée, au profit de la fabrique du Pont du Rhône, seigneur direct. Cette acquisition juxtaposait deux immeubles d'origine différente. Il fallait pour les réunir l'entente des époux Perrin. Ce qui est arrivé (sous quelle forme : donation ou testaments avec substitutions ? On ne sait).

Mais s'il y avait deux propriétaires, il y avait deux seigneurs directs : l'Archevêché et les recteurs de la fabrique du Pont du Rhône qui se firent aussitôt payer en 1551. L'Archevêque tarda, engagea un procès... qui n'était pas terminé en 1789 !

Louise était-elle la femme d'Ennemond en premières ou en secondes noces ? Les célibataires étaient rares au XVIe siècle, aussi a-t-on supposé qu'il avait été marié auparavant. Il n'avait, en tout cas, pas eu d'enfants. Ennemond ne fut ni aussi aisé ni aussi actif que son beau-père. Ses maisons et jardins, rue Belle Cordière, durent attendre dix ans pour atteindre le prix de deux mille livres. Il ne fut ni quartenier de son quartier, ni maître des métiers, ni fournisseur du Consulat. On ne trouve pas mention de lui dans les « comptabilités » municipales. Quand il est question de lui dans les « nommées », la somme exigée paraît petite. Or le montant des impôts relevés au nom du roi variait selon les capacités de paiement des différents bourgeois.

Il est fort probable qu'il n'a pas partagé avec sa femme le goût des lettres et des arts. Des recherches de Dorothy O'Connor parmi la foule des dédicaces, épigrammes, poèmes de toutes sortes adressés à des personnages lyonnais pour savoir s'il avait pris une part, si humble soit-elle, à la vie littéraire de la ville sont restées infructueuses. Et d'ailleurs dans les *Écrits* qui accompagnent les œuvres de Louise, comme une sorte de biographie poétique, on ne relève aucune allusion à Ennemond.

Des sentiments que Louise éprouva pour son mari, des rapports des époux Perrin, nous ne savons strictement rien. Les biographes ont tour à tour affirmé qu'ils vivaient dans la plus complète entente, ou au contraire qu'Ennemond se montra un mari complaisant, le « bonhomme » cordier, dit A. du Verdier, méprisé par une épouse qui le trompa sans scrupules. Ce sont là pures conjectures. Tout au plus peut-on supposer qu'Ennemond Perrin avait vu en Louise un parti avantageux, qu'il dut être, comme bien d'autres, sensible à son charme, à des dons qu'il admirait et éprouva pour cette jeune femme, qu'il avait sans doute connue dès son enfance, une affection quasi paternelle.

Quant à Louise, le mariage lui apportait plus d'indépendance que dans la maison de la rue de l'Arbre-Sec : elle était chez elle, pouvait se consacrer aux études et aux plaisirs de son choix, sans qu'un mari en prît ombrage, apparemment. La vie conjugale ne fut sûrement pas ressentie par elle comme une entrave à sa liberté, grief dont la littérature du temps fait, du côté masculin comme féminin, abondamment écho. C'est sans doute alors que Louise se mit à écrire ses sonnets, tout en prenant part aux activités littéraires de quelques cercles de l'élite intellectuelle de la ville. Elle n'eut pas d'enfant. Lui en tint-on rigueur ?

Elle était assez fine pour se ménager les bonnes grâces d'un époux, et faire de son mariage une association affectueuse sans élan, comme l'étaient bien des unions à l'époque, où les intérêts des époux n'étaient pas les mêmes.

Faut-il appliquer à son propre mariage les réflexions désabusées de son *Débat de folie et d'amour*? « Que durerait le monde si elle [la folie] n'empêchait que l'on ne prévisit les fâcheries et hasards qui sont en mariage ? Elle empêche que l'on ne les voit, et les cache, afin que le monde se peuple toujours à la manière accoutumée. Combien dureraient peu aucuns mariages, si la sottise des hommes ou des femmes laissait voir les vices qui y sont ? » Car, selon le dieu Mercure, défenseur de Folie, les « désagréments et fâcheries » sont inhérents à l'état conjugal.

Apollon au contraire, avocat de l'Amour, la partie adverse, vante le bonheur des époux favorisés par ce dieu : « l'homme (quelque vertueux qu'il soit) languit en sa maison sans l'aimable compagnie d'une femme, qui fidèlement lui dispense son bien, lui augmente son plaisir, ou le tient en bride doucement, de peur qu'il n'en prenne trop, pour sa santé, lui ôte les fâcheries, et quelquefois les empêche de venir, l'apaise, l'adoucit, le traite sain et malade, le fait avoir deux corps, quatre bras, deux âmes et plus parfait que les premiers hommes du banquet de Platon, ne confessera-t-il que l'amour conjugal est digne de recommandation ? et n'attribuera [pas] cette félicité au mariage, mais à l'amour qui l'entretient. Lequel, s'il défaut [manque] en cet endroit, vous verrez l'homme forcené, fuir et abandonner sa maison. La femme au contraire ne rit jamais, quand elle n'est en amour avec son mari. Ils ne sont jamais en repos. »

Les débats autour de l'union conjugale ont été d'actualité au XVIe siècle et ont soulevé protestations et revendications féminines. Si la littérature, comédies et nouvelles surtout, a mis l'accent sur les tribulations du mariage, en tentant de proposer des solutions, le mariage d'amour n'en est pas moins considéré comme utopique, sinon très risqué. Marguerite de Navarre est l'un des rares écrivains à prêcher la conciliation de l'amour et du mariage dans l'*Heptaméron*, le meilleur moyen de trouver le bonheur sur terre et juge l'union conjugale ainsi conçue « le plus beau et sûr état qui soit au monde ».

Louise Labé semble partager cette conviction, en évoquant le mythe de l'androgyne platonicien, cher à la Renaissance pour montrer le rôle bienfaisant de l'épouse, déterminant dans l'harmonie du couple, elle qui suscite et modère l'activité et le plaisir masculins. Traduit-elle ainsi une expérience personnelle ou le souhait d'une union rêvée ? En tout cas, les deux avocats du *Débat* conviennent l'un et l'autre que le mariage ne va pas sans « fâcheries » !

Louise s'est bornée à réfléchir sur le mariage dans son œuvre, sans que nous puissions savoir ce qu'elle a pensé du sien. Quant à Ennemond, ses dispositions testamentaires – il fit de sa femme son héritière universelle, selon l'abbé Pernetti, le premier biographe de Louise – laisseraient croire qu'il fut satisfait de leur union.

Le dernier document fiscal où il figure est un état des pensions de 1555, dues par divers particuliers aux églises et monastères de Lyon sur les maisons de la ville. Ennemond Perrin devait trois livres aux Célestins, et cette rente provient d'une fondation faite en 1531 par François Varinier, assise sur la maison près du Pont du Rhône, « qui fut ensuite de Gilles Perrin et d'Ennemond son fils ».

Le mari de Louise mourut entre janvier 1555 et septembre 1557. Le privilège accordé à Louise Labé, sur sa seule « humble supplication », pour l'impression de ses *Œuvres* date du 13 mars 1554 avant Pâques, soit 1555 nouveau style. Il était du ressort du roi de donner ce privilège et de faire acte législatif selon son bon plaisir. Mais ces supplications, dans la pratique, passaient par la chancellerie, puis étaient discutées en Conseil avant de parvenir au roi. Se passer du consentement de Perrin, c'était risquer de voir la faveur royale mise en échec par l'autorité du mari, l'un des plus inébranlables principes du droit écrit. Or il n'est pas question de lui dans le privilège. L'état de santé d'Ennemond l'empêchait-il d'être consulté, avait-il donné verbalement son accord ?

Par ailleurs, obtenir le privilège était une faveur, mais l'édition comportait un risque commercial : les frais d'impression seraient-ils remboursés par une vente aléatoire ? Notons que ce privilège accordé à une femme sans mention d'un mari ou sans l'indication « veuve de » reste tout à fait exceptionnel. Tricou assure n'en avoir trouvé, au cours de ses recherches, qu'un seul exemple : celui de Louise Labé, qui ne donne aucune indication sur son état matrimonial.

En tout cas, Ennemond était mort en septembre 1557, lorsque Louise Charly dit Labbé, devant un notaire de Trévoux, achète seule, sans l'assistance d'un mari, quelques petites parcelles de terre à Massieu et Genay, paroisses limitrophes de Parcieu. En 1563, elle sera encore portée, sous le nom de Louise Labé tout court sur un livre de taxe extraordinaire, en raison des troubles de 1562.

Louise dut jouir très tôt d'une renommée flatteuse. Mais cette célébrité ne fut pas toujours de bon aloi. En porte témoignage un procès qui se tint à Genève en juillet 1552, et la mit en cause. Faisons d'abord connaissance – c'est indispensable – avec quelques membres de la famille de Louise qui y jouent un rôle. Sa mère Étiennette Roybet, la deuxième femme de Pierre Charly, avait une sœur Marguerite qui épousa vers 1515 un chirurgien-barbier, attaché à l'Hôtel-Dieu, Antoine Rosset, fils d'un cordier. Lequel était fort estimable, à en juger par la notule accompagnant sa taxe (de 9 sols, 8 deniers) dont, en récompense des services qu'il faisait journellement aux pauvres, on la tenait quitte.

À sa mort, Antoine laissait à sa veuve trois enfants : Jean, marchand imagier imprimeur, Benoît, barbier auquel sa mère donna en 1560 le cinquième de ses biens et une certaine Antonia, qui épousa Jean Yvard, dit Varoz, barbier-chirurgien de l'Hôtel-Dieu de 1539 à 1544. Les Recteurs l'estimaient pour les soins qu'il donnait aux malades et « à cause de la nouvelle chambre des vérolés ».

Et pourtant, le 1er janvier 1544, Jean Yvard donne sa démission, et trois ou quatre ans plus tard s'enfuit à Genève. Seraient-ce ses malheurs conjugaux ou la crainte d'ennuis à Lyon pour son adhésion à la Réforme ? Les deux à la fois sans doute, et aussi l'espoir de faire rompre son mariage… Le 14 juillet 1552 Yvard qui, l'année précédente, s'était fait recevoir «habitant de Genève» dépose une demande en séparation contre sa femme, Antonia Rosset, résidant à Lyon. Le Consistoire présidé par Calvin s'étant réservé la connaissance des questions d'État, c'est devant lui que l'affaire fut engagée. Yvard accuse sa femme d'avoir voulu l'empoisonner et de s'adonner à la paillardise. Cinq témoins, cités à la requête du mari, viennent déposer. Ce sont des Lyonnais émigrés à Genève pour cause de religion. L'un d'eux, Philibert Sarrasin, de bonne réputation car il était le médecin de Calvin, se borne à déclarer qu'il «avait entendu parler des faits allégués». Les autres sont des commerçants qui font la navette entre Lyon et Genève, pour le plus grand profit de leurs affaires et la pleine jouissance de leur liberté de conscience. Parmi eux, un certain Robinet, libraire ou relieur de 1533 à 1554, agent du Consulat pour la recherche à Genève d'un nommé Presteau, accusé de malversation, dépose que la femme d'Yvard «se gouverne fort mal et ordinairement fréquente sa cousine la Belle Cordière et tient fort mauvais train».

Antonia était donc la fille d'un barbier, Antoine Rosset, dont les héritiers sont cités comme propriétaires d'une demeure proche de celle de la rue Confort. La cousine de Louise était aussi sa voisine. D'après Robinet, c'est à l'instigation d'un barbier qu'Antonia «allait à Saint-Clair et là paillardait avec un Italien». Tous les témoins confirment les dires d'Yvard, même la tentative d'empoisonnement, alors que la procédure avait révélé qu'Yvard et sa femme vivaient séparés depuis 1546.

Au moment où s'ouvre le procès, Calvin et le parti des Libertins s'opposent notamment sur le délit ou crime de paillardise. Les commissaires du Consistoire, embarrassés par l'absence de l'inculpée et par les événements, conclurent le 26 juillet «d'en écrire aux Sieurs de Lyon» et de leur renvoyer l'affaire. C'était un redressement de procédure dont on ignore les suites car on n'a retrouvé aucune trace de cette correspondance. Or, en 1552, les rapports étaient fort tendus entre Genève et Lyon où, quelques mois plus tard, seront brûlés les cinq jeunes gens venus de Suisse prêcher la

Réforme. Messieurs de Lyon ne devaient pas se presser de répondre au Consistoire surtout si la réponse devait émaner de l'Officialité, à cause de la question du divorce. La mort d'Yvard, le 15 décembre suivant, vint terminer le procès. Rien ne peut donc être déduit quant à la véracité des témoignages.

Mais Calvin avait bien retenu le nom de la cousine d'Antonia. Il s'en servit au cours de sa polémique avec le prêtre catholique lyonnais, Gabriel de Saconay, à la fin d'un pamphlet en latin, de 1560, *Congratulation à vénérable prêtre*, où il évoque en deux lignes le nom de Louise Labé. Calvin se borne à reprocher à Saconay de festoyer avec des femmes habillées en hommes, telle « cette vulgaire courtisane [*plebeia meretrix*) qu'on appelait la Belle Cordière, tant à cause de sa beauté que du métier de son mari ». Le nom de Louise n'avait là d'autre utilité que de rendre l'attaque plus précise et plus mordante.

Si l'histoire de ce Jean Yvard, devenu citoyen de Genève sans doute pour se débarrasser de sa femme, n'a guère d'importance dans la vie de Louise Labé, elle est significative du poids de l'opinion publique dans la formation d'une réputation. L'hostilité des témoins d'Yvard traduisait probablement une malveillance, une défiance certaine des voisins de la Belle Cordière à l'égard d'une femme qui ne vivait pas comme les femmes, les filles ou les sœurs des gens de leur condition. Ses occupations, lectures, musique, écriture, n'étaient pas les leurs, pas plus que les compagnies nettement plus huppées qu'elle fréquentait, ce qui suffisait à la rendre suspecte.

Débats à la mode sur la langue et sur l'amour

Si l'éducation de Louise reste une énigme, comme sa vie conjugale, ce ne sont pas les seules de cette destinée exceptionnelle. La Belle Cordière aurait pu acquérir une culture solide et raffinée, écrire de beaux vers, sans que ses talents soient reconnus et appréciés, et sans jamais entrer en contact avec les milieux lyonnais les plus lettrés, qu'une fille et une femme de cordier ne pouvait pénétrer, à moins d'un étonnant concours de circonstances. Si c'est bien à la Déserte qu'elle fut encouragée à développer ses dons, si c'est là qu'on la mit ensuite en rapport avec un ou plusieurs précepteurs compétents, il faut bien admettre l'existence d'un médiateur qui parraina son entrée dans le monde des lettres.

Il est fort plausible, comme l'a suggéré Rigolot, que ce fut l'humaniste Jean de Vauzelles, aumônier de la Déserte, allié de la famille des Scève, ami d'enfance de Maurice comme l'étaient ses deux frères : Georges, chevalier de Malte, et Mathieu. Celui-ci occupa des fonctions municipales importantes, fut échevin, recteur de l'Aumône générale, avocat général au Parlement de Dombes. Il était le beau-frère de Maurice. Jean de Vauzelles (vers 1495-1557) fit une carrière d'église. En 1530, il est vicaire de l'Archevêque pour le Contentieux. Après avoir été maître de requêtes à la Cour de Marguerite de Navarre, il fut aumônier de François Ier, puis de Henri II, et se montra plein de sollicitude pour les pauvres, et pour l'Aumône générale.

Mais Jean de Vauzelles avait aussi du goût pour les lettres, recevait volontiers des humanistes à sa table. Il échangea une correspondance avec l'Arétin qu'il admirait et traduisit ses ouvrages d'édification. Poète à ses heures, il a notamment donné à Louise le sonnet 9 des *Écrits* au bas duquel il appose sa signature « D'immortel zèle », et où il célèbre la gloire de ce « Soleil » qui se lève dans la Renaissance lyonnaise. Que cet homme de goût à qui l'on dut présenter à la Déserte une jolie adolescente aux dons prometteurs l'ait introduite dans le cercle des Scève est fort probable, la société érudite lyonnaise étant très féminisée.

Maurice, cousin de Guillaume que nous avons déjà rencontré, appartenait à une famille lyonnaise de notables en vue qui jouait un rôle important dans la vie municipale, gens du monde de la chicane, religieux ou civils, et qui s'intéressait aux lettres et à la poésie.

On ignore la date de naissance de Maurice qu'on peut situer vers 1500, soit près de vingt ans avant celle de Louise. De son éducation on sait peu de chose. Elle fut sans doute dirigée par un ou plusieurs précepteurs, le collège de la Trinité n'existant pas encore. Il a appris le latin, le grec, l'italien, l'espagnol. L'étude des sources de ses œuvres, à une époque où tout poète ne saurait écrire sans imiter, nous renseigne sur ses lectures, l'Anthologie grecque, Virgile. Mais il s'est surtout nourri d'œuvres contemporaines, celles des Grands Rhétoriqueurs, des Marotiques, les disciples du grand Marot, et des néo-Latins.

V.L. Saulnier pense qu'il apprit sans doute davantage dans les cercles lettrés que dans les salles d'études, par un contact assez désordonné avec les livres qui sortaient, sans que sa culture soit celle d'un autodidacte. Les humanistes ne s'instruisent pas seuls, mais s'instruisent les uns les autres plus qu'ils ne doivent à un maître. Ils se prêtent des livres, les échangent et surtout ils conversent et discutent entre eux. Maurice dut beaucoup, l'essentiel sans doute, de sa culture classique au cercle de son cousin Guillaume, à ses « récitations », ses lectures, ses travaux. Louise Labé dut se former de la même manière.

Maurice fut docteur, en droit à coup sûr, et aurait aisément trouvé, grâce aux relations de sa famille, quelque office de robe dans l'un des trois pouvoirs qui se partageaient l'administration de Lyon : le Roi, représenté par un gouverneur, l'Archevêque, les Consuls, recrutés dans un petit nombre de familles riches, parmi la haute bourgeoisie de robe et de commerce. Mais il n'accéda à aucune de ces fonctions, se contentant d'être poète et humaniste.

Sa carrière débute par un roman psychologique et sentimental traduit de l'espagnol, Juan de Florès, continuateur de Boccace, et sa véritable notoriété commence avec le succès de ses Blasons anatomiques. Le blason se définit comme une épigramme, la description détaillée et laudative d'une partie du corps, ou d'un objet. Marot, en exil à Ferrare, envoie à la fin de 1535 une épigramme du *Beau Tétin* à la Cour de France. Il réunit alors une collection de blasons, œuvres des poètes de la Cour et de Lyon.

Il ne s'agit pas d'un concours, comme on l'a prétendu, mais d'une simple émulation. Marot y fait allusion dans l'épître : À *ceux qui après l'épigramme du beau Tétin en feront d'autres*, où l'on reconnaît les noms de Jean de Vauzelles (les Cheveux), Antoine Héroët (l'Œil), Maurice Scève (la Larme, le Sourcil). Renée de France, la duchesse de Ferrare, les lut et déclara que le *Sourcil* était le meilleur. Les nouvelles passaient vite de la cour de France à celle de Navarre et au cercle lyonnais. Ce fut à cette occasion que Clément Marot et Scève entrèrent en contact, Marot plaçant alors Maurice au rang des tout premiers poètes de l'époque. À son retour d'exil, il fit la connaissance de Scève. Celui-ci ne parlera jamais de lui dans ses écrits.

L'année 1536 est celle de la rencontre de Scève avec Étienne Dolet (1508-1546), chez son cousin Guillaume, certainement, au sein du *Sodalitium lugdunense*. Une amitié fondée sur une mutuelle estime littéraire les unit vite. C'est lui qui lance Scève et chante ses mérites, alors qu'il n'a encore presque rien publié en vers en notre langue ; il l'a institué grand poète français, le second après Marot. Dolet, expulsé de Toulouse où on le soupçonnait d'hérésie, s'était réfugié à Lyon où il servit de correcteur au célèbre imprimeur Gryphe. Il s'était fait connaître, dès 1534, comme un admirateur exclusif de la langue latine, dont il avouait faire « profession totale ».

Scève appartient d'abord à l'école des néo-Latins : en 1537 il a composé autant de vers latins que de vers français. Mais il va y renoncer, sensible à la propagande de Dolet, animateur incomparable qui, entre 1536 et 1540, converti à l'usage du français, se fait l'ardent champion de la nouvelle cause et y gagne Scève, à la faveur de leurs entretiens constants. Le latin demeure la langue quasi obligée de la théologie, de la médecine, des sciences et des techniques, langue de l'Église et de l'École, de la connaissance et de la religion. En 1501, sur quatre-vingts livres publiés à Paris, huit sont en français. Les combats pour défendre la dignité de la langue française sont antérieurs à la Renaissance, mais prennent en France une vigueur particulière dans la première moitié du XVIe siècle.

Pourquoi aurait-on une conduite différente de celle des Grecs et des Latins qui ont fait de leurs langues « barbares » des langues de civilisation ? D'autre part, le rapport maternel qu'on entretient avec la langue oblige à ne pas mépriser la sienne, quitte à l'améliorer, l'illustrer en la rendant plus riche et lui donner plus de saveur et de précision. En même temps s'organise une bataille de l'orthographe qu'on souhaite corriger, simplifier, débarrasser de lettres inutiles, parce qu'elle correspond à un état de langue antérieur.

Scève, comme le cercle lettré qu'il fréquente, est au fait de ces préoccupations. Geoffroy Tory, humaniste, imprimeur, philologue, traducteur qui, dans son *Champ fleury*, s'efforce de créer dans le domaine de l'art typographique une architecture des lettres, prend la défense de sa langue maternelle dans sa préface, en 1532 : « Il me semble qu'il serait plus beau à un Français écrire en français qu'en autre langue, tant pour la sûreté de son dit langage que pour décorer sa nation et enrichir sa langue domestique qui est aussi belle et bonne qu'une autre quand elle est bien couchée par écrit ».

Mais il faut la défendre contre ceux qui la massacrent et il appelle de ses vœux l'établissement d'une grammaire qui la délivrera de la corruption. Des écrivains amis, Héroët, Des Périers, des médecins lyonnais, participeront à ce combat. Pierre Tolet, l'un des premiers, après les tentatives de Symphorien Champier, prend nettement le parti du français dans la transmission des connaissances médicales. De même Jean Canappe, son ami et collègue à Lyon. Dolet, fidèle à sa nouvelle politique d'édition, accepta de publier en 1540 sa traduction de Paul d'Égine, accompagnée de celle de deux opuscules de Galien. Tolet, dans sa préface, expose les raisons de son choix, en s'appuyant sur l'exemple des Italiens qui traduisent en langue vulgaire les auteurs latins et grecs.

Par ailleurs, les réformés sont soucieux de mettre à la portée des humbles les textes fondateurs du christianisme. Dolet se met ainsi à publier traductions et traités en français parce qu'il pense, comme eux, qu'il faut démocratiser la lecture. Il comprend aussi, avec ses confrères, les profits qu'il réaliserait en offrant des livres accessibles à une clientèle élargie.

Le passage des manuscrits aux imprimés opérait une transformation profonde dans la conception de l'orthographe. Et dans la première période de tâtonnements et de recherches diverses, les nouveautés n'ont pas trouvé de meilleurs défenseurs que les imprimeurs, notamment les imprimeurs humanistes alliant les rares qualités de savants, de correcteurs, de grammairiens, de typographes et d'artistes. Ils travaillent à la mise en œuvre du français écrit, tentant de combler l'écart entre les pratiques de l'écrit et le langage parlé. Le premier traité d'orthographe nouvelle est, outre le *Champ fleury*, l'ouvrage anonyme, attribué à G. Tory et Cl. Marot, petit code d'imprimerie et de grammaire à la fois, *La Briefve doctrine pour deuement escripre selon la propriété du langage françois* (3 éditions en 1533). La quatrième édition de l'*Adolescence Clémentine* (1533) de Marot, imprimée par Tory, est accentuée, et désormais le poète exigera de ses imprimeurs l'utilisation des accents et signes auxiliaires inaugurés alors, qui permettent l'élimination de toute une série de lettres, rendues inutiles par la nouvelle lisibilité.

Étienne Dolet, continuateur de Tory, soutenu par Marot, publie alors son traité sur les *Accents*, accompagné d'un traité sur la ponctuation. Les imprimeurs lyonnais, mieux préparés, grâce à l'intense réseau de relations d'échanges qui les liaient à l'Italie, plus libres vis-à-vis de la Sorbonne, grâce aussi à la présence d'une vie littéraire plus intense, ont vite fait leur profit de leçons de Tory et de Dolet et ont adopté signes auxiliaires et accents.

En 1539, l'ordonnance de Villers-Cotterêts avait prescrit l'usage exclusif du français dans toutes les pièces judiciaires du Royaume. Il devenait ainsi la langue de l'État. En 1541, la Réforme adoptait le français comme langue du culte et de l'enseignement chrétien. En 1542, le Lyonnais Louis Meigret, partisan d'un ajustement complet de la prononciation et de la graphie, expose un système rationnel d'orthographe dans son *Traité touchant le commun usage de l'écriture*. Ses innovations radicales susciteront réserves et débats dans le milieu des imprimeurs.

Pourtant, la nouvelle orthographe va s'imposer. Peletier du Mans, d'abord principal du collège de Bayeux à Paris où il a suivi les travaux de Ronsard et du collège de Coqueret, est l'auteur en latin et en français d'une œuvre mathématique importante. Curieux de médecine et d'astronomie, poète, il avait tracé avant le manifeste de Du Bellay un programme d'illustration de la langue française. Vers la fin de 1553, il vient s'installer à Lyon chez l'imprimeur Jean de Tournes comme professeur de mathématiques du fils de ce dernier, gagne rapidement l'amitié et la confiance du père, et acquiert son adhésion entière à la réforme de l'orthographe.

Tous deux nous intéressent particulièrement. Peletier, qui occupa plus de quatre ans chez le grand imprimeur la place de correcteur laissée vacante par la mort d'Antoine du Moulin, revit ou influença l'ensemble des publications de de Tournes, et veilla notamment à l'édition des *Œuvres* de Louise Labé, dont il était un fervent admirateur. Il figure parmi les vingt-quatre auteurs des *Écrits*. Louise s'entretint sûrement avec lui des problèmes de l'orthographe. Elle était bien au fait de ce sujet fréquemment abordé par les lettrés de la ville. Partageait-elle toutes les vues de Peletier ? Ce n'est pas sûr. Celui-ci avait publié des ouvrages fort divers dans l'orthographe phonétique qu'il avait mise au point dans son *Dialogue de l'ortografe et prononciation françoise* (1550). Mais, contrairement à Maigret, il sut s'adapter mieux que lui, Ramus ou Baïf, aux nécessités commerciales d'une production comme celle de la maison de Tournes. Il en garda ainsi le contrôle quasi-total plusieurs années durant. Il réussit à promouvoir des réformes aussi prometteuses d'avenir que les distinctions entre i et j, u et v. L'orthographe des *Œuvres* de Louise, éditées et sans doute corrigées sous sa direction, comporte certaines innovations, mais reste suffisamment traditionnelle pour être commodément lisible.

Revenons quelques années en arrière, lorsque Maurice Scève travaille à la *Délie*. Il va devenir sinon le chef de ce qu'on a appelé improprement l'École lyonnaise, du moins la personnalité dominante de cette élite intellectuelle de la ville, où se mêlent Lyonnais de séjour et visiteurs de marque. Son dessein de défendre et d'illustrer la langue française est bien arrêté. La découverte du tombeau de Laure en 1533 l'invitait à la dévotion pour Pétrarque en personne, que son entourage néo-latin imite volontiers et dont la célébrité grandit à Lyon où se multiplient ses éditions vers 1537. Ce grand humaniste, ce poète latin qui n'en a pas moins illustré sa langue natale et vulgarisé la poésie, prêchait d'exemple. Ce n'est pas vers Marot dont le badinage lui semble trop léger qu'il se tourne, sinon par réaction. Écrire en français n'implique pas, selon lui, d'utiliser le langage commun, accessible à tous. Le plaisir poétique doit être destiné à une élite de connaisseurs. D'où sa recherche d'un style difficile, tendu, raffiné, qui dédaigne les lecteurs pressés, les oblige à un effort par l'apprêt de la forme, et qui rachète par l'originalité de la manière la banalité des thèmes. Une révélation amoureuse va mettre ce style au service d'une passion forte, dans le chef-d'œuvre de Scève, *Délie, objet de plus haute vertu*, en 1544.

À partir des mêmes modèles, la belle Cordière optera pour un style tout différent, mais résolument novateur, lui aussi. Certains ont cru voir à tort en Maurice Scève son précepteur, ce que suffirait à démentir le style de Louise, à la différence de Pernette du Guillet, l'autre grande poétesse lyonnaise, aimée de Scève, dont les poèmes se situent dans le sillage de l'auteur de la *Délie*. Dans ses *Rymes,* Pernette, elle, s'efforce de retrouver la densité et l'hermétisme de ce que Scève appelle lui-même ses « durs épigrammes » et une ascèse poétique, sorte d'exercice spirituel sous la conduite du maître.

L'atmosphère lyonnaise semblait particulièrement favorable à l'inspiration poétique et aux discussions sur la philosophie de l'amour. La littérature idéaliste y connut sa principale éclosion, dans ce milieu éclectique, ouvert, sensible aux hardiesses des théories occultistes d'un Corneille Agrippa et à celle des penseurs religieux de la Réforme comme à l'influence des Anciens et des écrivains italiens. Médecin et poète, Symphorien Champier, qui domina sa génération, avait développé dans sa *Nef des Dames vertueuses* (1503) une théorie de l'amour marquée par l'influence de Ficin, traducteur de Platon, dont le *Commentaire sur le Banquet* faisait d'Amour celui qui précède, puis organise le Monde, et dont le but est l'Harmonie. L'amour se définit comme «le désir de beauté» (des corps, des âmes et des voix), l'Amant-poète choisit sa Dame qui lui donne accès à la beauté physique, premier degré d'une ascèse spirituelle qui fait taire les exigences du corps et le mène finalement au Beau en soi, au monde des Idées, à la connaissance. Champier, lecteur du Timée, qui inspire sa vision de l'univers, puis sa conception de la médecine, diffusait le platonisme érudit et aussi la tradition néo-platonicienne qui l'accompagne et le prolonge. Le médecin qu'il était prit parti dans la polémique médicale de 1532 pour la thèse platonicienne du cœur et du sang, «nourriture du corps tout entier».

Ces thèses, qu'il a contribué à propager, vont apporter la caution de la médecine aux descriptions de l'amour-passion qui va se développer chez les poètes lyonnais. Une nouvelle physiologie des émotions apparaît, où la pensée s'incarne, où l'âme, à l'image de la puissance divine, circule dans l'organisme entier, provoquant tristesse, larmes et soupirs. Dès 1537, ces thèmes médicaux sont devenus les thèmes communs de la conversation mondaine. Louise Labé en est parfaitement avertie. L'amour-passion a trouvé sa science et son langage. Pour les poètes, une heure nouvelle a sonné.

Un vieux débat littéraire avait vu s'affronter, dès le XIIIe siècle, détracteurs et apologistes de la femme. Lequel de ces deux sexes doit avoir la prééminence sur l'autre ? La femme est-elle inférieure à l'homme, perverse et tentatrice, ou fleur de toute beauté et de toute noblesse ? La querelle, provisoirement éteinte à la fin du XVe siècle ne tarde pas à reprendre de plus belle au XVIe qui voit paraître 891 textes traitant du problème de la femme. *L'histoire du féminisme français* en a dressé un tableau chronologique détaillé en distinguant les écrits polémiques des écrits doctrinaires et didactiques, et les textes littéraires proprement dits.

Ce répertoire d'idées reçues n'est en fait qu'un jeu de société. Juristes et humanistes se partagent en deux camps. Aux défenseurs des dames, comme S. Champier, ripostent les antiféministes. Érasme, dans ses *Colloques* et deux traités en latin et J. Luis Vivès dans *Institution de la femme chrétienne*, 1532, sont favorables à la femme et au mariage.

L'étrange traité de Corneille Agrippa de Nettesheim, ami de S. Champier, qui vécut à Lyon de 1524 à 1527, a été écrit en 1509. Publié en latin (1529), traduit en français (1530) mais imprimé en 1537, l'ouvrage *De la noblesse et préexcellence du sexe féminin* était appelé à un énorme retentissement, mêlant aux arguments les plus traditionnels et les plus extravagants du raisonnement scolastique des réflexions fort judicieuses. Il a le mérite d'envisager le problème de l'infériorité de la femme non sur le plan de la nature, mais sur celui de l'éducation et de s'en prendre aux lois faites par les hommes qui maintiennent les femmes dans l'état « d'imbécillité et de sujétion ». Son traité apporte une pièce importante au dossier du féminisme.

Ces combats de plume qui se poursuivront jusqu'à la fin du siècle gardent pour la plupart le caractère conventionnel et ludique d'affrontements rhétoriques, d'escarmouches intellectuelles qui ne font pas progresser le débat. Les arguments n'ont pas varié depuis le *Roman de la Rose*.

Le débat, en 1537, va passer dans l'école marotique. Almanque Papillon, valet de chambre de François Ier, déclare alors, dans *Victoire et triomphe d'Argent contre Cupido,* que l'amour d'une femme s'achète, moyennant finances. De 1541 à 1543, la querelle, toujours diffuse dans les milieux intellectuels et littéraires, rebondit sous l'aspect d'une joute mondaine qui met aux prises des poètes de cour sur le thème de la femme et de l'amour. C'est en fait dans l'œuvre capitale de Baldassare Castiglione, *le Courtisan*, qu'il faut chercher l'origine de la « Querelle des Amyes ». Ce bréviaire de l'homme de cour, dont il traçait le modèle, ainsi que celui de la femme de cour accomplie, vulgarisait en même temps la doctrine platonicienne de l'amour, interprétée par Marsile Ficin.

L'Amye de court de Bertrand de la Borderie (1542), l'un des meilleurs disciples de Marot, fait éclater la querelle. S'inspirant du chapitre III du *Courtisan* sur la « Donna di palazzo » (la dame de cour), il met en scène une jeune coquette aux vues très réalistes qui fréquente la Cour, les grands seigneurs, voire les princes. Dans le poème – un long monologue – attribué à l'Amye, elle revendique indépendance et liberté de mœurs sans craindre d'exploiter à son profit le jeu masculin de la galanterie courtoise dont elle n'est pas dupe. L'amie de cour a compris le pouvoir de l'argent dans la société de l'époque et tente de prendre les hommes au piège qu'ils lui tendent, en se riant de leur désir, en acceptant des cadeaux sans contrepartie. Préférant la galanterie sans asservissement à l'amour, elle triomphe par la ruse de l'hypocrisie masculine. Apologie ou satire ? Le discours de l'amie s'écarte en tout cas des conceptions de Castiglione qui, attaché à l'honneur et à la fidélité de la femme, faisait une large place à la religion de l'amour.

Le monologue, qui alimentait la satire des dames de la Cour, suscita une levée de boucliers. Charles Fontaine, un Parisien installé à Lyon en 1537, et ami de Scève, riposte le premier par la *Contr'Amye de court*, réfutation méthodique de l'œuvre de la Borderie, où il se fait le champion des dames et de l'amour pur, dans le sens du platonisme. Il y trace le portrait antithétique d'une jeune bourgeoise désintéressée qui croit en l'amour, le trouve dans le mariage et stigmatise la cupidité et la corruption de la Cour. Il invitait d'autres poètes à combattre à ses côtés.

Son appel fut entendu des Lyonnais et de leurs amis. Des Autels, Sainte-Marthe, Dolet intervinrent ; François Habert, Marguerite de Navarre dans sa *Comédie à dix personnages* ; Marot, dans son épître *Contre le fol amour*, Papillon, transfuge avec son *Nouvel Amour*, et plus tard Louise Labé elle aussi, dans le *Débat de folie et d'amour*. Seul un certain Paul Angier (mais on a pensé qu'il s'agissait d'un pseudonyme dissimulant la Borderie) osa s'attaquer à l'héroïne de Charles Fontaine. La querelle semblait tourner à l'avantage des femmes et de l'amour idéal. Elle trouvait à Lyon un terrain favorable à son développement.

La Parfaicte Amye d'Antoine Héroët (1542), ami de Marot, évêque de Digne, poète platonicien du cercle de la reine de Navarre, domine toute cette production et connaît plus de vingt éditions jusqu'à la fin du siècle. Elle vaut à son auteur, « heureux illustrateur du haut sens de Platon » selon Dolet, quantité de louanges. Ce monologue sentimental, dénué de tout caractère polémique, constitue un panégyrique achevé de la doctrine amoureuse vulgarisée par Ficin, Bembo et Castiglione. La parfaite amie d'Héroët, qui n'est pas une femme de cour, analyse les sentiments que lui inspire l'amant avant d'exposer une véritable philosophie de l'amour, conçu comme la « réunion sur terre de deux esprits au ciel auparavant liés », un ardent désir de « beauté, jouissance et plaisir ». Il provient des vertus de l'ami, non d'un simple étourdissement physique, et l'amour terrestre prépare le bonheur sans fin.

La controverse se rallume tout au long du siècle. Ses prolongements littéraires apparaîtront dans le *Tiers Livre* de Rabelais, orienté autour de la discussion des mêmes problèmes sans qu'on puisse vraiment y voir un épisode précis de cette querelle. Elle semblait tourner à l'avantage des dames puisqu'en 1555, l'année où paraissent les *Œuvres* de Louise Labé, François de Billon écrit, à leur louange, *Le Fort inexpugnable de l'honneur du sexe féminin*, l'un des panégyriques les plus enthousiastes et les plus passionnés jamais écrits en l'honneur des femmes. La querelle avait apporté un ton nouveau à un vieux débat en exposant au public lettré les éléments d'une philosophie de l'amour.

Et c'est une poésie d'amour qu'allait inaugurer «l'École lyonnaise». Gardons ce terme impropre parce qu'il n'y eut pas de programme commun délibéré, en face d'autres écoles, mais traditionnel et commode pour réunir des poètes qui furent des amis. Elle est dominée par la personnalité de Maurice Scève, «prince» de cette première Renaissance, dont la *Délie*, objet de plus haute vertu (1544), consacre la gloire et qui va imposer la mode des *canzonieri*, donner le ton à la mode de la poésie lyonnaise vers 1544-1550. Poésie très élaborée qui puise dans une tradition composite où s'amalgament des courants voisins mais différents : courtoisie, pétrarquisme et platonisme à la mode, mais aussi hermétisme, héritage des humanistes et des leçons de Marot que les Lyonnais, à la différence de la Pléiade, n'ont jamais renié. Ils sont redevables, de Scève à Louise Labé, à cet ensemble d'habitudes poétiques, de thèmes, d'expressions et d'images sur lequel ils ont travaillé.

Les élégiaques latins, Catulle, Properce, Tibulle, Ovide avaient fixé en images stylisées les traits essentiels de la beauté féminine : teint de lys, bouche de rose, membres de neige, d'ivoire, de marbre, etc. Ils avaient aussi analysé les contradictions de l'amour – le célèbre *Odi et amo* (je hais et j'aime) de Catulle – la présence paralysante de l'aimée, etc. Comme les pétrarquistes, Properce, loin de Cynthie, se torture pendant de longues nuits.

L'*Anthologie grecque* (regroupant des épigrammes depuis l'époque hellénistique jusqu'à Justinien), un des modèles de prédilection des épigrammatistes, met plus encore l'accent sur la passion physique. C'est en latin d'abord que les poètes italiens de la Renaissance en imitent les morceaux les plus sensuels. Mais l'*Anthologie* fournit également des images d'une préciosité galante, et des jeux mythologiques, flèches décochées sur l'amant, rivalité avec les déesses de l'aimée qui a les seins d'Aphrodite, les yeux d'Héra, etc.

À la conception presque uniquement sensuelle de l'amour, la poésie provençale et la tradition des romanciers courtois vont ajouter le culte de la femme, qui n'est plus un objet d'amour mal défini, une courtisane souvent, mais la châtelaine à laquelle l'amant voue une respectueuse dévotion, sur le modèle du service féodal dû par le vassal à son suzerain. La « Fin Amors », l'amour courtois, strictement codifié, d'essence aristocratique, dissocie l'amour et le mariage, mais n'en vise pas moins l'union des corps, « le don de merci », acquis par l'amant au prix de rudes exploits.

Chez les poètes du « *Dolce Stil Nuovo* », le culte de la femme se teinte de sentiments religieux. La Béatrice de Dante s'élève de l'idéalisation amoureuse au plan théologique. Pétrarque utilise et adapte à sa propre sensibilité le répertoire de thèmes et d'images du *Dolce Stil Nuovo* et des élégiaques latins. Si l'amour lui permet la découverte de la vie intérieure, il fait obstacle à la paix de l'âme. Avec le temps et la mort de Laure, le souvenir de l'amour devient purificateur et l'arrache aux vanités du monde. Le désir de rejoindre Laure se confond avec celui de la vie éternelle.

À partir de ces traditions diverses, il semble que se soit élaborée, à l'époque des Grands Rhétoriqueurs, la mode du roman sentimental qui reprend en les diluant les thèmes pétrarquistes. Il contribue, aussi, à la fin du XVe siècle, à la création d'un style amoureux « doux-amer » qu'on retrouve dans nombre de recueils collectifs, avant le grand engouement pour le pétrarquisme vers 1550. Le ton de l'amant fervent, style platonicien, de l'amant courtois, style médiéval, ou désespéré mais tenace, style gréco-latin, de l'amoureux transi, style pétrarquiste sont bien semblables, et même se confondent souvent.

La redécouverte de Platon, grâce aux *Commentaires* de Marsile Ficin (publiés avant ses traductions) devait exercer une influence profonde dans les discussions sur la nature de l'amour. Le *commentaire sur le Banquet* devient le bréviaire de « l'honnête amour », l'amour spiritualisé, différent de l'autre amour « vénérique » ou vulgaire, le « Ferme Amour » du *Temple de Cupido* de Clément Marot, distinct du « faux dieu d'Amour », Cupidon, et de « sa folle mère Vénus ».

On a souvent confondu pétrarquisme et platonisme. V.L. Saulnier a bien montré que le pétrarquisme se présente en fait comme le contraire du platonisme, et que la locution

« amour platonique », qualifiant un amour non sensuel, a contribué aux malentendus. Selon le platonisme, si l'amant est soumis à l'aimé, c'est parce que celui-ci est image de l'idée de beauté (il y a soumission réciproque si le couple s'entraime). Le pétrarquisme au contraire suppose la seule soumission du soupirant à la belle cruelle.

L'amour, selon Platon, est une communion, une ardeur réciproque à se dépasser, excluant la jalousie. L'amour pétrarquiste est un combat entre le refus de la dame et les récriminations mal résignées de l'homme. « L'amant platoniste voit dans sa belle un instrument de vertu, un gage d'ascension morale, il tâchera de la mériter ; le pétrarquiste voit en elle une fin de plaisir, une promesse de jouissance, il tâchera de se la concilier. » À la sérénité de l'amour platonicien qui naît de la vertu (morale) s'opposent l'impatience de l'amour et les caprices de l'aimé dans l'amour pétrarquiste, né du seul charme, physique et intellectuel.

Cette opposition du pétrarquisme au platonisme qui existe déjà chez Pétrarque, se fait plus précise chez ses émules, Bembo et Sérafino.

Enfin, si les *canzonieri* abondent, à la suite de Pétrarque, les questions et les traités d'amour n'ont cessé de se multiplier depuis le XIIe siècle. Au Moyen Âge, André Le Chapelain élabore l'*Ars Amatoria* qui codifie la tradition courtoise, et Martial d'Auvergne les *Arrêts d'amour*, dont huit éditions paraissent entre 1525 et 1546. De nombreux traités italiens continuent cette tradition en y adaptant la théorie platonicienne de Marsile Ficin. Mais ce sont les *Dialogues d'amour* de Léon l'Hébreu qui semblent avoir été l'ouvrage le plus lu à Lyon, touchant la transmission du platonisme poétique en France. Il y eut entre tous ces poètes fréquentations, conversations, amitiés mondaines et littéraires. Ils ont à peu près les mêmes livres comme référence, appartiennent à une même famille intellectuelle, et sans même avoir à imiter Scève ils suivent le ton des années 1545-1550. Thèmes, métaphores, images qui sont les échos de conversations et de promenades lettrées étaient dans l'air du temps, dans le domaine courant, aussi importants que les lectures. L'influence des sources orales est loin d'être négligeable. Louise dut beaucoup apprendre de cette façon dès qu'elle fut mise en contact avec des compagnies d'hommes et de femmes cultivés.

Tels sont, très sommairement évoqués, les courants généraux où se situent les œuvres de l'École lyonnaise auxquelles chaque auteur a su imposer sa marque personnelle.

Dans les cercles lettrés

Kenneth Varty a très justement remarqué que décrire l'enfance et la jeunesse de Louise se borne en général à résumer les études qu'elle semble avoir faites et il souligne que cette interprétation est dangereuse : ne revient-elle pas à dire que ce qu'une femme sait à l'âge de quarante ans lui a nécessairement été enseigné pendant son jeune âge ? Or, nous l'avons vu, les seules sources d'information dignes de foi sont ses propres œuvres et, dans une moindre mesure, ce qu'en ont dit les poètes des *Écrits* et les commentaires de ses contemporains.

Lorsque, dans son Épître préliminaire, elle fait allusion à sa «jeunesse», dont elle a passé une partie, dit-elle, à l'exercice de la musique, elle désigne par là une période de sa vie où elle se montra pleinement adulte et ne veut pas nécessairement dire qu'elle a entrepris ses études musicales dès l'enfance.

La même épître nous apprend plus loin qu'elle a composé ses poèmes, «ses jeunesses», bien avant l'époque où elle les revoit pour les publier. Or, dans l'Élégie III, elle déclare n'avoir été capable d'écrire qu'après sa première aventure amoureuse, à l'âge de seize ans, précise-t-elle. Les seuls talents qu'elle se reconnaît, avant cette aventure, sont la broderie, l'équitation et le maniement des armes. Quelles furent ses lectures, de quelle manière et auprès de qui a-t-elle acquis son savoir ? Elle n'en dit rien. Mais qu'elle ait fréquenté l'élite de la société cultivée de Lyon paraît tout à fait certain. Les amis qui ont trouvé le moyen de lire ses œuvres à son insu et qui, dit-elle, l'ont convaincue de les «mettre en lumière», appartenaient à ces cercles lettrés, en particulier à celui qu'animait Maurice Scève.

Un premier cercle d'érudits, les «sodales» du *sodalitium* qui se réunissaient chez Guillaume Scève dans les années

1535-1538, regroupait des poètes néo-latins, évoqués nous l'avons vu par Visagier. Leurs livres révèlent la cohésion de ce cercle attaché à la défense de l'humanisme, le petit code d'obligations et de services mutuels qui les liaient : éloges, billets d'envois poétiques, demandes de prêts de livres, recommandations, menus dons. Ils étaient plus proches des humanistes hors de la ville que des mondains lyonnais.

Lorsque disparut ce groupe de « bons camarades », c'est Maurice Scève, « le prince de la Renaissance lyonnaise » qui succéda à son cousin Guillaume. Les centres d'intérêt ne seront plus exactement les mêmes. Dès avant 1540, alors qu'il n'a encore rien publié en vers français, Maurice est déjà réputé grand poète. *Délie, objet de plus haute vertu* (1544) lui apporte la gloire. À une époque où partout en poésie s'exerce l'influence de Marot, il publie le premier recueil de poèmes exclusivement consacrés à une seule femme. Un huitain : « À sa Délie » précédait quatre cent quarante-neuf dizains où s'intercalaient cinquante emblèmes. La mode du *canzoniere* pétrarquiste était lancée.

La société lettrée était beaucoup plus féminisée qu'elle ne l'était dans d'autres villes de France. Pernette du Guillet, identifiée à Délie, la Laure de Maurice Scève (1520-1545), était issue d'une bonne bourgeoisie. Mariée en 1537 ou 1538 à du Guillet, elle reçut une éducation soignée, savait le latin, l'espagnol, fort bien l'italien et avait beaucoup lu. Aimée de Scève (dont le parcours amoureux toutefois fut très riche), très certainement l'un de ses professeurs, elle fut l'auteur de *Rymes*, publiées après sa mort à vingt-cinq ans. Elle fréquenta les salons les plus brillants de la Renaissance lyonnaise et en tint un elle-même. Louise Labé avait le même âge. Se lièrent-elles d'amitié ? C'est probable, sans être certain.

Claudine et Jeanne Scève, les sœurs de Maurice, brillèrent au rang des femmes savantes et mondaines de Lyon. Marot adressa à Jeanne une épigramme des *Étrennes* « À deux sœurs lyonnaises », et il cite encore Claude Péronne et Anne Tullone, dont on admirait les élégantes missives cicéroniennes. François de Billon les célébra l'une pour sa science de la poésie, l'autre pour son ouverture aux choses divines, mais leurs œuvres sont perdues. On sait que Claudine avait traduit l'*Urbano* de Boccace. Quelques rondeaux sont attribués à Jeanne Gaillarde, dame très célèbre dans les milieux lyonnais. Marot lui adressa une épigramme, un rondeau flatteur :

à ma Dame Gaillarde de Lyon, femme de bon sçavoir :
D'avoir le prix en science, et doctrine
Bien mérita de Pisan la Cristine,
Durant ses jours : mais ta plume dorée
Serait d'elle à présent adorée
S'elle vivait, par volonté divine.

La dame lui répondit, s'excusant de ne pouvoir s'acquitter « car à toi n'ai savoir correspondant ».

D'autres contemporaines cultivées et poètes ne nous sont connues que par leur nom : les sœurs de Claude Perréal, auquel Marot dédie un rondeau, Jacqueline de Stuard, Jeanne Creste, Jeanne Faye. De Claude de Bectoz, entrée en religion et devenue abbesse de Saint Honorat à Tarascon, éprise d'amour idéal et chaste, chantée par Visagier et Bonaventure des Périers. On connaît le poème qu'elle adressa, en guise de réponse à ce dernier.

L'une des plus grandes dames de la Renaissance lyonnaise est Marguerite de Bourg, dame de Gage, née entre 1510 et 1515, que François de Billon met en tête dans son *Fort inexpugnable*. Fille de Claude de Bourg, riche marchand de la ville, elle épousa Antoine Bullioud, conseiller royal et général des Finances de Bretagne auquel elle donna trois filles dont les deux aînées, « deux fleurettes de prix » sont louées par Billon. La gloire littéraire de Marguerite commence en 1546, après son veuvage. « Trois fois grande par son rang, sa vertu, son savoir » et, passionnée par l'étude des langues étrangères, de l'italien surtout qu'elle connaissait parfaitement, et connue par son engouement, plus rare, pour les sciences les plus austères, mathématiques et astronomie, c'est la femme qui, exceptée Marguerite de France, reçut le plus de dédicaces officielles entre 1550 et 1560. Elle accueillit de hauts personnages comme des lettrés dans sa maison de Lyon et au château de Gage, à moins de vingt kilomètres de Fourvière. A-t-elle inspiré la Pasithée du *Solitaire second* de Pontus de Tyard ? En partie sans doute. Les poètes qui l'ont célébrée ont respecté les contraintes des codes sociaux de l'amour, dont la discrétion, auxquels est soumise toute la poésie lyonnaise des années 1550.

Cette pléiade de femmes cultivées, souvent poètes et écrivains, montre que le «phénomène» Louise Labé n'est pas aussi insolite qu'il paraît. Si pour beaucoup de contemporains l'émancipation intellectuelle féminine sert à faire l'éloge des temps nouveaux (l'enthousiasme de Gargantua pour l'époque où les femmes mêmes sont instruites en «bonne doctrine» en est l'exemple le plus célèbre), les recueils de femmes illustres où figurent, à côté des dames de l'Antiquité, celles du temps présent, se multiplient. De même ceux qu'on offre à des femmes «prenant plaisir à la lecture des livres». Les dédicataires ne sont plus seulement des princesses, mais des dames de moindre rang, ou «les dames» en général.

Aucune ville, plus que Lyon, n'a rassemblé des catalogues de remarquables femmes de ce temps, et les Lyonnaises arrivent en tête de liste dans celui du *Fort inexpugnable.* Ainsi les «Rymes amoureuses» de Pernette du Guillet, dit l'auteur, prouvent-elles que les dons de l'esprit ne sont pas réservés aux hommes.

Autre avantage d'importance de ces listes de Dames de France, qui «ont ja commencé à bien écrire» : prouver la supériorité du français qui a devancé les autres langues vulgaires, puisque de simples femmes, en l'utilisant, ont démontré l'étendue de leurs connaissances.

Il existait donc divers cercles lettrés, auxquels Maurice Scève n'était pas forcément associé. On ne sait quels rapports entretetint avec eux la Belle Cordière. Mais certains indices laissent penser que Scève fut l'ami de Louise et qu'elle fréquenta le cercle dont il était l'oracle. Après quelques années de retraite bucolique, au milieu des saules de l'Île-Barbe, entre autres, Scève mène à Lyon une vie plus mondaine. Il est toujours lié à ses vieux amis d'enfance, les frères Vauzelles, Jean surtout. Dolet, persécuté par le pouvoir, disparaît de sa vie vers 1540. Son plus grand ami alors semble être Charles Fontaine. Parisien d'une quinzaine d'années plus jeune, installé à Lyon en 1537, il s'y était fait remarquer comme champion de l'amour pur par un écrit hostile à la *Victoire d'argent* de Papillon et en 1543, dans la Querelle des Amyes avec sa *Contr'Amye de court*. Il restera fidèle à Scève tout en se ralliant plus tard à la Pléiade et dirigera en 1555 le collège de la Trinité.

Autre ami, Antoine du Moulin, l'ancien valet de chambre de Marguerite de Navarre. Maconnais, établi à Lyon depuis 1544, il y devient aussitôt un collaborateur régulier de Jean de Tournes. Il reste, lui aussi, solidement implanté dans le milieu lyonnais jusqu'à sa mort en 1551. Tous deux connaissent et admirent Louise puisqu'ils figurent parmi les quatre poètes expressément nommés dans l'ode XXIV des *Écrits* à sa louange et que leur participation y est possible. Celle de Scève est certaine.

Et lors maints nobles poètes
Pleins de célestes esprits
Diront tes grâces parfaites
En leur très doctes écrits
Marot, Moulin, La Fontaine
Avec la muse hautaine,
De ce Scève audacieux
Dont la tonnante parole
Qui dans les astres carole [danse]
Semble un contre foudre es Cieux

Du Moulin, qui a publié les œuvres de Marot, était lié d'amitié avec lui et semble bien être l'un des deux «jeunes hommes» de l'épigramme qu'il invite à louer Louise. Charles Fontaine, bon connaisseur de l'œuvre de Marot, en avait procuré une édition en 1550.

Par ailleurs, du Moulin, éditeur des *Rymes* de Pernette du Guillet, a rédigé une épître préliminaire, adressée aux

«Dames lyonnaises», les incitant à suivre l'exemple de la jeune femme et loue la vertu de celles qui s'adonnent à l'écriture. Quant à Charles Fontaine, sa *Contr'Amye de Court* illustre son ardente défense de l'amour, de son pouvoir et son admiration pour la femme à la fois savante et vertueuse. Son héroïne, fille de marchand d'une bonne réputation, totalement désintéressée, n'est pas sans ressemblance avec la Belle Cordière. Scève, d'ailleurs, au-dessus des partis, reste en bons termes avec Bertrand de la Borderie, l'adversaire de Fontaine dans la querelle.

Quant à Marot, aucun poème des *Écrits* et aucune œuvre, reconnue être de sa main, ne fait l'éloge de Louise Labé. Mais il y avait intérêt à faire croire à sa collaboration aux *Écrits* pour mieux célébrer la poétesse en lui apportant une caution de poids, celle du «prince des poètes français».

On a conclu (c'est le cas de K. Berriot), de cette mention du nom de Marot dans l'ode XXIV des *Écrits*, à l'existence de liens d'amitié ou d'amour entre Clément et Louise. Nous avons vu plus haut qu'on ne peut pas l'identifier comme le vieux «poète romain» dédaigné. Marot ne connaissait rien de Scève avant le «concours» des blasons, où il avait fait l'éloge du «Sourcil» en février 1536. Scève n'ignorait pas sa réputation, mais fit sa connaissance personnelle à la fin de 1536, à son retour d'exil. Il n'a jamais parlé de lui dans ses écrits et n'a jamais été son disciple. Si l'influence de Marot sur certains aspects de l'œuvre de Louise est certaine, il est difficile de se prononcer sur la nature de leurs rapports, en admettant qu'ils en aient eus. Se sont-ils rencontrés chez Scève, qui semble avoir été le plus vraisemblable intermédiaire entre Louise et les lettrés lyonnais ? Rien ne le prouve. Mais il avait pu la connaître lors de ses passages à Lyon, en 1541, si les talents de Louise étaient déjà remarqués.

C'est aussi chez Scève qu'elle put rencontrer Guillaume des Autels. Après des études à l'université de Valence, il était devenu un Lyonnais de séjour, vite agrégé à la «respublica» intellectuelle de la ville, et fidèle admirateur de Scève que, dès 1550, il proclamait le plus grand poète. Il avait, disait-il, dans son *Repos de plus grand travail*, «délivré la poésie, prisonnière chez les Grecs et les Latins». Il assurait que l'italien n'était pas seul capable de s'élever au style poétique, ajoutant, dans la suite du *Repos*, que la France valait bien l'Italie. La *Délie*, chef-d'œuvre de la poésie savante, en était la preuve. Son auteur, illustrant le premier notre langage, l'avait sortie du prosaïsme pour en faire une de vraie poésie. Mais, dans sa *Réponse à Meigret*, il stigmatisait la manie systématique de l'obscur, qui s'autorisait du nom de Scève.

Des Autels vouait la même admiration à son cousin, Pontus de Tyard (1521-1605), autre grand ami de Maurice, et très représentatif de l'humaniste de la Renaissance par la diversité de ses dons. Né à Bissey, près de Macon, il avait étudié à Paris. Nourri de culture latine, grecque, hébraïque (peut-être par l'enseignement du Collège royal), il a été poète, philosophe, enfin théologien. Ses *Erreurs amoureuses* (un premier livre en 1549, puis en 1551 une continuation), sa traduction des *Dialogues d'amour* de Léon Hébreu le montrent disciple de Scève. Ces poèmes de l'errance amoureuse s'inscrivent dans la tradition des *canzonieri*, des *Rime sparse* de Pétrarque, mais s'ouvrent sur un univers platonicien où la souffrance de l'amant le prépare à une vie spirituelle.

Tyard sera fier d'être le premier philosophe à écrire en français ses six *Discours philosophiques*. Ils paraissent individuellement chez Jean de Tournes, de 1552 à 1558 (avant d'être rassemblés en 1557), du *Solitaire premier* (1552) et du *Solitaire second* (1555) à *Mantice, Discours de la vérité de divination par astrologie*. Phare de la Renaissance lyonnaise avec Scève, Tyard a offert en hommage à Louise un sonnet dans les *Écrits*.

Claude de Taillemont lui en offre trois. Il appartenait à la grande bourgeoisie lyonnaise, d'une famille consulaire, proche de la noblesse. Il a travaillé, avec Scève, à l'organisation de l'entrée d'Henri II en 1548, fréquenta les Vauzelle, les Bourg, un monde de notables qui n'est pas celui de la Belle Cordière. Il ne la cite pas dans ses œuvres où il fait place aux dames de sa connaissance.

Plus près d'elle par l'âge que Scève (elle a la trentaine en 1555, et lui trente-et-un), les sonnets, où il dresse l'anagramme de « Loyse Labé », « Belle à soy », ne révèlent ni intimité ni complicité, selon G.A. Pérouse, mais les marques d'un très vif intérêt pour les œuvres de Louise Labé.

Sa formation à elle, comme celle de Taillemont, vers 1537-1540, dut être profondément marquée par le grand débat sur l'amour qui agitait les lettrés lyonnais. En 1553, il fait paraître les *Discours des Champs faëz* (fées), À *l'honneur* et *l'exaltation de l'Amour et des Dames*, dédiées à Jeanne d'Albret, et marquées par son enthousiasme pour le platonisme des *Asolani* de Bembo (ils viennent d'être publiés en français). C'est le manifeste littéraire d'un nouvel art de vivre, où l'auteur se fait, en France, l'un des créateurs de l'histoire tragique. Taillemont, « enchanteur mondain » selon G.A. Pérouse, y rêve un autre monde et se pose en champion des dames. Le succès du livre fut discret, mais réel (sept rééditions jusqu'à la fin du siècle).

En 1553-1555, il est à Lyon apparemment, y rencontre sans doute Joachim du Bellay, dont il a admiré l'*Olive*. Il a goûté aussi les *Odes* et les *Amours* de Ronsard, souhaite participer à la renommée des nouveaux poètes de la Brigade, tout en maintenant sa fidélité et son admiration à Scève. Celui-ci ne parle d'ailleurs pas de lui, ne lui donne aucune pièce liminaire, pas plus que les amis du maître. Il paraît alors s'intéresser à la réforme de l'orthographe, souci à la mode, dans le désir d'illustrer la langue française. De plus, son éditeur, Temporal, semble avoir eu des goûts modernes en la matière. Après la publication de sa *Tricarite* en 1556, de Taillemont on ne saura plus rien : le silence s'établit autour du poète.

Au nombre des amis du cercle scévien, il faut compter aussi le Maconnais Philibert Bugnyon, avocat au siège du présidial de Lyon et du parlement de Dombes, conseiller et avocat du roi à Lyon. Ce jurisconsulte, qui épousera en 1588 une fille de Marguerite de Bourg (nous rencontrons les mêmes personnages, cette petite minorité italianisée, à tous les carrefours de l'aventure intellectuelle lyonnaise) partage son temps entre le barreau et les Muses. Auteur des *Érotasmes de Phidie et Gélasine* (1557), il se range résolument sous la bannière de Scève.

Guillaume de la Tayssonnière, originaire des Dombes, fait, lui aussi, partie des satellites proches, mais ne semble pas avoir été un ami. Ses *Amoureuses occupations* (1555) ne citent pas Scève parmi les écrivains marquants. C'est l'œuvre de jeunesse d'un poète indépendant de toute influence particulière. En revanche, Jacques Peletier du Mans (1517-1582) fut un grand ami de Scève. Né dans une famille de juristes, étudiant à Paris au collège de Navarre, secrétaire de l'évêque René du Bellay, il devint principal du collège de Bayeux en 1543. Ami du groupe de Coqueret, «fourrier de la Pléiade», Peletier avait d'abord sévèrement jugé les «vers obscurs» de Scève. Mais, dans son *Art poétique* (1555), il le rangeait parmi les huit grands poètes contemporains, et avait fait sa connaissance en 1553 en s'installant à Lyon. Auteur, en latin et en français, d'une œuvre mathématique importante, philologue, médecin, il est le poète d'inspiration platonicienne de l'*Amour des Amours* (1555).

Nous l'avons vu s'efforcer de mettre au point une orthographe phonétique, et se soucier de défendre la langue française. Sa présentation des idées sur notre langue, dans l'épître-dédicace de sa traduction de l'*Art poétique* d'Horace, annonce la *Défense* de du Bellay, qui lui doit sûrement beaucoup.

Cet esprit universel eut sans doute des entretiens fréquents avec Louise Labé puisqu'il travaillait pour Jean de Tournes, son imprimeur. On lui a prêté l'initiative de rassembler les textes d'hommages des *Écrits*, à la suite de ses *Œuvres*, et c'est à lui qu'on a attribué le sonnet d'ouverture : «Aux poètes de Louise Labé», peut-être aussi – mais cette attribution est plus discutée – l'ode grecque suivante.

Une lettre latine de Peletier à Scève, au début d'une publication de 1557, nous apprend très précisément l'existence à Lyon, en 1555, d'un nouveau *sodalitium*, un groupe d'humanistes dont les rencontres fréquentes et les aimables devis joignent l'utile à l'agréable, mais qui ne doivent pas empêcher, selon lui, le travail solitaire nécessaire à la recherche savante.

Peletier écrit pour s'excuser de son absence prolongée, mais avoue que, malgré l'intérêt de ces discussions entre érudits, son travail personnel l'a empêché d'y participer.

Dès 1550, la préface de la *Physionomie naturelle* d'Antoine du Moulin comportait une lettre adressée à Scève (datée de 1549) qui apporte des renseignements sur les cercles intellectuels et le rôle qu'y tenait le poète de *Délie* : du Moulin fait allusion à une de leurs rencontres, plusieurs années auparavant, dans une compagnie d'érudits intéressée par l'Antiquité classique, qui avait poursuivi une longue conversation sur le dessin de certaines médailles romaines.

Mais c'est la préface de du Moulin aux *Rymes* de Pernette du Guillet, publiées en 1545, qui procure des renseignements très pertinents sur ces sortes de salon, les cercles intellectuels où évoluait Scève, et la nature des propos qui s'y échangeaient. La *Délie* avait paru en 1544. Pernette meurt le 7 juillet 1545 et Antoine du Moulin, savant valet de chambre de la reine de Navarre est chargé, par son « dolent mari », de trier les papiers de la défunte. Il extrait de ses manuscrits un « petit amas de rymes », trouvé « parmi ses brouillars en assez pauvre ordre » et qu'il « met en évidence », « quasi comme pour copie ». Autrement dit, il les destine à l'impression tels quels, dans leur apparent désordre, « pour satisfaire à ceux à qui, privément en maintes bonnes compagnies elle les récitait à propos comme la plus part faits à leur occasion ». Le recueil des *Rymes* paraît en 1545, un an après la *Délie*. Dans son épître préliminaire, Louise, elle aussi, fait allusion à ses poèmes manuscrits que des amis ont lus dans ces compagnies où se discutaient les théories sur l'amour.

Dans un appendice aux œuvres de Pernette du Guillet, semblable à celui des œuvres de Louise Labé, furent publiés les poèmes des auteurs qui ont chanté ses louanges : en première place un poème de Scève, puis un de Pontus de Tyard, et en troisième place, le tribut de Vauzelles. L'ensemble est précédé d'un poème de Peletier du Mans en grec, et un de du Moulin en latin. Or ce sont là de vieux amis de Scève, et il était de notoriété publique qu'ils avaient participé avec lui à des entretiens littéraires. Certains d'entre eux avaient également rencontré Pernette dans « maintes bonnes compagnies ».

Un autre précieux témoignage de ces réunions est apporté par l'*Aretefila* de Luc'Antonio Ridolfi, l'un des célèbres Italiens de Lyon. Il s'agit d'un de ces comptes-rendus de discussions de cour d'amour, à l'italienne, mais aussi à la française, dont Lyon semble avoir été volontiers le théâtre vers 1555. L'amour vient-il par les yeux seulement, ou aussi par l'oreille ? Telle est la question posée dans un cercle fréquenté habituellement par Scève, et où il ne paraîtra pas ce jour-là. Mais, selon l'avis de Lucio, l'un des trois gentilshommes présents dans cet entretien sur l'amour, Scève, considéré comme un expert en la matière, aurait été d'avis qu'il ne vient que par les yeux. Les propos des Italiens, d'une préciosité raffinée, annoncent ceux des salons littéraires de la fin du XVIe et du XVIIe siècle. De semblables discussions semblent avoir été, dans un tout autre style, à l'origine du *Débat de Folie et d'Amour*.

Scève a donc joui d'une bonne notoriété dans le milieu italien de Lyon. Il reçoit volontiers des visiteurs venus de la Péninsule, à l'époque du second *sodalitium*, tel cet aventurier Gabriel Siméoni, à la recherche d'un mécène, qui vient s'installer à Lyon et à qui il offre un sonnet, en préface à un de ses tracts politiques. La ville est sur le chemin de l'Italie. Aussi reçoit-il François de Billon, secrétaire du cardinal Jean du Bellay qu'il accompagne à Rome. Et en 1554, Olivier de Magny gagnant l'Italie dans la suite du cardinal d'Avanson, que nous retrouverons bientôt.

Mieux connu que le cercle de Scève, est celui que tint Pontus de Tyard au château de Bissey-sur-Fley, près de Chalons-sur-Saône, un vieux château féodal au milieu d'un bois, entouré de vignes et de jardins. Un ruisseau y court, formant une île, l'Ile Pontique. Tyard, homme de lettres et d'Église, y recevait ses amis. Parmi les habitués, figuraient Scève, « l'ami extrêmement aimé, mais non jamais assez honoré », Guillaume des Autels, Étienne Tabourot. On venait à Bissey du Lyonnais, de la Bourgogne, et même de Paris. Peletier en arriva un jour pour « se rafraîchir », après avoir travaillé sur son *Euclide*. Il se livrait, avec Tyard, à des observations astronomiques, en curieux plutôt qu'en savant. Les *Discours philosophiques* de celui-ci évoquent le souvenir de ces doctes réunions.

L'après-midi, les amis se regroupaient dans la chambre où leur hôte se retirait quand il travaillait. Puis ils se rendaient dans le jardin. Dans les allées de platanes, on se promenait, on devisait, on écoutait la lecture d'œuvres des uns et des autres. Des dames étaient souvent conviées à ces réunions. Louise Labé y participa sûrement. Pontus s'asseyait au milieu de la compagnie et, dit-il, les mets délicieux de ces repas spirituels faisaient oublier le souper. Les conversations s'arrêtaient et après le repas, le maître du lieu offrait à ses hôtes « les plus agréables et honnêtes passe-temps que le chanter et jouer d'instruments musicaux pouvait apporter ».

Les réunions du nouveau *sodalitium* qui, au début, ressemblaient à celles qu'animait Guillaume Scève, s'étaient transformées, dix ans plus tard, en discussions littéraires d'où la préciosité n'était pas exclue. La présence des femmes y était sans doute pour quelque chose.

Il semble que Scève ait été le trait d'union entre Louise et la plupart des poètes, amis ou parents qui la célébrèrent. Parmi tous ceux-là, il était le seul né à Lyon, et y résidait en permanence. Il fréquenta le salon de Pernette du Guillet qui aima passionnément celui qu'elle nommait en poésie son « Jour », et y amena peut-être Louise. On a supposé qu'après la mort de Pernette en 1545, il se soit rapproché de Louise, car c'est à partir de cette époque-là que grandit la réputation de la Belle Cordière. Ce qui suggère qu'ils se connaissaient peut-être en 1548, selon Kenneth Varty, c'est que, cet été-là, Louise choisit, pour décorer son jardin, le motif même que Scève, aidé de ses collaborateurs, avait préparé ailleurs dans la ville pour honorer Henri II et Diane de Poitiers. D'autre part, Scève, comme organisateur de l'entrée d'Henri II à Lyon, songea peut-être au frère de Louise, François, pour figurer parmi les joueurs d'épée, qui tinrent un rôle remarqué dans les fêtes qu'elle suscita.

Scève, en tout cas, semble bien avoir connu les œuvres de Louise, et certaines de ses opinions, à en juger par les sonnets qu'il composa pour elle dans les *Écrits*. Il est donc vraisemblable que la Belle Cordière ait pris part aux réunions du groupe qu'il animait, dans les années 1550-1555, ses années de « salon », comme les appelle V.L. Saulnier.

Louise a-t-elle tenu elle-même un salon ? Cette légende a été longtemps et largement exploitée par ses éditeurs et ses biographes, invoquant le témoignage de du Verdier :

> Loyse Labe recevait gracieusement en sa maison seigneurs, gentilshommes et autres personnes de mérite, avec entretien de devis et discours, musique tant à la voix qu'aux instruments (où elle était fort duicte [experte]), lecture de bons livres, latins et vulgaires (italiens et espagnols), dont son cabinet était copieusement garni, collations d'exquises confitures.

Du Verdier écrit en 1585, quelque trente ans après l'époque où ces réunions eurent lieu. Certes c'est une légende qui fait de la chambre de Louise une ruelle d'Arthénice, à la manière de l'hôtel de Rambouillet. On ne croit plus aujourd'hui à des réunions régulières de dix ou vingt personnes venues parler littérature. Et aucun document sérieux n'évoque l'existence d'un tel «salon» ou n'indique la nature des discussions et des jeux qui l'auraient occupé.

Mais, dans son épître dédicatoire, Louise révèle qu'elle lisait ses œuvres aux amis qu'elle recevait chez elle, et dont elle appréciait le jugement, puisque ce fut sur leurs instances qu'elle décida de les publier. Nous n'avons pas de liste précise des habitués de ces réunions, pas plus que d'indications sur leurs caractères. Elles se tinrent sans doute, quand le temps le permettait, dans le parc de la Gela, plus vaste que le jardin situé derrière sa maison.

Les auteurs qui composèrent en son honneur cette guirlande de Julie, les *Écrits à la louange de Louise Labé*, étaient des lettrés qui se connaissaient et se fréquentaient, Lyonnais de séjour ou de passage, en grande majorité. Aucune femme au XVIe siècle (exception faite peut-être des Dames des Roches à Poitiers) n'a été l'objet d'un pareil hommage collectif. Sans croire à de brillantes réunions régulières, sans faire non plus du salon de Louise une alcôve, comme l'ont prétendu les méchantes langues, sans savoir qui ils étaient ni quelle était leur profession (Louise n'en dit rien), on peut penser à juste titre qu'elle reçut, à deux ou trois, ou plus, les principaux signataires des *Écrits*, ceux dont la contribution est établie : Antoine du Moulin, Antoine Fumée, Pontus de Tyard, Claude de Taillemont, l'un des Vauzelles, Olivier de Magny, et Scève lui-même (les autres désignations sont conjecturales). Ils étaient tous de vieux amis de Scève, dont certains avaient été en rapport avec Pernette du Guillet.

Comme dans les autres cercles lettrés, on citait les poètes italiens, on débattait de la grande question de l'amour et de la femme. Les sujets et le style des «poètes de Louise» (c'est le titre du sonnet d'ouverture des *Écrits*) évoquent ce que l'on appellera, au temps des précieuses, la conversation de salon.

Le sonnet de Scève (signé «Non si non la», de sa devise) propose ainsi deux questions et une opinion sur la nature de l'amour; les trois sonnets de Taillemont sont composés à partir de l'anagramme de Louise Labé, «à soy belle», et signé «Devoir de voir», sa devise. Et sous l'affabulation mythologique, nombre d'allusions à la vie ou au tempérament de Louise laissent entendre qu'elle était connue personnellement des auteurs. Probablement aussi les reçut-elle, de temps à autre. Ainsi Peletier du Mans semble-t-il faire allusion à une réunion où il l'aurait entendu parler :

> Elle est si belle, et pourtant sa beauté
> Est bien la moindre de ses qualités :
> Toutes ses connaissances
> Son éloquence et la suavité,
> De son discours, non sans vivacité,
> Ont bien plus d'importance.

Louise elle-même était consciente de ses dons, notamment de sa pratique de la conversation lorsqu'elle explique à un amant imaginaire qu'elle seule doit être courtisée, car toute autre femme :

> À peine aura le renom d'être telle,
> Soit en beauté, vertu, grace et faconde,
> Comme plusieurs gens savants par le monde,
> M'ont fait, à tort, ce crois-je, être estimée.
>
> (Élégie II, v. 56-59)

Peu importe le nombre ou la qualité précise des participants aux conversations littéraires qu'on tenait chez Louise. L'important c'est qu'elles les mettaient, comme leur hôtesse, au fait des derniers courants et des modes du monde littéraire, et entretenaient leur goût pour le savoir et pour la poésie.

La nouvelle Sappho

Ces réunions, ces visites masculines devaient faire jaser le voisinage. Mais la réputation de Louise grandissait parmi les lettrés. En 1554, elle s'occupait de mettre la dernière main aux *Œuvres*.

Le 13 mars de la même année, Louise demandait au roi le privilège d'édition pour publier ses *Œuvres*. Ses brouillons étaient-ils tout à fait mis au net ? Il n'était pas rare de solliciter le privilège avant que l'ouvrage soit terminé.

Au moment où Louise parachevait son recueil, plusieurs fragments importants de la poésie de Sappho étaient publiés, commentés, et suscitaient une vive activité humaniste. À Bâle paraissait le traité *Du Sublime* de Longin en grec. L'édition *princeps* procurée par Fr. Robertello, en août 1554, contenait la fameuse « Ode à l'aimée ». Elle fut publiée par Muret, en octobre. Le succès fut tel qu'Henri Estienne qui n'avait pas publié cette ode en 1554 décida de l'inclure dans la réédition gréco-latine de son recueil des odes d'*Anacréon,* en 1556, où figuraient déjà deux poèmes de Sappho, l'ode à Aphrodite et la strophe sur la solitude de minuit. La redécouverte de la poétesse grecque en Europe devait ensuite, jusqu'à la fin du siècle, susciter imitations, traduction et échos divers, en particulier chez les écrivains de la Pléiade.

Quelle image de Sappho se faisaient jusqu'alors les humanistes ? *Les vrais Pourtraits et vies des hommes illustres* d'André Thévet (publiés à la fin du XVIe siècle) en donnaient une double image : celle de Sappho, lesbienne « surnommé Lesbia du lieu de sa naissance, scavoir de l'isle de Lesbos, dicte de Methelin », l'ancêtre de toutes les femmes poètes. Horace dans ses *Épîtres* et Ovide dans les *Héroïdes* avaient présenté Sappho coupable d'homosexualité avant de s'éprendre du jeune Phaeton. André Thévet, au contraire, lavait la poétesse de ce «crime». Sappho n'avait pas été dite *mascula* (masculine) à cause de mœurs prétendument dépravées mais parce qu'on lui reconnaissait des vertus, conformément à l'étymologie du latin *virtus* jusque-là réservées aux hommes seuls. Ses amitiés pour des femmes étaient, selon lui, sans reproche. Et, pour écarter toute opinion malveillante, il s'appuyait sur une autre tradition antique, attribuant à un double maudit de Sappho «l'abomination» dont on l'accusait.

Catulle, dans ses *Carmina*, avait adapté librement la célèbre «Ode à l'aimée» en en donnant une version masculine, dans les trois premières strophes du *Carmen* LI. L'édition du poète latin, procurée par Marc-Antoine Muret, parut avec un commentaire en 1554, à Venise, chez Paul Manuce. Sur deux pages y figuraient pour la première fois, côte à côte, le poème de Catulle et sa source, celui de Sappho. En travaillant à la traduction en latin du traité du *Sublime* du Pseudo-Langin, il avait découvert cette ode de Sappho dont Catulle avait traduit l'essentiel.

Henri Estienne, le grand humaniste, revenant de Venise pour se rendre à Genève, s'arrêtait cette année-là dans la capitale de l'imprimerie. Il donna au *sodalitium* des nouvelles de Muret et de Manuce, et put garantir de son autorité de savant international l'authenticité de cette redécouverte.

Par ailleurs, Manuce était en contact avec les éditeurs et imprimeurs lyonnais, notamment avec Jean de Tournes chez qui devaient sortir les *Œuvres* de Louise. Il lui avait sans doute parlé de l'édition du traité *Du Sublime* et peut-être même communiqué, avant sa publication en 1555, une copie du poème de Sappho.

Louise qui avait certainement composé en 1553 les élégies I et III écrivit plus tard, en 1554, la deuxième. Elle était sûrement informée de l'intérêt suscité par Sappho dans les milieux humanistes. Eut-elle accès à ses œuvres, directement, n'en eut-elle connaissance que par l'intermédiaire des lyriques latins ? Il est difficile de se prononcer. Elle avait sûrement été déjà attirée par ces poètes masculins qui dépeignaient la passion dévorante de la poétesse de Lesbos. Mais le contexte historique de la transmission de ses œuvres montre que Louise a pu avoir connaissance du texte grec. Il était alors tentant, comme le suggère François Rigolot, de «retrouver la voix de Sappho», d'incarner dans ses vers l'image de l'amante poète au destin et au talent exceptionnels, en lui prêtant le comportement amoureux de la tradition et en oubliant l'aspect condamnable pour rappeler seulement la passion de l'infortunée pour Phaeton.

Cet événement que fut dans le monde de l'édition la publication des fragments saphiques retrouvés exerça sûrement une influence décisive sur Louise Labé et détermina son intérêt pour celle qu'elle appelle «Saphon». Il était opportun de se réclamer d'une magnifique poésie féminine et d'un modèle antique par surcroît, pour mettre, à son tour, «ses conceptions par écrit». Ainsi se justifie au seuil de l'œuvre en vers, dans l'Élégie I, la référence à l'inspiration lyrique de Sappho dont elle invoque le patronage :

Au temps qu'Amour, d'hommes et Dieux vainqueur
Faisait brûler de sa flamme mon coeur
En embrasant de sa cruelle rage
Mon sang, mes os, mon esprit et courage [coeur]
Encore lors je n'avais la puissance
De lamenter ma peine et ma souffrance
Encor Phoebus, ami des lauriers vers [verts]
N'avait permis que je fisse des vers :
Mais maintenant que sa fureur divine
Remplit d'ardeur ma hardie poitrine,
Chanter me fait, non les bruyants tonnerres
De Jupiter, ou les cruelles guerres,
Dont trouble Mars, quand il veut, l'Univers.
Il m'a donné la lyre, qui les vers
Soulait [avait l'habitude de] chanter de l'Amour Lesbienne
Et à ce coup pleurera de la mienne.

La parenté établie entre les deux poétesses, la grecque et la lyonnaise, ne tournait pas seulement à la gloire de Louise. Les milieux lettrés de la ville, qui l'avaient protégée, les familles de Scève et des Vauzelles en particulier, étaient intéressés à son succès. Ne l'avaient-ils pas, de l'aveu même de la Belle Cordière, incitée à «mettre en lumière» ses écrits, quitte à leur faire boire « la moitié de la honte qui en proviendrait », ajoutait-elle non sans humour ?

C'est qu'il importait à la renommée de Lyon qu'une Lyonnaise, en illustrant les lettres, montrât en quelle faveur on les tenait dans la ville et contribuât à l'essor de l'humanisme. De plus, elle apparaissait comme l'héritière d'une tradition négligée depuis longtemps, celle de la poésie lyrique féminine, elle dont les écrits n'étaient pas indignes de ceux de sa devancière.

Sappho, la première en cet âge d'or du lyrisme grec, avait donné à l'expression féminine ses lettres de noblesse. Les meilleurs auteurs masculins de l'Antiquité grecque et latine avaient démontré sa maîtrise et son originalité en l'imitant. Elle avait manifesté dans sa vie une indépendance d'ordinaire réservée aux hommes, même si l'on admet, avec Marguerite Yourcenar, que les femmes éoliennes ont joui, semble-t-il, d'une grande liberté. Mêlée aux luttes politiques qui déchiraient Lesbos, condamnée à l'exil en Sicile, elle avait animé, à son retour dans sa patrie, un cercle littéraire et formait des jeunes filles à la poésie et à la danse. Elle fut, a-t-on dit aussi, mariée et mère d'une fille qu'elle chérissait. Une grande partie de son œuvre est perdue, et si elle ne concernait pas seulement l'amour, ses plus beaux poèmes sont ceux qu'elle lui consacre. Elle a créé des rythmes et des mètres nouveaux.

La légende veut qu'elle se soit donné la mort, à la suite de son amour malheureux pour le beau Phaeton. Sans doute fausse (l'héroïde XV d'Ovide en est responsable), elle est née de certains thèmes particulièrement pathétiques de son œuvre. Le personnage de Sappho, même en tenant compte de la différence des époques, pouvait patronner légitimement une femme de caractère, ambitieuse, voulant affirmer ses dons, qui reprenait le flambeau pour perpétuer à la Renaissance l'héritage de la tradition saphique.

Si Louise se place, d'emblée, au début de l'œuvre sous la protection de la poétesse grecque, l'ode « Des louanges de Louise Labé » qui clôt les *Écrits*, hommage collectif à Louise Labé, évoque à plusieurs reprises la « bande lyrique » de Sappho. Cet ultime éloge est généralement attribué à Guillaume Aubert, érudit poitevin et avocat parisien. Quel qu'en soit l'auteur, son intention était manifestement de glisser dans ce poème des allusions à la vie de Louise, facilement déchiffrables par ceux qui la connaissaient. La première strophe refusait le secours des Neuf Muses (« la bande pucelle ») pour parler de leur dixième sœur, et la quarante-septième lui répond en assurant que le lyrisme de la Grèce entière ne suffirait pas à chanter les louanges de la nouvelle Sappho.

Les *Écrits* sont publiés sous forme anonyme. Mais certaines signatures, à la suite des poèmes, sont reconnaissables pour les initiés. Le sonnet IX est ainsi dédié à « D. Louize, des Muses ou première ou dizième couronnante la troupe », allusion précise à la poétesse de Lesbos, et comporte au bas en guise de signature « D'immortel Zèle ». C'était, sous une forme un peu différente, la devise familiale des Vauzelles (habituellement « D'un Vray Zelle »). C'est dire que pour cette puissante famille, le parallèle entre la Lyonnaise et Sappho valait d'être signalé.

Plus convaincante encore est l'ode grecque sur laquelle s'ouvrent les *Écrits*, comme l'a bien montré Fr. Rigolot qui en a proposé une adaptation en vers, après la traduction en prose de Sainte-Beuve au XIXe siècle :

Ode sur la poésie de Louise Labé

Le temps, dévorateur de tout, avait détruit
Les odes de Sappho à l'harmonieux bruit

Mais Louise Labé, qui connaît les Amours
et le sein de Vénus, nous les rend pour toujours

Si ce miracle étonne et que l'on cherche en vain
D'où vient cet écrivain nouveau et féminin
Qu'on sache qu'elle aussi s'est mise à adorer
Un farouche Phaon inflexible à aimer.

La pauvre subissant un refus désolant
S'est mise à moduler un chant si pénétrant

Qu'elle enfonce, à son tour, d'une force cruelle
L'aiguillon de l'amour au coeur le plus rebelle.

Cette ode avait été attribuée, au XIXe siècle, à Jean-Antoine du Baïf, à Peletier du Mans, et au XXe siècle à Antoine du Moulin par Dorothy O'Connor. Il n'y a pas de raisons déterminantes, à vrai dire, pour justifier ces diverses attributions. Pourquoi aurait-on fait appel à eux pour une pièce d'ouverture d'une importance décisive, où il s'agissait d'établir le parallèle entre les deux Sappho, l'ancienne et la nouvelle ?

Il est beaucoup plus plausible d'en attribuer la paternité au célèbre imprimeur helléniste, Henri Estienne. La coïncidence des dates entre la redécouverte de Sappho (vers 1553-1554) et les références explicites à la poétesse de Lesbos dans les *Œuvres* de Louise et dans les *Écrits* y incite fortement. Estienne, qui avait découvert Anacréon, avait travaillé également à lancer en France la vogue de Sappho. Il était tout désigné pour composer cette ode. Et c'était une belle occasion de profiter de sa présence dans le milieu des imprimeurs et des humanistes lyonnais pour obtenir de lui la garantie de son autorité dans la consécration de la nouvelle Sappho. Jean de Tournes avait dû l'interroger sur ses travaux en préparation, sur les manuscrits saphiques, d'autant plus que l'édition de Catulle et le commentaire de Muret étaient connus à Lyon.

Notons aussi que l'ode fait allusion au seul Phaeton. Il n'est évidemment pas question d'amours lesbiennes, au sens moderne du terme. Et le chant de Louise qui « enfonce l'aiguillon de l'amour » évoque la théorie de « l'effet poétique » développé dans le traité *Du Sublime* où le mot grec désigne à la fois le sublime proprement dit et l'effet qu'il produit sur l'auditeur. Autrement dit, l'auteur de l'Ode connaissait ce traité. Ce ne pouvait être ni l'éditeur Robertello, ni Muret, ni Manuce, mais celui qui réservait une place à l'*Ode à l'Aimée* dans sa seconde édition de l'*Anacréon,* Henri Estienne. Et Louise pouvait être fière de cette garantie offerte par le brillant helléniste, et de son témoignage admiratif.

En 1555, paraissait un petit ouvrage in-octavo, sorti des presses de Jean de Tournes, le célèbre imprimeur lyonnais, les *Euvres de Louïze Labé Lionnoise.* Il comprenait une épître liminaire, un conte en prose dialoguée, *Débat de Folie et d'Amour*, trois élégies, vingt-quatre sonnets et vingt-quatre textes d'hommages, rassemblés sous le titre *Escriz de divers Poëtes, à la louenge de Louïze Labé Lionnoize*, eux-mêmes précédés d'un sonnet liminaire : « Aux Poëtes de Louïze Labé ». À la fin du volume, un « Privilège du Roy » était daté du 13 mars 1554, et l'achevé d'imprimer du 12 août 1555. Deux tirages étaient donnés en 1555. L'année 1556 voyait paraître une nouvelle édition des *Euvres*, « revues et corrigées par ladite Dame », toujours chez Jean de Tournes. La même année, une édition due à Jean Garou (sans doute une contrefaçon de celle de de Tournes) paraissait à Rouen.

Dans les ouvrages de 1555 et 1556, qui constituent toute son œuvre connue, Louise n'a pas apporté de retouche à l'organisation de son recueil, pas plus qu'elle ne l'a augmenté ou modifié, en dépit du temps écoulé entre les deux éditions.

Seule est datée du 24 juillet 1555 l'épître liminaire. Il est difficile de préciser quand ont été composés tel ou tel poème, ou le *Débat*.

Le privilège du Roy fait cependant allusion à « quelque Dialogue de Folie et d'Amour : ensemble plusieurs Sonnets, Odes et Épîtres qu'aucuns [quelques-uns] de ses Amis auraient soustraits, et iceux encore non parfaits publiés en divers endroits ». Par ailleurs est souligné le souci de l'auteur de ne les faire imprimer qu'après les avoir « revus et corrigés à loisir ». Ce qui suppose une élaboration, puis un travail de révision s'échelonnant probablement sur plusieurs années.

Quand Louise Labé est-elle apparue comme un personnage remarquable dans la société lyonnaise ? Dès 1541, si l'on admet (nous l'avons déjà noté) que l'épigramme de Marot, « deux jeunes hommes qui écrivaient à sa louange », où il leur conseille : « Louez moi Louise » désigne Louise Labé. Est-ce sa seule beauté ou ses talents littéraires qui lui vaudraient cet éloge, bien obscur en vérité ? K. Berriot le croit. G. Defaux suppose que Marot a pu la rencontrer lors d'un de ses passages à Lyon. Mais le texte le plus ancien à citer nommément Louise Labé est le *Philosophe de Court* de Philibert de Vienne. Cet avocat parisien avait passé à Lyon l'hiver 1546-1547 et dut fréquenter Scève, puisque celui-ci donne à son livre, paru chez de Tournes en 1547, une pièce liminaire.

Il n'est pas question des œuvres, mais du désintéressement de « la Cordière de Lyon qui, au dire de l'auteur, quelque affection de gagner qu'elle ait, ne semble rien moins à ses serviteurs qu'avaricieuse ». S'il la cite dans un passage consacré aux « putains et courtisanes », ce n'est pas pour la ranger parmi elles. Mais elle reçoit des hommes chez elle. Or, dit-il, « il n'est point mal séant à une femme de recevoir ». Serait-elle simplement une « courtisane honnête », suggère-t-il ? Le terme, importé d'Italie comme le personnage, est ambigu. Du Verdier a beau lui donner une acception romaine, « recevoir gracieusement en sa maison, seigneurs, gentilshommes et autres personnes de mérite avec entretien de devis [conversations] et discours », le soupçon de vénalité pèse malheureusement sur une femme dont le comportement semble s'écarter de la modestie féminine.

Aussi, dans la première moitié du siècle, l'identité des femmes écrivains reste-t-elle très équivoque, autant que la nature de leur rôle social et culturel. À moins d'être princesse, comme Marguerite de Navarre, toute femme se faisant remarquer par son esprit et son talent suscite peut-être une certaine admiration mais surtout de la méfiance.

Marie de Pierrevive, la mère du maréchal de Retz, dame du Perron, dont le salon lyonnais entre 1532 et 1536 reçut les esprits les plus brillants de la ville, comme d'illustres visiteurs, fut victime des accusations les plus basses, une fois devenue confidente de Catherine de Médicis et gouvernante des enfants royaux. Brantôme ne la traite-t-il pas de « revenderesse de putains » ? La Croix du Maine, qui rappelle les louanges décernées à la dame du Perron par beaucoup d'écrivains, n'en déclare pas moins : « Elle a vécu du métier de courtisane, dans Lyon, comme celles qui sont à Rome fors qu'elle n'a point payé de tribut pour exécuter sa vilanie. »

Philibert de Vienne fut peut-être à l'origine de la malveillance et des calomnies dont souffrit par la suite la réputation de Louise Labé. Nous y reviendrons. En tout cas, elle était connue, dès 1547, sinon pour ses talents littéraires, au moins comme une femme d'esprit pourvue de flatteuses relations.

Mais l'année 1555 vit sa consécration. Ce fut d'ailleurs une grande année pour le milieu lettré qui gravitait autour de Maurice Scève. Pontus de Tyard publie alors le *Solitaire second*, Peletier du Mans, l'*Amour des Amours* et l'*Art poétique*. Dans les opuscules placés à la suite de ce traité, figurait une Ode à Louise Labé en une orthographe phonétique préconisée par Louis Meigret, qu'il fait «quadrer [cadrer]» avec la prononciation française, donc simplifiée au maximum. Scève, qui ne publiera plus avant 1562, donne trois sonnets : à Pontus de Tyard, à Louise Labé et à Siméoni.

De Tournes, qui avait imprimé ces ouvrages, faisait paraître aussi la *Continuation des Amours et les Hymnes de Ronsard*, la *Dialectique* de Pierre de la Ramée (Ramus) et les *Amours de Francine* de J. Antoine de Baïf. Il faut remarquer que Pernette du Guillet exceptée, aucun des disciples de Scève ne publie avant la Pléiade. Ce n'est pas avant 1555 que la plupart d'entre eux se font connaître. On les considère d'ordinaire comme formant une transition entre Scève et la Pléiade : c'est qu'en fait ils ont subi, au même moment leur double influence. Ce qui semble particulièrement vrai de Louise Labbé.

Le recueil des *Œuvres* s'ouvre sur une épître en prose, adressée à «A M.C.D.B.L», À Mademoiselle Clémence de Bourges Lyonnaise. Cette jeune fille, de dix à quinze ans plus jeune que Louise, était d'un rang social nettement supérieur. Elle appartenait à une famille noble, était la fille de Claude de Bourges, seigneur de Myons, échevin de Lyon vers 1532 et entre 1540 et 1551 commissaire général des Finances en Piémont. Sa mère était Françoise de Mornay. Le Père de Colonia nous apprend que Clémence, «fort supérieure en noblesse et en vertu, n'était point inférieure en esprit, et en génie pour la Poésie et en talent pour la Musique. Elle eut l'honneur d'entretenir nos Rois et de jouer des instruments en leur présence, dans les diverses festes qu'on leur donna à Lyon». Elle fut désespérée par la mort, au combat, de son fiancé Jean du Peyrat, le 30 septembre 1562 et elle mourut en novembre ou décembre de la même année. Louise et Clémence se sont-elles connues à l'abbaye de la Déserte, comme on l'a supposé ? Peut-être, mais rien ne prouve qu'elles aient été amies, étant donné la différence d'âge.

L'éditeur des *Rymes* de Pernette du Guillet, Victor E. Graham, a supposé que Clémence fut la rivale de Pernette auprès de Scève, hypothèse tout à fait gratuite. On ignore quelle fut sa personnalité littéraire et artistique (aucun de ses écrits ne nous est parvenu), dans quelle mesure elle fut en rapport avec Scève ou avec Louise, et avec le milieu lettré lyonnais. Rien ne prouve qu'elle fut particulièrement liée avec la Belle Cordière. Mais il est sûr qu'il n'y eut aucune rivalité en amour entre Clémence et Louise, comme l'a prétendu l'abbé Irailh dans ses *Querelles littéraires* de 1761, accréditant une des nombreuses légendes – une de plus – concernant la vie de la Belle Cordière.

Le but d'une préface est, en bonne rhétorique, d'informer et de séduire pour capter la bienveillance du lecteur. Or prendre la plume, s'aventurer dans un domaine où la supériorité masculine semble acquise, est une hardiesse insolite de la part d'une femme. Passe encore de « mettre ses conceptions par écrit », mais vouloir montrer « [ses] louables œuvres », comme le demande Jeanne Flore, ne pas dédaigner la gloire et communiquer ses écrits au public est une transgression : c'est manquer à la pudeur, au devoir impératif de modestie et de silence qu'on attend d'une femme de bien.

Vivès, l'auteur de l'*Institution de la femme chrétienne*, juge donc inutile d'enseigner l'éloquence aux filles, puisqu'elles ne s'en serviraient qu'à mauvais escient, pour briller, au lieu de se taire, ce qui sied bien mieux à leur sexe. Ainsi s'explique le très petit nombre de femmes publiées à la Renaissance et plus encore de celles qui ont entrepris elles-mêmes de faire paraître leurs œuvres. D'où la nécessité de se justifier et les précautions prises pour déjouer la malveillance. Louise Labé a pleine conscience des risques que la publication de ses œuvres fait courir à sa réputation.

Elle avait, il est vrai, une devancière à Lyon même. En 1545 étaient sorties des presses de Jean de Tournes les *Rymes de gentille et vertueuse dame, Pernette du Guillet*, procurées par Antoine du Moulin, valet de chambre de Marguerite de Navarre, que nous avons déjà rencontré dans l'entourage de Maurice Scève. La préface à l'édition posthume vantait la gloire d'une cité «riche en bons esprits de tous sexes». Le portrait de la jeune et vertueuse poétesse qui y était tracé répondait à l'idéal du *Parfait Courtisan*, célébrait les talents musicaux et poétiques de celle qui réjouissait les bonnes compagnies par le raffinement de sa création poétique. La préface comportait aussi une exhortation aux Dames de Lyon. Elle les invitait, au nom du patriotisme lyonnais et de la dignité féminine, à suivre les traces de Pernette en imitant les dames lettrées d'Italie, qui s'étaient déjà illustrées par leur plume.

L'épître de Louise Labé répond à ces espérances. Mais cette fois c'est la poétesse qui prend la parole. Et, consciente de conquérir un domaine interdit, elle va, comme alors toutes les femmes de lettres, sacrifier au préjugé de l'humilité féminine, faire preuve d'une modestie qui fasse accepter son audace.

La dédicace d'une œuvre de femme à une autre femme apparaît à la fois comme une garantie et une marque de retenue de la part de celle qui a besoin d'être encouragée. Hélisenne de Crenne, notre première romancière, adresse «à toutes honnêtes Dames» ses *Angoysses douloureuses qui procèdent d'amours*, Jeanne Flore ses *Comptes Amoureux* à Mme Minerve, sa chère cousine. Louise Labé, qui s'adressera à plusieurs reprises aux dames de Lyon dans son *Canzoniere*, se choisit un guide en la personne de Clémence de Bourges «pour ce que les femmes ne se montrent volontiers en public seules». Sa condition élevée est à elle seule une recommandation, à défaut de l'autorité conférée par l'âge. C'est d'ailleurs la caution implicite du père de la jeune fille qu'elle obtient ainsi : il aurait pu refuser la dédicace, s'il avait jugé compromettantes pour la réputation de Clémence et la personnalité de l'auteur et la teneur de ses œuvres.

Autre précaution des dames qui écrivent, mais très souvent aussi des mémorialistes masculins : n'avoir pas pris l'initiative de la publication. Louise, dont l'œuvre a d'abord circulé sous forme manuscrite, assure avoir cédé aux instances de « quelques amis » qu'elle n'a pas osé éconduire. Ce sont des hommes, des gens d'esprit qui l'ont incitée à faire paraître des œuvres que « plusieurs gens savants de par le monde » ont appréciées. Elle a d'autant moins à se justifier qu'un hommage collectif de vingt-quatre poètes anonymes (exception faite de ceux dont la signature est reconnaissable pour les initiés) lui apporte une caution.

La publication posthume de Pernette avait été faite de même « sur les instantes et affectionnées remontrances de son dolent mari », celle des *Poésies chrétiennes* de Gabrielle de Coignard le sera par ses deux filles, en témoignage de leur admirative affection. Certaines « écrivaines » se dissimulent sous un pseudonyme, comme Marguerite Briet (de son nom de plume Hélisenne de Crenne). Louise n'utilise pas le nom de son père, Charly, pas plus qu'elle ne signe de son nom d'épouse Perrin, mais recourt au nom de la raison commerciale paternelle, Labé. L'heureux effet de la triple allitération des L : « Louise Labé Lyonnaise » a dû jouer, lui aussi, dans son choix. Mais, on l'a vu, elle offre le seul exemple au XVIe siècle d'une femme à laquelle est accordé le privilège d'imprimer, sans aucune mention d'une dépendance masculine, celle du mari en l'occurrence.

La prudence impose aussi à la femme qui prend la plume d'afficher une certaine dépréciation de ses écrits, qui ne sauraient égaler ceux du sexe fort. Hélisenne de Crenne, pour excuser sa maladresse, sa main « tremblante et débile », allègue que « notre condition féminine n'est tant scientifique que naturellement sont les hommes ». Pernette déplore son manque de savoir, Jeanne Flore justifie les faiblesses de ses Contes : « C'est œuvre de femme, d'où on ne peut sortir ouvrage si limé que celui d'un homme. » Louise elle-même, qui ne sous-estime pas ses dons, réclamera l'indulgence pour sa « simplesse ». « En écrivant premièrement ces jeunesses autant qu'en les revoyant depuis », elle n'a, dit-elle, cherché autre chose qu'« un honnête passe-temps et moyen de fuir oisiveté » (l'un des buts primordiaux de l'éducation féminine, l'oisiveté étant, comme chacun sait, mère de tous les vices). Elle n'aurait jamais eu, sans qu'on la sollicite, l'intention de publier des écrits de jeunesse, par là même encore imparfaits.

Pourtant, cette dépréciation de son œuvre n'est pas seulement un lieu commun de la traditionnelle *captatio benevolentiae* des lecteurs qu'il s'agit de séduire, mais dont il faut surtout désamorcer la censure. «Ce mien œuvre rude et mal bâti» qu'elle envoie à Clémence est destiné certes à l'assurer du «bon vouloir» qu'elle lui porte depuis longtemps, mais surtout à l'inciter à en «mettre en lumière» un autre. Elle a beau signer «votre humble amie», elle parle en aînée, riche d'expérience, qui veut susciter l'émulation d'une jeune fille dont le talent promet sans doute, dont l'esprit est «ja accompagné de plusieurs et diverses graces», mais qu'elle encourage à persévérer dans l'étude avec une assurance de mentor confirmé. L'honnête passe-temps d'écrire l'a placée, elle, une bourgeoise, de plain-pied avec une des nobles demoiselles de la cité. Toute l'épître se ressent de cette tension entre fierté d'auteur et timidité féminine, offrant ainsi une image de Louise Labé écrivain qui fasse accepter l'amante de l'œuvre poétique.

Manifeste humaniste, l'épître témoigne de l'enthousiasme pour les temps nouveaux, caractéristiques du «beau XVIe siècle» dont Érasme et Rabelais célèbrent les lumières, l'opposant au «temps ténébreux des Goths», participant au combat contre l'ignorance. Mais la revendication féministe accompagne aussitôt l'éloge de l'époque qui voit la «restauration des belles lettres». L'épître débute par un appel aux femmes qui ont «la commodité» (possibilité) de «s'appliquer aux sciences et disciplines» que leur refusaient jusqu'alors les «sévères lois des hommes». La Belle Cordière semble rejeter dans le passé avec un bel optimisme le temps où le sexe féminin a «tant désiré cette honnête liberté d'apprendre».

Cette liberté, il faut croire, n'était pas si communément admise puisque vingt ans plus tard, une autre femme écrivain, Madeleine des Roches, déplore encore l'injuste répartition des devoirs entre les femmes et les hommes. Ceux-ci, dit-elle, abusent du pouvoir que leur a toujours conféré l'usage «contre raison et contre l'équité» pour s'arroger la meilleure part, «les joies de l'esprit». Aussi rappelle-t-elle à sa fille Catherine, le «devoir de l'étude» et le pouvoir de «la lettre».

Le vœu de la dame des Roches rejoint ainsi l'exhortation de Louise, priant les «vertueuses dames [pourvues de vertu, au sens italien de *virtù*, force de caractère] d'élever un peu leurs esprits par-dessus leurs quenouilles et fuseaux», symboles féminins par excellence de leurs tâches domestiques.

À la Renaissance, on a reconnu sans doute, aux femmes «de condition» s'entend, le droit à la culture. Des princesses et des grandes dames en avaient donné l'exemple. Mais l'enseignement qu'on leur dispense est inspiré par la méfiance de la nature féminine et vise avant tout à les prémunir contre leur faiblesse naturelle. Vivès, dans son *Institution*, estime sans doute que l'instruction intellectuelle fait partie de la préparation au mariage d'une bonne chrétienne, à la seule condition de donner aux femmes l'accès à des domaines bien délimités d'un savoir judicieusement filtré et contrôlé par les hommes : qu'on leur donne des livres de piété, de morale. Point de «passe-temps» inutile.

Le point de vue d'Agrippa d'Aubigné, écrivain d'une prodigieuse culture, dans la lettre adressée à ses filles sur «les femmes doctes de notre siècle», est tout à fait représentatif des réactions des hommes de son temps devant l'aspiration au savoir, «presque toujours inutile aux Damoiselles de moyenne condition comme vous». Qu'en feront-elles, une fois mères? «Quant le rossignol a des petits, il ne chante plus.» Et il redoute qu'une «élévation démesurée hausse le cœur», autrement dit les rende orgueilleuses, d'où un mépris du ménage, celui d'un mari qui n'en sait pas tant et la dissension entre les époux.

Louise est bien consciente que les sévères lois des hommes n'ont pas encore perdu tout leur pouvoir. Aussi invite-t-elle les dames en général à être solidaires, à s'«animer l'une l'autre à si louable entreprise», et Clémence de Bourges en particulier à ne pas «épargner» sa jeunesse, à ne pas laisser se perdre ses talents, mais à s'appliquer à l'étude des sciences et des lettres. Ce faisant, les femmes en retireront «honneur» et «gloire», c'est-à-dire la reconnaissance publique de leurs compétences, l'immortalité, d'ordinaire réservée aux hommes et déniée au sexe féminin dont le silence est tenu pour une vertu. Mais elles ne devront pas la «dédaigner», profiter de la liberté nouvelle qu'on leur concède et prêcher d'exemple. En même temps que le droit au savoir est réclamé le droit à la création littéraire. Le livre va de pair avec la plume.

Toute l'épître témoigne d'une haute estime pour les valeurs intellectuelles. Les parures de la femme-objet, «chaines, anneaux et somptueux habits», ces biens matériels ne lui appartiennent pas en propre alors que l'honneur de la science ne peut lui être enlevé, et la vieillesse qui prive de la beauté ne peut l'en dépouiller. Il sera, dit-elle, «entièrement nôtre». Participer à ce renouvellement de la culture lui conférera sa véritable identité. C'est dans une œuvre masculine, contemporaine, les *Discours des Champs faëz (fées), à l'honneur et exaltation de l'amour des dames* (1553) que l'auteur, le Lyonnais Claude de Taillemont, répondant à la demande de Minerve elle-même, démontre lui aussi la capacité des femmes à penser, à pratiquer les sciences et les arts, notamment la poésie, ce que prouve l'exemple d'Eumathe, l'hôtesse du palais enchanté où sont réunis les devisants. Taillemont y reprend les mêmes arguments en faveur des femmes que dans l'Épître de Louise Labé : «Ne voit-on pas par expérience le fruit qu'aucunes ont rapporté et rapportent encore à présent du peu de doctrine qui leur est permise? Sinon toutefois si [aussi] généreusement que les hommes, n'en faut blâmer et accuser que la coutume, qui est seulement et selon le vulgaire, savoir filer et faire leur ménage.»

Claude de Taillemont plaide ainsi pour la dignité de la femme, face à la «coutume», à l'injuste «tyrannie» des hommes.

Inciter à l'étude les «vertueuses damez», les femmes éclairées, c'est aussi les inciter à prendre la place qui leur revient dans la société. Les «sévères lois des hommes» ont jusqu'alors injustement défavorisé les femmes et la Belle Cordière veut bien concéder que les femmes ne sont pas « faites pour commander ». La loi salique n'interdit-elle pas en France que le pouvoir soit en leurs mains ? Mais l'épître, ferme et claire, est dépourvue de toute agressivité à l'égard du sexe masculin. Ce qu'elle réclame, c'est que les compétences des femmes soient reconnues au moins égales à celles des hommes, qu'elles ne soient pas « dédaignées pour compagnes tant es affaires domestiques que publiques de ceux qui gouvernent et se font obéir ».

La revendication de Louise, animée par le sentiment de la solidarité féminine, intéresse également les deux sexes. Outre la réputation que notre sexe en recevra, affirme l'auteur, « nous aurons valu au public que les hommes mettront plus de peine et d'étude aux sciences vertueuses, de peur qu'ils n'aient honte de voir précéder [passer devant] celles desquelles ils ont prétendu être toujours supérieurs quasi en tout ». L'enrichissement culturel féminin devrait donc provoquer chez les hommes une louable émulation pour le profit de la société tout entière. Il n'y aurait plus de contestation entre les sexes pour savoir lequel l'emporte, mais dialogue et échange. La revendication féministe trouve ainsi sa justification dans l'amélioration de la vie sociale.

Mais ce que Louise attend de l'étude, c'est aussi un singulier « contentement de soi », un plaisir plus durable que toutes autres « récréations ». Toutes les femmes auteurs ont affirmé bien haut l'intense jouissance de la création littéraire. Louise Labé en fait l'un des arguments les plus décisifs de sa préface. Si elle tient, comme elle le dira plus loin, pour une séduction supplémentaire aux yeux de ses amis poètes de troquer paniers et coutures pour les plumes et les livres, elle savoure bien davantage des joies tout intérieures.

Celle d'abord de prolonger l'aventure amoureuse par l'écriture. Celle aussi d'aller à la recherche du temps perdu, car affirme-t-elle avec des accents pré-proustiens, « le passé nous réjouit et sert plus que le présent ». L'écrit vient au secours de la mémoire : il nous remet dans la disposition où nous étions : « Lors nous redouble notre aise : car nous retrouvons le plaisir passé qu'avons eu, ou en la matière dont nous écrivions, ou en l'intelligence des sciences où lors étions adonnés. »

Cette jouissance à recréer par l'art la présence du temps évanoui, à lui donner une réalité plus vraie, aucun poète de la Renaissance n'en a pris une conscience aussi aiguë, et en tout cas ne l'a manifestée.

Un autre plaisir vient s'ajouter à celui de la création littéraire, celui du « jugement » qui s'établit à la relecture lorsque les « secondes conceptions » sont confrontées aux premières, plaisir intellectuel du critique, celui-là, qui permet de revivre le passé tout en le jugeant et d'inciter à de nouvelles créations.

Ce sont ces joies de l'écriture qu'elle invite sa jeune amie à découvrir, si elle veut bien suivre son exemple. Ce manifeste que constitue l'épître dédicatoire est typique des convictions de la Renaissance par son enthousiasme à lutter contre l'ignorance et à exalter les valeurs de l'esprit. C'est aussi un texte important dans l'histoire du féminisme puisqu'une femme auteur y prend la parole en personne pour réclamer l'égalité des sexes dans la vie intellectuelle et dans la création littéraire. L'éloquence, la fermeté, la force de la pensée caractérisent la partie doctrinaire de l'épître, la plus importante et la plus originale.

Les passages où elle se présente, elle et son recueil, adoptent un ton différent. Ses indécisions, son hésitation à accepter de publier, ce à quoi elle se résout pourtant, pour ne pas mécontenter ses amis, la modestie qu'elle affiche relèvent assurément de la stratégie des femmes auteurs pour s'attirer la sympathie des lecteurs. Mais cette attitude n'est pas chez Louise simple lieu commun ordinaire. Sa décision de prendre la plume et d'inviter ses contemporaines à en faire autant, quitte à enfreindre la réserve féminine, obligée, et les conventions sociales, lui est dictée par le souci du « bien public », de ce qu'apportera à la vie de l'esprit la collaboration des deux sexes, fondée sur l'émulation dans le respect mutuel.

Le débat de Folie et d'Amour

La lettre-préface, dans sa revendication féministe, associait le plaisir d'écrire à la gloire et à l'honneur apportés par l'étude des lettres. Le désir d'évoquer par l'écriture « les plaisirs des sentiments et les autres voluptés » annonçait implicitement un « dire d'amour ». C'est à lui que se consacre toute l'œuvre de Louise dans sa diversité, prose et vers, du conte mythologique du *Débat* à la poésie lyrique grave ou légère des *Élégies*, plus douloureuse dans les *Sonnets*.

« Le plus grand plaisir qui soit après amour, c'est d'en parler », a dit la Belle Cordière, et son recueil ne parle que d'amour. C'est assurément ce qui en fait la profonde unité, en dépit de la juxtaposition des genres et des tons contrastés, qui ont souvent déconcerté la critique.

On ignore tout de la chronologie de la rédaction de ces textes. Seule l'épître dédicatoire porte une date, 24 juillet 1555, soit moins de trois semaines avant l'achevé d'imprimer. Mais Louise Labé ne s'est pas contentée de rassembler ce qu'elle avait sous la main pour en faire un recueil, sans avoir élaboré une architecture du volume. Elle convie le lecteur à suivre le parcours indiqué tout en mentionnant quelques jalons : chaque partie a son titre propre, le Débat est divisé en discours numérotés, les pièces réparties par genres, en deux catégories, les *Écrits* en hommage regroupés sous le même titre.

Fait significatif : Louise Labé n'a pas apporté la moindre retouche au recueil des *Œuvres*, et ne l'a pas étoffé durant l'année qui sépare les deux éditions de 1555 et 1556. Aucune modification n'a été apportée au choix ni à la disposition des pièces. Leur agencement concerté excluait donc les retouches.

Il semble certain que l'activité littéraire de Louise a commencé bien avant 1554. Le «Privilège» (13 mars 1544) fait allusion à «quelque Dialogue de Folie et d'Amour, ensemble plusieurs Sonnets, Odes et Epistres» qu'elle aurait «des longtemps composés», divulgués à son insu. Ce que révèle également l'Épître préliminaire. Des pièces manuscrites avaient circulé parmi ses amis, et le travail de révision qu'elle s'est imposé ensuite a pris du temps. Ce qui fait remonter à plusieurs années peut-être la rédaction des *Œuvres*.

Entre la fin du XVe et le milieu du XVIe siècle, les éditeurs de Pétrarque s'étaient soucié, pour assurer de la cohérence au *Canzoniere*, de lui fixer un ordre, quitte à «fabriquer» un texte nouveau à partir d'un recueil «par nature discontinu». L'influence de Pétrarque étant déterminante sur la poésie amoureuse de la Renaissance, on l'a souvent lu dans la version imposée par ses commentateurs ou ses éditeurs. On a souligné, par ailleurs, l'influence que les arts architecturaux, qui font de l'agencement des parties une nécessité, ont exercée sur la création poétique.

Enfin, le livre devenant marchandise avec le développement de l'imprimerie, il échappe à l'auteur. Soucieux d'éviter que l'imprimeur en dispose à son gré, celui-ci va effectuer une mise en ordre de ses œuvres pour bien y laisser sa marque personnelle. Marot, le premier, donne à son *Adolescence clémentine* «belle forme de livre» en se livrant à un travail d'agencement très élaboré. Par cette organisation des *Œuvres*, il contribuait à imposer une conception nouvelle du recueil poétique.

Louise sut assurément profiter de la leçon. Aux *Rymes* de Pernette du Guillet, que la mort a empêchée d'organiser ses vers épars, trouvés «en pauvre ordre» s'opposeront, dix ans plus tard, les *Œuvres* de la Belle Cordière, rassemblées en un recueil cohérent. Les approches critiques les plus récentes ont cherché à y retrouver cet ordre, «cette architecture concentrée».

Pour K. Varty, son œuvre entière est une «symphonie poétique». La prose du *Débat* de Folie et d'Amour est intimement liée aux élégies et aux *Sonnets* qui la suivent. Selon lui, le *Débat* fait partie intégrante de cette fiction poétique. Le titre de cette pièce en prose inciterait à la classer dans le genre des débats médiévaux qui opposent des allégories ou des personnages représentatifs de groupes sociaux et dont le déroulement s'inspirait de la pratique judiciaire. Le genre est ancien, les sources en sont multiples, des dialogues de controverses, philosophiques ou ecclésiastiques aux débats amoureux courtois et aux débats populaires. D. O'Connor rapproche du groupe des *Conflictus* le *Débat* de Louise Labé qui présente une structure argumentative de conflit. Tel est le *Débat du clerc et du chevalier* (lequel des deux vaut-il mieux aimer ?).

Quant au cadre du procès, où les prétentions de deux adversaires sont jugées par un intermédiaire, il a été fréquemment utilisé dans les « questions et les ventes d'amour » débattues dans les cercles courtois, presque élevées au rang de genre littéraire. Les *Arrêts d'amours* de Martial d'Auvergne, imprimés à plusieurs reprises à la fin du XVe et dans la première moitié du XVIe siècle, leur sont consacrés.

On pourrait invoquer encore bien d'autres traditions littéraires où elle aurait pu puiser, à commencer par les dialogues humanistes particulièrement en vogue à la Renaissance. C'est le genre auquel les lecteurs contemporains comme La Croix du Maine rattachent ce « dialogue en prose française », et le « Privilège » le nomme lui aussi Dialogue. Certains passages s'inscrivent dans la tradition des contes et nouvelles des traités d'amour, de l'éloge paradoxal et de la satire des fables mythologiques, des amours et des contr'amours de la poésie lyrique, et de la comédie, voire de la comédie-ballet.

C'est souvent en effet le côté théâtral de l'œuvre qui a été souligné. C'est dire que celle-ci a paru inclassable. Convenons donc, avec E. Giudici, que le *Débat* appartient à un genre nouveau, et ne se rattache à aucun modèle littéraire. Que Louise ait utilisé les souvenirs de discussions sur les sujets qui passionnaient les cercles lettrés, dont l'amour était l'un des favoris, paraît certain. Discussions galantes, mondaines, peu philosophiques mais volontiers relevées de quelque allusion savante à la mythologie et à l'histoire antique. V.L. Saulnier a pu ainsi avancer que Louise n'aurait été que la rédactrice de *Débats* auxquels elle aurait assisté. N'a-t-on pas cru retrouver dans le sien « l'érudite gaillardise de l'esprit de Maurice Scève » ? Affirmation bien injustifiée, car la personnalité et l'œuvre de Louise et celles de l'auteur de *Délie* diffèrent profondément. Révélatrice toutefois, dans la mesure où l'œuvre fait figure de document social en rendant compte des controverses qui agitaient la société fréquentée par la Belle Cordière.

A-t-elle délibérément pratiqué une stratégie de l'ambiguïté en rappelant, par la bouche d'Apollon, que les plus « grands poètes et philosophes » ont décrit leurs « plus hautes conceptions en forme d'amourettes », « Et plusieurs autres voulant décrire autres inventions les ont cachées sous semblables propos » ? Ce qui laisse la porte ouverte à de multiples interprétations.

L'argument qui résume le *Débat* est le suivant : « Jupiter faisait un grand festin où était commandé à tous les dieux de se trouver. Amour et Folie arrivent au même instant sur la porte du Palais : laquelle étant jà [déjà] fermée et n'ayant que le guichet [portillon] ouvert, Folie voyant Amour prêt à mettre un pied dedans, s'avance et passe la première. Amour se voyant poussé entre en colère. Folie soutient lui appartenir de passer devant. Ils entrent en dispute sur leurs puissances, dignités et préséances. Amour ne la pouvant vaincre de paroles, met la main à son arc et lui lâche une flèche, mais en vain : pour [par] ce que Folie soudain se rend invisible : et se voulant venger, ôte les yeux à Amour. Et pour couvrir le lieu où ils étaient, lui mit un bandeau fait de tel artifice qu'impossible est lui ôter. Vénus se plaint de Folie. Jupiter veut entendre leur différend. Apollon et Mercure débattent le droit de l'une et l'autre partie. Jupiter les ayant longuement ouïes, en demande l'opinion aux Dieux : puis prononce sa sentence. »

Les personnes sont indiquées :	Folie Vénus Apollon	Amour Jupiter Mercure

L'argument présente le lieu de l'action, la situation de départ ; les mouvements des protagonistes sont précisés, les personnages énumérés. La division en cinq discours pourrait correspondre à un découpage scénique, et laisser entendre que le *Débat* a été conçu comme une œuvre théâtrale.

Mais c'est seulement le côté épisodique qui est mis en relief dans l'*Argument*. Car le véritable débat réside dans les plaidoyers d'Apollon et de Mercure du Ve *Discours*, le dernier, de beaucoup le plus long, où il faut chercher l'essence de l'œuvre. Le reste tient lieu de prélude ou de cadre.

Le premier *Discours* montre la querelle entre Amour et Folie, la blessure et la plainte de l'Amour rendu aveugle, et révèle les caractères des protagonistes. Le deuxième nous informe qu'« Amour sort du Palais de Jupiter et va rêvant à son infortune » puis rencontre Vénus, dont éclatent la colère et la douleur. Celle-ci demande vengeance au père des Dieux qui fait appeler Folie. Laquelle réclame un avocat, choisit Mercure avec l'assentiment de Jupiter, tandis que Vénus décide de s'adresser à Apollon. Le procès doit avoir lieu le jour même. Ainsi prend fin le troisième *Discours*. Le débat n'est pas encore envisagé dans le quatrième *Discours*, où l'on voit agir les parties en coulisses. Vénus va trouver Apollon et envoie Cupidon « donner le bonjour à Jupiter », qui questionne « le petit mignon » sur la façon de se faire aimer. D'où un dialogue plein d'ironie, qui devient un petit traité sur l'amour, les arguments de Cupidon anticipant ceux d'Apollon.

Il est très probable que Louise Labé s'est inspirée du deuxième *Dialogue des dieux* de l'auteur grec Lucien, bien connu du milieu culturel qu'elle fréquentait. Traduit en latin par Érasme, il figurait dans les ouvrages scolaires du XVIe siècle pour inciter les jeunes esprits à se défier des désordres de la passion. Mais la présentation malicieuse de l'habile petit dieu ailé devenu le conseiller du roi de l'Olympe, avouant piteusement ses déconvenues amoureuses en dépit de ses mille et trois métamorphoses, porte la marque bien personnelle de la Belle Cordière.

Éros tentera en vain de le persuader qu'il lui faut, pour rendre les mortelles amoureuses de lui, s'efforcer de se rendre aimable plutôt que d'user de ruse ou de violence.

Intermède gratuit que cet entretien où ne manquent ni l'ironie ni l'humour ? Ne permet-il pas plutôt à l'auteur, sous le couvert des reproches adressés par Amour à Jupiter, de prendre à parti ces grands seigneurs, trop occupés comme lui de leurs « affaires d'importance » et de leurs dignités pour consentir à accepter les lois de la courtoisie amoureuse, que ni Apollon ni Minerve ne remettent en question ? L'intermède de ces reproches, absents du texte grec, se relie ainsi aux plaidoyers qui vont suivre.

Jusqu'ici, on pourrait voir s'ébaucher une représentation dramatique, destinée à un petit cercle mondain, pour jouer le texte, simplement prendre plaisir à sa lecture, et même reconnaître des amis sous les noms mythologiques.

Les principaux personnages de cet Olympe de fantaisie nous sont maintenant connus. Folie est proche parent de la Moria d'Érasme, dont Louise s'est assurément inspirée : toutes deux sont filles de Jeunesse, reines des hommes, et même déesses. L'introduction de la Folie dans le Panthéon est due au célèbre Hollandais qui, dans son *Éloge de la Folie* (*Encomium Moriae*), se sert du personnage pour expliquer la diversité et les contradictions des comportements humains et les juger. Les rapprochements de détails des deux œuvres, les emprunts possibles de Louise ont été souvent soulignés.

La mise en scène de l'*Encomium* n'a rien de commun avec celle du *Débat*. La *Moria* d'Érasme fait allègrement son propre éloge. Folie, au contraire, charge un avocat de plaider en son nom : il fera de son éloge un argument pour répondre à l'adversaire. Louise doit à Érasme l'idée de faire de Folie une déesse « fille de Jeunesse ». Cependant avoir imaginé l'aveuglement de Cupidon dû à la Folie revient à la poétesse lyonnaise.

Amour seul appartenait au Panthéon antique. Il s'étonne d'être bousculé par une « folle » qu'il ne connaît pas alors que Folie, elle, le connaît bien. Ignorait-il jusqu'alors cette déesse ? Apollon de même ignorera plus loin leur alliance.

Faut-il admettre que Folie relève d'une autre mythologie, mal intégrée à la précédente ? Et qu'elle devrait à Louise son introduction dans l'Olympe ? Vénus la traite d'« outrageuse Furie qui onques ne fut en Enfer ». Amour l'appelle « femme inconnue ». Jupiter, vexé, condamne son effronterie tout en admettant qu'elle soit déesse. Après s'être montré un être cruel en « tirant » (arrachant) les yeux du petit Cupidon, elle fait figure de parente pauvre dans l'assemblée des dieux, qui la considère avec un certain mépris. Ce monde des dieux, qui ne vaut pas mieux que celui des hommes, est traité avec une réjouissante désinvolture, dont s'amuse celle qui les met en scène.

Folie part de bas, avant que Mercure n'obtienne pour elle une certaine reconnaissance de son pouvoir à la fin du *Débat*. Amour effectuera un parcours inverse. Folie l'avait aussitôt identifié. Elle se moquait de ce « jeune garçonneau » arrogant et fier de son pouvoir sur les dieux et les hommes. Mais il va être cruellement détrompé. Lorsque Folie lui crève les yeux, il découvre avec stupeur que son statut divin ne l'a pas protégé. Il redoute le désordre que va provoquer sa cécité, s'il ne peut désormais exclure de son empire tous les êtres disgraciés. L'Amour ne sera plus un privilège aristocratique réservé aux « plus apparents [notables] ». Son pouvoir ne sera plus absolu puisque chacun aura le pouvoir de se faire aimer. Ce « petit mignon » n'est plus dans le Discours IV le dieu redoutable qu'il prétendait être dans le Discours I.

Le motif des amours de Jupiter (Discours IV) a un rôle important dans le *Débat*. Auprès du roi des dieux, chacun des deux adversaires revendique son pouvoir. Celui d'Amour se fonde sur la violence, comme l'atteste le riche vocabulaire guerrier (flèche, glaive, combat, victoire, etc.) qu'il emploie pour le définir. Celui de Folie se traduit plus subtilement par le renversement des hiérarchies et des valeurs : ce que prouvent les métamorphoses de Jupiter, manifestations de son renoncement à sa toute-puissance, mais contraires au « service d'amour ». Si Jupiter n'a jamais été vraiment aimé, c'est qu'il a toujours agi en maître pour parvenir à ses fins, sans chercher à se plier aux désirs et à l'attente de l'être aimé.

Lorsque le père des dieux évoque ses aventures comme des expériences qui donnent à réfléchir, un véritable dialogue s'instaure alors. Il s'apparente aux dialogues humanistes correspondant à l'esprit d'enquête propre à la Renaissance, comme ceux de Pontus de Tyard ou de Des Périers.

Vénus et Folie sont les seules figures féminines du *Débat*. Chacune d'elles va tenter d'affirmer ses liens étroits avec Amour. Folie apparaît d'abord (Discours I) en «femme inconnue» – son sexe suffit à la discréditer – en situation d'infériorité par rapport à Amour, personnage masculin arrogant et sûr de lui. Vénus, elle, est présentée avant tout comme une mère protectrice, face à la jeune Folie dont le sexe et la jeunesse dérangent l'ordre établi. En aveuglant Amour, celle-ci a «ôté à Vénus le plus grand plaisir qu'elle eut en ce monde : qui était quand son fils Amour la voyait». Désormais à quoi bon être belle s'il est aveugle ? Objet muet du désir masculin, Vénus incarne la passivité féminine et va solliciter la protection de Jupiter. À l'opposé Folie est mouvement. «Je te mènerai ou conduirai», dit-elle à Amour, et c'est elle qui, au Discours IV réussira à le faire se connaître et évoluer.

C'est dans le Discours V qu'il faut chercher l'essence de l'œuvre. Les quatre premiers discours gardaient une allure théâtrale. Dans le Discours V sont fixées les règles du débat. Les avocats, selon le désir de Folie, sont désignés et le passage à un échange de type judiciaire annoncé.

L'influence de Lucien avait déjà été signalée. Rappelons aussi que ce satirique grec a souvent eu recours au procès fictif pour traiter de sujets variés. Ainsi son *Assemblée des dieux* mettait en scène le procès organisé par Zeus qui se plaignait de voir le Panthéon grec envahi de trop d'étrangers. La sentence finale – comique – s'inspirait de près des textes de droit athéniens.

Les deux plaidoyers d'Apollon et de Mercure sont solidement construits, conformément à la rhétorique de l'Antiquité que Louise Labé maîtrise fort bien : on y retrouve les divisions obligées du discours : exorde, narration, proposition, division, argumentation, péroraison. L'enchaînement des parties de chaque plaidoyer est parallèle, notamment l'exorde de l'exposé des faits, et la prière finale.

Si Apollon use volontiers de l'emphase et du pathétique, la « narration » et la péroraison de Mercure restent plus sobres. Mais, interpellations au tribunal et des accusés, savantes allusions à la mythologie et à l'histoire, interrogations oratoires variées sont également utilisées par les adversaires, tous deux orateurs confirmés.

Louise Labé peut ainsi faire une amusante parodie des procédés de la rhétorique classique en les appliquant à ce procès où les arguments sont à la fois péremptoires et parfaitement invérifiables. On a même perçu la main de son ami Fortini, banquier et avocat, ou du moins ses conseils, dans la tenue du procès.

Apollon s'adresse directement à Jupiter. Habile rhéteur, à l'éloquence fleurie, il veut l'amener à se sentir personnellement engagé : l'offense faite à Cupidon concerne Jupiter lui-même, l'exposé des événements démontre la courtoisie d'Amour et l'arrogance de Folie, les dispositions et la nature de la loi qui a été violée sont précisées. Enfin est présentée la requête légitime de la partie offensée : rendre ses yeux à Amour et éloigner de lui Folie.

Pour convaincre et pour émouvoir, il lui faut mettre en lumière la force et la grandeur d'Amour – celui des métaphysiciens et des philosophes, plus seulement le petit Cupidon ailé –, son argumentation consiste à en faire un fervent éloge et repose sur l'énumération des bienfaits dispensés aux hommes par cette force motrice du monde. Le *Débat* apparaît dès lors comme un essai sur l'amour, un traité vivant sur sa nature, son pouvoir, ses effets, intégré à la trame d'une action.

Un discours idéaliste va présenter des points de vue variés sur l'amour, platonicien, ficinien, courtois, dans la tradition des « Questions d'amour », divertissement mondain. Louise Labé essaie ici de concilier deux lignées très différentes de philosophes et de moralistes qui ont réfléchi sur les rapports et les liens de la folie et de l'amour. L'une cherche à constituer une philosophie de l'amour en faisant appel à divers domaines du savoir, notamment la médecine, la métaphysique, l'astrologie même, dans un langage d'essence poétique.

Le *commentaire du Banquet de Platon* par Ficin en est l'aboutissement, restreint certes mais promu à un grand succès.

L'autre lignée, illustrée par Érasme dans son *Éloge de la Folie*, s'intéresse aux conduites humaines, celle des amoureux notamment, non du point de vue de la médecine ou de la métaphysique mais dans leur aspect moral. Elles vont se rejoindre à la Renaissance. Le *Débat* d'ailleurs ne se contente pas de philosophie abstraite, et les personnages ne se limitent pas à ceux du Panthéon. La querelle de préséance des deux divinités qui en viennent aux mains, d'une tonalité burlesque, se déroulait dans le monde des dieux. Mais l'intérêt se déplace vite vers celui des hommes, où l'auteur fait revivre en petites scènes et en portraits à la fois réalistes et satiriques les comportements amoureux des contemporains.

D'où l'alternance des tons, tour à tour comique, idéaliste, voire pathétique du *Débat*, l'humour désinvolte dans le traitement des divinités de l'Olympe, l'ironie ou la sympathie amusée à l'égard du monde des hommes, et le ton souvent parodique des plaidoyers des deux avocats.

Pourquoi avoir choisi ces dieux, Apollon et Mercure, alors qu'aucun d'eux ne semble traditionnellement lié à l'amour ou à la folie ? Dans le climat artistique et littéraire de la première Renaissance, Apollon, dieu des poètes, mène le chœur des Muses, Mercure est le dieu des commerçants et des orateurs. Quant au petit dieu ailé, le Cupidon aveugle sous son bandeau, il est plus souvent représenté, à l'époque où écrit Louise, relevant gravement son bandeau, l'amour platonicien étant, lui, parfaitement lucide. Mais cette figure mythique, comme l'a montré Panofsky dans ses *Essais d'iconologie*, était alors fort complexe. Nous verrons quelle signification lui accorder dans le *Débat*.

Apollon parle le premier, l'Amour est l'âme du monde, il est source de progrès. D'où la haute considération dont il jouit parmi les hommes : avant d'être aveuglé il les a comblés de bienfaits. Mais sa cécité et la compagnie de Folie vont les accabler de toutes sortes de maux.

Tels sont les trois points du plaidoyer. Si loin qu'on remonte dans le temps, Amour a été « cause de gloire, honneur, profit, plaisir ». Qui d'autre, sinon Amour, a donné du courage aux premiers hommes quand le sentiment de la gloire n'existait pas ? Et aux soldats celui de sauver ce qu'ils aiment, « pays, parents, honneur du Prince ». Des armées en danger n'ont-elles pas été sauvées « par l'amitié que quelques dames portaient aux Capitaines » ? Quant à la félicité dont jouissent ensemble deux êtres et qui rend celui qui sans l'autre serait languissant « plus parfait que les premiers hommes du banquet de Platon ; ce n'est pas au mariage seul qu'il faut l'attribuer mais à l'amour qui l'entretient ».

L'Amour rend les hommes sociables parce que pour être aimés, ils cherchent à plaire, et leur « amoureuse curiosité » leur fait découvrir les plaisirs des soins du corps et de la mode. À travers l'éloquence captivante d'Apollon se révèle la féminité de Louise, en de petites scènes savoureuses où l'élévation de l'esprit va de pair avec le perfectionnement de l'élégance, de l'« allure » pour susciter contentement et désir chez l'aimé. C'est lui qui fait naître une civilisation raffinée, l'élégance, et aussi le langage. C'est l'Amour qui élève l'esprit, stimule au bien, qui a fait naître les arts, le théâtre, la musique, la poésie. Car l'amour est art lui-même. Sentiment élevé, noble, il se traduit en expressions artistiques. Louise le dit clairement : « est le chant et harmonie effet et signe de l'Amour parfait. » « Et qui me fait attribuer la Poésie à Amour : ou dire pour le moins, qu'elle est bien aidée et entretenue par son moyen ? C'est incontinent que les hommes commencent d'aimer, ils écrivent vers. » Entrer dans le royaume d'Amour, c'est entrer aussi dans le climat de l'art.

Tous ces biens qui confirment la grandeur de l'Amour sont mis en péril s'il est accompagné désormais de Folie. En antithèse, Apollon dépeint un monde où, au règne de l'harmonie, de la justice, de la raison succédera celui du désordre, de « vilenie, incommodité et déplaisir ». Tandis qu'Amour a inventé « tant de sciences et produit tant de bien », il est à craindre que Folie n'amène avec elle « grande oisiveté accompagnée d'ignorance ».

L'assemblée semble presque gagnée à la thèse d'Apollon lorsque Mercure prend la parole. Orateur efficace, sans se décourager, faisant preuve d'aplomb autant que de politesse, il va rétablir la situation pour s'assurer l'impartialité des dieux. Il entreprend brièvement le récit des événements en les montrant sous un jour tout à fait opposé à celui dont Apollon avait éclairé l'auditoire. Le premier discours, très dramatique, semblait avoir décrit objectivement les événements. Mais il ne suffit pas de les constater, il faut les interpréter, et c'est l'interprétation qui compte.

Aussi Mercure, pour innocenter Folie, se lance-t-il dans un raisonnement à tel point captieux qu'on a pu voir dans ces prétendues justifications une réjouissante satire des avocats. Amour, selon lui, a été l'agresseur : « Interrogez-le, dit-il, il reconnaîtra la vérité. » Folie qui « rit toujours et ne pense si avant aux choses, ne s'en était pris à lui que "pour s'ébattre" ». Et, tout en plaidant la légitime défense, il n'hésite pas à recourir à des arguments de mauvaise foi. Folie a couvert les yeux d'Amour d'un bandeau qui ne pourra lui être oté ? Par méchanceté ? Non, par bienveillance, puisque ses yeux ne devaient pas lui être rendus.

Après l'exposé juridique, le plaidoyer de Mercure, comme celui d'Apollon, en vient à l'argumentation. Son adversaire n'a-t-il pas affirmé que l'Amour est l'âme et le moteur du monde ? Mercure, lui, va soutenir que l'âme du monde, et le moteur de l'histoire, c'est Folie.

Elle n'est en rien surpassée par Amour. C'est à elle que les hommes doivent l'organisation de la société. N'est-ce pas elle qui a mis en tête à quelqu'un de se faire craindre et a fait les autres obéir ? C'est elle qui a permis aux hommes de traverser les mers, de commercer, leur a inspiré la curiosité de connaître et d'inventer les sciences. « Combien de métiers faudrait-il chasser du monde si Folie en était bannie ? La plupart des hommes mourraient de faim. De quoi vivraient tant d'avocats, de gens de justice, de ménétriers et de comédiens, qui servent à distraire, d'artisans d'objets de luxe inutiles, parfumeurs, brodeurs ? De qui enfin cherche-t-on plus volontiers la compagnie ? D'un sage, ou d'un fou ? Monsieur le sage attendra que l'on le prie, et demeurera avec sa sagesse tout seul... il aura tout loisir d'aller planter des choux. » Le fol au contraire « sera estimé, prisé, loué d'un chacun ».

Car c'est Folie, et non Amour qui fait faire aux hommes tout ce qui les rend aimables. « Sans cette bonne Dame, l'homme sécherait, et serait lourd, mal plaisant et songeant. Mais Folie lui éveille l'esprit, fait chanter, danser, sauter, habiller en mille façons nouvelles, lesquelles changent de demi-an en demi-an, avec toujours quelque apparence de raison et pour quelque commodité… L'homme en est mieux venu et plus agréable aux Dames. » Bref, sans les illusions généreusement dispensées par Folie, la vie des hommes serait bien morose et bien pauvre.

Toutefois Mercure veut aller plus loin : jamais Amour ne fut sans Folie. Elle est non seulement l'âme du monde mais l'âme, l'essence même de l'Amour. L'habile avocat entame alors une démonstration philosophique de leur liaison indissoluble et expose une sorte de bréviaire de l'amour, pris comme un bon exemple de folie.

« L'affection naturelle que nous avons à aimer, avait assuré Apollon, nous le [Amour] fait élever et exalter. » Cette exaltation est-elle féconde ? Non, rétorque Mercure. L'amour « ne pouvant être sans désir » trouble l'âme, provoque l'agitation de l'esprit. Apollon démontrait aussi que l'amant, pour acquérir les faveurs de la personne aimée, devait changer son naturel. Certes, estime Mercure, « pour se faire aimer, il faut être aimable », et le plus grand enchantement qui soit pour être aimé, c'est aimer. Mais c'est une folie que de trop s'efforcer de se conformer complètement aux mœurs de l'autre.

Par ailleurs, Amour cherche l'union parfaite avec la chose aimée. « Ce qui est bien le plus fol désir du monde. » On n'a jamais, dans la nature, vu que « deux hommes soient jamais devenus un » ! L'androgyne n'est qu'un mythe et Mercure de conclure sur la nécessité de conserver Folie en sa dignité et grandeur, de ne pas ôter « le plaisir d'entre les hommes… si, pour apaiser leurs fâcheries, Folie les fait ébattre et s'éjouir ».

Reste à connaître l'arrêt de Jupiter qui voit les dieux « en contrariétés d'opinions ». Il ne tranche pas, remet l'affaire à trois fois, sept fois, neuf siècles. Provisoirement, il propose un accord à l'amiable. « Et guidera Folie l'aveugle amour, et le conduira partout où bon lui semblera. » Formule bien ambiguë au reste : le prénom «lui» désigne-t-il l'Amour ou la Folie ? En fait, ce qui est demandé à l'un et à l'autre, c'est de vivre en bonne intelligence. Ce qu'ils faisaient avant leur querelle. Apollon n'a pas obtenu gain de cause. Le seul changement qui intervienne, après l'agression de Folie et cet étrange procès, c'est que Cupidon sait qu'il est aveugle et qu'on le verra aveugle, puisqu'il a les yeux bandés.

Où est donc l'intérêt de ce procès pour rien, ou pour si peu de chose ? Sûrement pas dans son issue, mais dans le débat lui-même sur la nature de l'amour.

Mercure semble remporter un succès puisqu'il ne s'agissait pas pour lui de plaider contre Amour, mais pour l'association entre Amour et Folie. Mais en réalité l'opposition entre Apollon et Mercure n'est qu'apparente : selon le premier, l'âme de l'univers, le ressort de la vie, est l'amour. Ce que ne réfute pas le messager des dieux qui évoque même un «règne» d'Amour. Il s'approprie la thèse de l'adversaire, en remontant plus haut pour découvrir que l'essence de l'amour est la folie. Si la conclusion paraît donner raison à Mercure, la thèse d'Apollon y contribue fortement. Les deux plaidoyers sont donc complémentaires. Telle est la clé du *Débat*.

Louise Labé ne cherche pas à opposer vraiment deux partis, les mêmes arguments étant mis parfois dans la bouche de l'un et l'autre adversaire, ni à aboutir à des conclusions. Elle s'intéresse bien davantage aux observations, aux scènes et aux portraits qui se répondent et se complètent, en multipliant les facettes d'un même sujet, utilisé également par les deux adversaires.

Ainsi sa présentation des deux genèses de la société civique. Selon Apollon, de la confusion entre le chaos initial et le désordre des Géants est né Amour, qui, par l'intermédiaire de héros civilisateurs, a fait sortir les hommes de la barbarie : Orphée leur a fait don de la musique, du langage, Prométhée du feu, l'homme de guerre fait don de sa vie. Le désir de gloire naît de l'émulation vertueuse, conformément aux textes dont se nourrit le milieu où vit Louise Labé. De l'histoire de la société des hommes, l'argumentation en vient aux rapports amoureux entre individus, dont le plaisir est le moteur, Apollon liant l'ordre général et le plaisir d'amour.

À cette interprétation mythique, Mercure oppose une vision réaliste de l'histoire de l'humanité qui commença sa vie par Folie. La société civique, dès sa naissance, n'est pas l'œuvre d'une divinité bienfaisante, qui délègue un héros civilisateur pour la guider vers le bien, mais par un concours de circonstances qui la fait évoluer vers une inégalité devant la loi de plus en plus marquée. D'où les hiérarchies fondées sur le droit du plus fort, auxquelles Jupiter lui-même donne sa caution, faisant de Folie sa complice.

Apollon décrivait la naissance de l'harmonie parmi les hommes ; Mercure décrit celle du désordre, à l'origine des lois et des procédures. Il reprend à son tour le récit de la naissance de toutes les activités humaines, mais c'est la libre compétition, non la solidarité qui est le moteur de tous les bienfaits dont parlait Apollon. En présentant cette évolution des sociétés, Mercure rend ainsi à l'homme sa liberté. Folie est son œuvre, elle n'agit pas sur lui. Les deux versions se complètent au reste, sans s'exclure, comme la vision pragmatique des faits se joint à l'aspiration à l'idéal. Chacun des plaidoyers développe les plaisirs respectifs concédés par les divinités qu'ils défendent, en témoignant de la même finesse, de la même fantaisie plaisante, sans distinguer les sexes au mépris de tout préjugé social et leur inventaire offre bien des ressemblances, la même perspicacité d'observation qu'il s'agisse des arts, des spectacles, des vêtements et de la mode. Avec une différence notable toutefois : l'alliance du rire et de la folie, c'est-à-dire que le rire peut s'allier à l'amour, un rire joyeux qui n'est pas dérision de l'autre, et qui ne figurait pas parmi les bonheurs de l'amour dans les textes des maîtres italiens, chers à l'élite lyonnaise.

Les défenseurs de Folie et de Vénus, les deux figures féminines antithétiques du *Débat*, n'adoptent pas la même stratégie. Apollon joue sur la corde pathétique pour apitoyer l'auditoire en faveur de la mère de l'Amour, un amour sublime correspondant à l'ordre divin tandis que Mercure, à qui Folie a interdit toute démonstration larmoyante, plaide pour elle sans renoncer à la gaicté.

Ce procès au sein d'un Olympe de convention, où l'on se préoccupe des hommes bien plus que des dieux, semble avoir donné à son auteur l'occasion de débattre et d'opposer deux conceptions conflictuelles de l'amour. Celui que défend Apollon c'est l'amour de la tradition platonicienne, revue et largement diffusée à travers l'interprétation de Ficin. Puisque la passion amoureuse naît, selon lui, par le regard de l'aimée, le fils de Vénus ne peut être aveugle. Ce que démontre clairement un tableau de Lucas Cranach, analysé par E. Panofsky, où Éros enfant, debout sur un volume des «*Platonis opera*» (œuvres de Platon) soulève son bandeau et ouvre grand ses yeux. «Qu'un peintre provincial d'Allemagne comme Lucas Cranach, écrit Panofsky, ait présenté Cupidon ôtant le bandeau de ses yeux en vertu des enseignements de Platon, voilà la preuve éloquente de la popularité qu'avait atteinte au premier quart du XVIe siècle la théorie platonicienne de l'amour.» L'on sait par ailleurs quel intérêt elle suscitait dans le milieu lettré de Lyon.

L'Éros au bandeau apparaît lorsque l'on veut insister sur la dimension morale du portrait de Cupidon. Quant à l'amour aveuglé guidé par Folie, c'est celui qu'on évoque pour mettre en garde contre le désir, la passion irraisonnée.

Mais le problème du bien et du mal n'est pas ce qui importe dans le *Débat*. Louise ne se soucie pas de porter un jugement moral. Elle se borne à contempler en souriant la vie telle qu'elle est. La société repose sur la folie, la folie est présente au cœur de l'amour humain : qui aime et vit ne peut pas ne pas être fou. Ce que consacre le verdict de Jupiter. Mieux encore, l'amour est folie, «si l'on a la vraie intelligence des choses». Mais comme l'a dit Érasme, et après lui, Mercure, il y a les mots et il y a les choses : «Aussi prie-t-il Jupiter, de n'avoir point de respect aux noms, mais regarder à la vérité et à la dignité des choses. Et pourtant, s'il est plus honorable entre les hommes dire : "un tel aime" que "il est fol", que cela leur soit imputé à l'ignorance.»

L'Amour des philosophes n'est pas celui de la poésie amoureuse des pétrarquistes, vécu avec une douleur lucide, mais délicieuse. Celui qu'on découvrira dans les Sonnets et que le *Débat* considère, avec humour, comme une folie. Il reflète savamment tout le débat amoureux contemporain dont Louise Labé est parfaitement avertie, comme le cercle de ses amis. Peu lui importent les définitions et les conclusions abstraites. Bien au fait des théories à la mode, elle s'amuse à prêter tour à tour à Cupidon et à Apollon, à Folie et à Mercure, certains lieux communs abondamment discutés pour les examiner différemment. Quitte à prêter à Mercure cette réflexion : « Je sais que chacun le dit » aussitôt suivie d'un sceptique : « S'il est vrai, j'en doute. »

L'auteur prend ses distances avec les théories qu'elle confronte. Avertie des théories des médecinss, elle voit la cause unique de la folie – amoureuse ou non – dans « une petite colère qui ronge le cerveau ». (C'est là qu'elle la localise, non pas dans le cœur, comme le croit Ficin.) Le vocabulaire médical auquel elle recourt souvent, « agitation d'esprit », « aliénation », « dispositions », « sympathie » etc., est toujours précis et pertinent.

Mais Louise, à la différence de ses amis Taillemont ou Pontus de Tyard, ne cherche pas à définir systématiquement la nature de l'amour : « Étant amour désir ou quoi que ce soit », dit-elle. Elle en reste à l'incertitude. Comme le dira La Fontaine, en reprenant le thème du *Débat*, « Tout est mystère dans l'amour ».

Ce qui l'intéresse surtout, c'est le jeu social de la séduction que fait naître le désir amoureux. Il occupe une très grande place dans les deux plaidoyers. Observatrice aiguë des comportements, elle pratique avec brio l'art du portrait, esquisse malicieusement de petites scènes qui relèvent de la satire des mœurs, genre auquel les femmes se sont très rarement exercées.

Si la structure des plaidoyers est un peu malmenée par ces digressions, le lecteur ne s'en plaint pas, au contraire.

L'historien Guillaume Paradin y voyait un des charmes du *Débat*, « diversifié de plaisants événements et succès [conséquences] qui adviennent aux amoureux, posés avec grande élégance et beaux termes ». Pour le lecteur moderne, portraits et petites scènes satiriques restent sans doute la partie la plus vivante et la plus attachante du *Débat*. On ne lit plus un traité, on n'assiste plus à un procès, mais les lecteurs sont conviés au théâtre par Mercure, comme d'ailleurs par Apollon. Théâtre de la comédie humaine dont le dieu imagine et décrit les personnages, que sa parole fait revivre, faisant, à chaque allusion, apparaître de nouvelles scènes, d'autres situations, d'autres états d'âme. À la fois discours et action, le *Débat* est animé d'un bout à l'autre par la verve et le brio de Louise dont la prose agile, incisive et spirituelle se prête tout particulièrement à l'analyse des sentiments, à débusquer la façon d'aimer, de vivre ou de souffrir de ses personnages. Leur revue est un des éléments les plus neufs et les plus originaux de cet essai, qui annonce déjà La Bruyère.

Une observatrice malicieuse

Conte mythologique qui ironise à la fois sur les dieux et les hommes, comédie qui débouche sur une parodie de procès qu'elle a mise en scène et recourt à l'éloge paradoxal en vogue à l'époque d'Érasme, de Thomas More et de Rabelais, le *Débat* semble bien relever de la littérature facétieuse illustrée alors tant en France qu'en Italie.

Les théoriciens ont longuement débattu des ressorts de la facétie verbale, qui cherche l'effet de surprise, et de celle qui prend pour cible une situation ou un caractère, frôle souvent la satire, sans se départir d'une gaieté souriante. *Le Courtisan* de Baldassare Castiglione lui consacre de longs développements, au Livre XII, distinguant la facétie brève, « les mots » prompts et subtils et la grâce des plaisanteries, de la narration amusante, dont toute personne cherchant à plaire en compagnie doit savoir user, pour faire rire de façon piquante, sans choquer le bon goût.

Les rapports des dieux de l'Olympe, bien semblables à ceux des mortels, sont envisagés avec une ironie amusée par l'auteur, qui ne manque pas de souligner les ridicules de chacun d'eux, et joue des allusions parodiques à la Bible, à Saint Paul, ou même à Calvin (« il est temps d'aller au consistoire ») en discordance avec le cadre de l'Olympe et les divinités païennes.

Les héros de Virgile, Énée et Didon, sont raillés par Folie sur le mode burlesque. Parlerait-on de l'infortunée reine plus que « de mille autres hôtesses qui font plaisir aux passants », si elle s'était contentée d'accorder ses faveurs au Troyen ?

Mais les sous-entendus restent fort discrets et le langage évite résolument toute obscénité, à la différence de bien des œuvres comiques de l'époque.

La maîtrise de l'auteur dans le maniement de l'ironie et de l'humour apparaît plus manifestement encore dans les portraits et les petits tableaux dont nos deux avocats enrichissent l'un et l'autre leur discours. Voici, présentés par Apollon, les « exemptés d'Amour », « ces Misanthropes et taupes cachées sous terre et ensevelis de leurs bizarreries ». Combien misérable la vie de « ces gens mornes, sans esprit, qui n'ont grâce aucune à parler, une voix rude, un aller pensif, un visage de mauvaise rencontre, un œil baissé, craintifs, avares, impitoyables, ignorants et n'estimant personne : « Loups garous. » Ils se barricadent chez eux, mangent salement, « se couchent en chapon, le morceau au bec ». Quant à leurs habits, ce sont de « beaux gros bonnets gros de deux doigts d'épais, la camisole attachée avec épingles rouillées jusqu'au dessous du nombril, grandes chausses de laine à mi-cuisses », le reste à l'avenant. Bref ce sont « gens plus fades à humer que potage sans sel ».

Quand l'amant cherche à plaire, le voilà qui se métamorphose : « On se compose les yeux à douceur et pitié ; on adoucit le front, on amollit le langage, encore que, de son naturel l'Amant eût le regard horrible, le front dépité, et langage sot et rude. » Mais l'objet de son amour lui donne le désir « d'être digne d'en recevoir faveur » ; il lui faut « changer son naturel ». Et voilà comment Amour oblige à se connaître soi-même.

Il ne suffit pas de « composer son corps et complexion » pour contenter l'esprit de l'aimée. Il faut encore lui plaire par ce qu'il porte sur lui. « De là la plaisante invention des habits nouveaux. » On n'a qu'un corps, il faut savoir le « diversifier » pour qu'il paraisse renouvelé. Heureusement « chemises parfumées... bonnets à la saison, pourpoint, chausses jointes et serrées, montrant les mouvements du corps bien disposé, souliers, sayons, etc » viennent à la rescousse. Et la liste s'allonge.

Les « sottes et plaisantes amours villageoises » font l'objet d'une scène de genre où se manifeste l'ironie légèrement méprisante d'une citadine lettrée devant l'incompréhension du vulgaire pour les comportements amoureux raffinés. Que font ces prétendants balourds ? « Marcher sur le bout du pied, serrer le petit doigt; après que l'on a bien bu, écrire sur le bout de la table avec du vin, et entrelacer son nom et celui de s'amie : la mener première à la danse, et la tourmenter tout un jour au soleil.»

Les femmes qui, elles aussi, veulent plaire, ne sont pas en reste de coquetterie et d'astuce pour varier leurs atours, leurs coiffures, et mettre leurs charmes en valeur. Par leurs accoutrements, leurs diverses coiffures, mais aussi par les soins du corps. Si leur visage est beau, elles s'emploient si bien à le préserver des «pluies, vents, chaleurs, temps et vieillesse qu'elles demeurent presque toujours jeunes». Et s'il est seulement «moyennement agréable», elles parviennent, à force d'honnête soin et de «vertueuse industrie», et suivant la mode de chaque contrée, «à le rendre tel qu'elles l'auraient souhaité avoir».

Le goût de l'élégance vestimentaire est l'un des bienfaits d'Amour accordés aux hommes. C'est pourquoi Apollon consacre de longs passages dans son plaidoyer à décrire les vêtements, masculins ou féminins, et les agréments qu'ils apportent à la vie sociale. Au contraire, les «exemptés d'Amour» renoncent volontairement à toute élégance, par leur égoïsme, leur saleté, leur négligence, et leur cupidité.

Le portrait du misanthrope, où la satire se fait la plus grinçante, prend tout son sens par contraste avec la série de petits tableaux en action qui illustrent les biens dispensés aux hommes par Amour : l'amitié entre des gens dont les mœurs et les tempéraments sont dissemblables, la félicité d'une union conjugale fondée sur l'amour et entretenue par «l'aimable compagnie d'une femme» diligente, à l'opposé du mariage où celle-ci «ne rit jamais quand elle n'est en amour avec son mari». Ou encore les plaisirs du chant et de la musique, les sérénades, aubades, tournois... «en toutes lesquelles entreprises ne se trouvent que jeunes gens amoureux», sans oublier le plaisir de parler d'amour pour distraire des compagnons de voyage, par exemple.

Si l'éloquence de Mercure n'est pas aussi fleurie que celle d'Apollon, le messager des dieux n'en est pas moins bon orateur. L'assemblée a été persuadée par la harangue de son adversaire, mais sans se décourager, il va rétablir la situation en donnant des faits une version tout opposée qui va laisser les auditeurs perplexes. À l'habileté dialectique, Mercure joint l'art du portraitiste. Dans le plaidoyer d'Apollon, les « exemptés d'Amour » occupaient une place centrale. Dans celui de Mercure, ce sont les portraits contrastés du sage et du fol. Mais le sage n'est pas pour autant exempt de folie. S'il n'est pas ridicule, et ne fuit pas la société, il ne participe pas au mouvement du monde, reste tourné vers le passé, s'entretient avec d'« anciennes matrones ». On le juge digne d'estime, et non séduisant. Le fol au contraire, est un écervelé qui « pince... décoiffe les jeunes dames », leur « lève la cotte », et réussit, même s'il leur nuit, à jouir de leurs faveurs. Mais il ne craint pas le danger, court même au devant, et son prestige s'exerce sur le sage lui-même. Chacun voit en lui un « grand homme » : son succès n'a rien d'étonnant puisque l'humanité, elle aussi, est folle.

La caricature est beaucoup moins poussée dans le discours de Mercure. Il ne cherche pas en effet à vanter Folie en discréditant Amour, mais à prouver que leur association est nécessaire. Le portrait est le plus souvent présenté en action, dans une petite scène, tel celui du jeune gandin « pigné, tiré, parfumé, n'ayant autre affaire qu'à se faire aimer ». Le voici quittant sa demeure, le cerveau embrouillé de mille considérations amoureuses, entouré de valets, allant trouver sa dame à l'église, jetant force œillades. Ses entretiens avec la belle lui donnent de l'espoir : « La place qui parlemente est demi gagnée. » Hélas ! Elle se dérobe. Et tout « sera à recommencer ! ».

Tel autre se dépense en démarches vaines, corrompt les chambrières, s'enchante d'un petit sourire, « embrasse l'un puis l'autre, chante vers... », jusqu'à ce que la jalousie le rende « pensif et morne », le lance dans les entreprises les plus hasardeuses, avant de finir exilé, moine, ou de se laisser mourir. Voici encore, après le jeune homme épris, le jeune homme déçu par les « Dames cruelles, desquelles jamais on n'obtient merci. Autres sont si rusées qu'après les avoir menées jusqu'auprès du but, les laissent là ».

Quant aux femmes mal aimées, n'y a-t-il pas quelque folie dans leur souffrance ? Dans l'analyse détaillée des comportements divers de ces malheureuses («les plus froides se laissent brûler dedans le corps avant que de rien avouer», «plus elles ont résisté à Amour et plus s'en trouvent prises», «elles ferment la porte à la raison») la voix de Louise couvre alors celle de Mercure, l'avocat de Folie : «Quand cette affection est imprimée en un cœur généreux d'une Dame, elle y est si forte qu'à peine se peut-elle effacer. Mais le mal est que le plus souvent elles rencontrent si mal que plus aiment et moins sont aimées.» À quelles «étranges fantaisies» ne se livrent pas les «pauvrettes»! Elles ne peuvent «si aisément se défaire des hommes que les hommes des femmes» car elles n'ont pas comme eux, la «commodité de s'éloigner et commencer autre parti».

Les portraits des femmes amoureuses qui marquent la fin du discours de Mercure répondent à ceux qui achevaient également celui d'Apollon, imaginant les dérèglements et les désordres dus à l'intervention de Folie dans les rapports amoureux.

Ces portraits qui annoncent ceux de la Bruyère donnent l'impression d'avoir été pris sur le vif. Sans doute a-t-elle connu tel amant plein de morgue dont elle se venge, tel autre qu'elle a laissé languir, tel sage estimable mais bien morne, toujours penché sur ses livres, tel astrologue passant son temps à «jeter des points». Peut-être a-t-elle ri avec quelque ami avocat des méthodes et des manies de sa profession et obtenu quelques renseignements juridiques, tout en songeant aux discours des dieux de l'Olympe. Peut-on entrevoir, derrière ces pochades certains des Lyonnais qu'elle a approchés ? F. Zamaron a pu s'étonner de la «richesse si condensée» du *Débat* et y voir en germe une grande part de la littérature à venir : Molière, Marivaux, Swift, Beaumarchais, Laclos et bien d'autres grands observateurs des mœurs de ce monde.

Les tableaux de mœurs satiriques sont souvent l'affaire des hommes. Louise Labé aborde ici un genre peu pratiqué par les femmes. Folie, pour rendre efficace sa parole, passe d'ailleurs par une voix masculine, celle de Mercure. Car la folie atteint indistinctement les femmes et les hommes. Ceux-ci, souvent grossiers et brutaux, réduits à ne parler qu'un « rustique et barbare langage », gagneraient à se mettre à l'école du *Courtisan* de Castiglione pour s'initier aux raffinements d'une société policée. Quant aux femmes d'esprit qui admirent chez les hommes l'honnêteté et la sagesse mais s'amourachent des plus méprisables, elles devraient, de leur côté, rectifier leur conduite.

Folie, divinité féminine, est liée au rire, rire subversif, qui s'en prend à l'autorité et à l'idéologie officielle. D'où le renversement des valeurs opéré dans le *Débat*, où le prestige d'Amour est mis en cause, celui de l'amour sublime, principe d'ordre et d'harmonie, au profit d'un amour en accord avec la folie universelle. Folie qui développe toutes les facultés de l'homme bien intégré dans la vie sociale, dont il accepte les règles du jeu.

Le *Débat* précède l'œuvre lyrique, ainsi l'a voulu son auteur. Le ton enjoué, ironique et rieur, contraste avec le ton doloriste des élégies et des sonnets qui modulent toutes les souffrances de la passion. Il traduit la mise à distance de la comédie de l'amour dont Louise sourit, après y avoir participé. Elle témoigne ainsi d'une réflexion critique amusée qu'on ne rencontre pas d'ordinaire chez les femmes écrivains, peu enclines à la satire.

Ses poésies, selon l'épître dédicatoire, sont œuvres de jeunesse, et appartiennent au passé. La rédaction du *Débat* paraît nettement plus tardive. L'auteur a pris du recul, regarde l'amour-passion, chanté dans les sonnets, avec assez d'humour pour qualifier de folie les illusions et les souffrances d'autrefois.

En faisant fi des préjugés, en se bornant à constater, sans amertume et avec un humour serein, le contraste entre la vie et la sagesse, Louise entonne ici un hymne à la folie de l'existence, à tout ce qu'il y a d'irrationnel, d'instinctif dans la vie humaine et qui se révèle, en fin de compte, selon E. Giudici, le fondement et le pivot de cette vie même.

Le *Débat* a généralement suscité l'admiration de ses contemporains. La critique l'a souvent jugé supérieur aux sonnets et aux élégies. Sainte-Beuve estimait ainsi que « cet excellent dialogue, élégant, spirituel et facile, mis en regard des vers de Louise Labé est un exemple de plus [...] qu'en français la prose a eu de tout temps une avance marquée sur la poésie ». Au XXe siècle M. Arland y a vu « une œuvre charmante, aisée, heureuse, l'œuvre d'un excellent prosateur », dont il analyse les qualités. Car la prose de Louise Labé a été unanimement célébrée. À l'époque où les écrivains s'emploient à améliorer la langue française pour l'illustrer et en affirmer la dignité, et s'affrontent pour l'épurer ou pour l'enrichir à l'aide d'emprunts d'origines diverses, cette prose atteint d'emblée, sans effort apparent, une simplicité aisée, élégante.

À Lyon et à Paris, paraissaient de nombreux traités de linguistique qui faisaient naître de vives discussions : le traité de Guillaume des Autels « touchant l'ancienne orthographe française » s'en prend à l'orthographe des meygretistes (1548 et 1549). Meigret répond par ses *Défenses* (1550), Peletier publie son *Dialogue* qui lui attire la *Réponse de L. Meigret à l'apologie de J. Peletier* (1550) d'où la *Réplique aux furieuses défenses de L. Meigret* de G. des Autels, à laquelle Meigret répond en 1551.

De ces querelles, Louise était à coup sûr informée. On a vu que son éditeur et son très probable correcteur, Peletier, n'ont pas eu recours à l'orthographe phonétique pour ses *Œuvres*. Louise Labé a dû avoir sûrement son mot à dire. Elle semble, comme Rabelais, s'être séparée de ceux qui veulent rendre l'orthographe plus proche de la prononciation. Elle garde un juste milieu entre les nouveautés trop hardies, style Ronsard, emploie peu de mots venus d'Italie, et d'expressions sorties de l'usage. Elle a le sens du style, un style étonnamment vivant, rapide, incisif, préfère en général la phrase courte et a saisi l'art du dialogue. Instruite des conventions de la rhétorique et de la prose narrative contemporaine, elle use de l'amplification pour frapper l'esprit de l'auditoire, multiplie les preuves du savoir, pratiquant ainsi « l'emphase », avec bonheur, mais sans pédantisme appuyé, recourt à la parodie et à l'éloge paradoxal, ce genre utilisé par Érasme et que Rabelais adaptait en France dans *Pantagruel*, *Gargantua* et le *Tiers Livre*.

La prose de Louise évoque souvent Rabelais. Comme lui, elle affectionne les énumérations en cascade, ainsi celles des atours à la mode : « mille façons de bottines, brodequins, escarpins, souliers, sayons, casaquins, robes, robbons, capes-manteaux », des instruments de musique, des spectacles : « Comédies, Tragédies, Jeux, Montres, Masques, Moresques », des métiers qui n'existeraient plus si Folie en était bannie : « Dequoy vivraient tant d'Avocats, Procureurs, Greffiers, Cergents, Juges, Menestriers, Farceurs, Parfumeurs, Brodeurs ?... »

Si elle affectionne la vigueur du détail concret, n'hésite pas à dépeindre la laideur et la saleté des « rustres misanthropes », elle n'emploie jamais le vocabulaire grossièrement bouffon, si fréquent dans la littérature comique de la Renaissance, les jeux avec les mots des coqs à l'âne de Marot ou les expressions populaires, mots forgés, calembours chers à Rabelais qu'elle connaît bien et que d'ailleurs elle apprécie fort. Rabelais est déjà venu, écrivait Sainte-Beuve (en 1863) qui admirait la belle venue de la prose de Louise dont il avait, près de vingt ans avant, jugé qu'elle « sent son Rabelais ».

Elle retrouve souvent la veine malicieuse des contes et des nouvelles pour rire ou sourire des déconvenues de l'amant vantard et trop présomptueux, de l'émoi de celui qui, gratifié d'une mince faveur, s'en retourne chez lui « plus content que quand Ulysse vit la fumée de son Ithaque ». L'exemple des conquérants, César, Antoine et Cléopâtre, et des grands rois, Lucullus, l'empereur Claude, faits pour plaire à un milieu lettré, sont évoqués en passant pour témoigner de la folie humaine. La verve et le brio du style anime le débat d'un bout à l'autre, un défilé de scènes très vivantes varie, enrichit et lie le développement de l'action. Les personnages prennent vie, comme chez Rabelais, parce qu'ils sont dépeints par leur comportement et ces portraits assurent une unité de ton aux discours des deux adversaires, dont l'éloquence devient action.

L'originalité de cette prose est de ne pas se borner à décrire des situations ou des personnages vus du dehors. L'essence de la scène n'est plus dans le récit des événements, comme chez beaucoup de conteurs, mais dans l'analyse des sentiments et des réactions à l'attente, au bonheur, à la déception et à la souffrance. Voici les «mille accidents qui interviennent en amours : lettres découvertes, mauvais rapports, quelque voisine jalouse, quelque mari qui revient plus tôt qu'on ne voudrait, quelquefois s'apercevant de ce qui se fait, quelquefois n'en croyant rien, se fiant sur la preudhomie de sa femme; et à la fois échapper un soupir avec un changement de parler; puis force excuses».

La défaite des victimes d'une séduction bien menée est décrite avec la précision d'un Laclos : «Elles n'attendent que l'occasion et heureux qui peut la rencontrer. Il ne faut avoir crainte d'être éconduit. Les mieux nées ne se laissent vaincre que par le temps. Et se connaissant être aimées et endurant enfin le semblable mal qu'elles ont fait endurer à autrui, ayant fiance [se fiant à] de celui auquel elles se découvrent, avouent leur faiblesse, confessent le feu qui les brûle : toutefois encore un peu de honte les retient et ne se laissent aller que vaincues et consumées à demi.»

Les analyses de Louise Labé font-elles revivre une expérience personnelle réanimée, comme le dit l'épître, par le souvenir qui, lorsqu'on écrit, fait revenir «à la même disposition où nous étions»? Elles atteignent en tout cas à une vérité humaine incontestable.

L'épître dédicatoire a déjà présenté un auteur féministe des *Œuvres*, incitant les dames à la création littéraire, et associant le plaisir d'amour au plaisir d'écrire. Que nous révèle le *Débat* de la personnalité de Louise Labé? Plus que beaucoup de ses biographes ont pu en dire. Elle possédait une bonne connaissance des textes familiers à la totalité de son milieu, sur lequel se fonde la culture de l'élite lyonnaise pendant cette première moitié du XVIe siècle. On y retrouve le fruit de ses lectures, et tout autant celui des discussions dont est nourri le *Débat*, et qu'il reflète.

Il révèle dès l'abord une maîtrise de la prose qui ne peut s'acquérir que par la pratique. L'enseignement à la Renaissance accordait une large place à la rhétorique. Les traités cicéroniens, sous forme d'extraits, d'anthologies à usage scolaire en étaient la base. *Le grant et vray art de pleine rhétorique* de Pierre Fabri, édité six fois entre 1521 et 1544, jouissait d'un vif succès car il comportait une compilation en français des ouvrages de Cicéron, résumés en italien dans l'ouvrage de Bruno Latini, connu de Fabri. Par ailleurs, les traités de rhétorique italiens étaient connus des lettrés lyonnais. Ils indiquaient les différents types de discours, leurs subdivisions, les figures, en en proposant des exemples. Louise pouvait y avoir aisément accès. Nous ignorons comment. De même que pour l'ensemble de sa culture, nous ne savons rien de la façon dont elle l'a acquise.

Aux sources déjà signalées, à Lucien et à Érasme, il faudrait ajouter l'abondante littérature italienne traitant de la philosophie d'amour, les œuvres de Speroni, dont les *Dialogues* sont traduits à Lyon en 1546 et en 1550, et celles d'autres écrivains padouans, Nifa, Tullia d'Aragone, tous édités et bien connus à Lyon eux aussi, Bembo, dont les Azolains ont beaucoup inspiré Taillemont. Sans oublier Benedetto Varchi. Deux de ses cinq *Leçons d'Amour* sont éditées chez G. Rouillé en 1550, et la fin du discours de Mercure utilise, en matière de conduites amoureuses, des arguments étrangement proches de ceux de Varchi.

Louise Labé a-t-elle lu Ficin ? On l'a mis en doute. K. Varty penche pour l'affirmative, citations à l'appui. Elle reprend en tout cas certains clichés néo-platoniciens (le rôle fondamental de l'œil dans la naissance de l'amour, la nécessaire « transformation » de l'amant pour plaire) mis dans la bouche d'Apollon. Mercure, en revanche, ironise sur ces clichés et leur oppose quantité d'exemples contraires, plutôt pour montrer la complexité du réel, d'ailleurs, que pour les tourner complètement en dérision. C'est aussi Apollon qui fait allusion au mythe de l'androgyne à propos de l'institution du mariage.

Mais la culture de Louise, si elle paraît solide, n'est pas celle d'une femme éprise d'érudition, comme l'ont avancé certains de ses éditeurs. Elle n'en fait pas parade, mais prend son bien où elle le trouve et sait le faire tout sien, selon la théorie d'innutrition chère aux poètes de la Pléiade, qui s'approprient et transforment ce qu'ils prennent. Elle a sûrement tiré parti de textes très variés (et pas seulement de Ficin et de Léon l'Hébreu) qui s'éditaient et se lisaient à Lyon, et dont on discutait ardemment les thèmes essentiels. Quelques-uns de ses amis italiens, résidents ou de passage, sont connus et leur influence a pu être très diversifiée. Aussi la voit-on, tour à tour, sans s'assujettir à aucun système, assurer par la voix de Mercure que la folie amoureuse, comme les autres folies, vient d'une « petite colère qui ronge le cerveau », le faire s'adresser en riant à Apollon : « Tu me confesseras qu'Amour n'est autre chose qu'un désir de jouir, avec une conjonction et assemblement de la chose aimée », pour affirmer, avec non moins de conviction, que « la lubricité et ardeur de reins n'a rien de commun, ou bien peu avec Amour. Et pour ce les femmes ou jamais n'aimeront, ou jamais ne feront semblant d'aimer pour ce respect ».

Le *Débat* prouve que Louise a beaucoup lu et beaucoup écouté. Il montre aussi quelle observatrice perspicace elle a été, notant avec un évident plaisir les détails et les changements de la mode, comme les gestes, les attitudes, les paroles des acteurs de la comédie des amoureux et ce qu'ils révèlent ou veulent cacher. Faut-il voir des portraits à clé dans cette galerie de caractères ? On a tenté de le faire, tant ils semblent pris sur le vif. Louise y assiste en spectatrice lucide, à l'intelligence bien équilibrée, d'une sérénité amusée, à la scène du monde comme il va, sans se soucier de le juger ou de vouloir le changer. Elle accepte que la société repose sur la folie puisque celle-ci, source de progrès et d'observations, de joies et de douleurs, est source de vie. Décrire la vie parce qu'elle l'aime, telle qu'elle est, semble bien le but de l'auteur.

Cette œuvre en prose a souvent déconcerté. Elle a semblé peu en harmonie avec le reste de l'œuvre poétique où elle vient se surajouter de façon disparate. D'où les interprétations divergentes auxquelles a prêté la liaison entre l'épître dédicatoire et le *Débat*, et celle du *Débat* avec l'ensemble des *Œuvres*. K. Varty estime que le *Débat* fait partie intégrante de la fiction poétique qu'est l'ensemble de l'œuvre, en étudiant les aspects poétiques de cette prose. Faut-il lui attribuer une portée théorique ? Ou y voir, avec D. Martin, « la mise en scène fantasmatique de la revendication contenue dans l'Epître » ?

Les liens avec celle-ci apparaissent à plusieurs reprises. Tandis que l'épître pose le problème de la création féminine et de la gloire qu'elle peut y gagner, le *Débat* s'ouvre sur la querelle d'Amour, vaniteux personnage masculin, et Folie, femme méconnue de lui, inférieure par son sexe même, Allégorie de la femme, semble-t-il, revendiquant un honneur dont elle a été privée. Folie est en position d'accusée, c'est elle qu'on juge, non Amour, et elle obtiendra même une sorte de reconnaissance de la part de Jupiter, sans qu'il y ait vraiment un vainqueur.

En s'en prenant à Amour, représentant avec Apollon et Vénus de la culture officielle, n'est-elle pas aussi le relais symbolique des revendications féministes de l'épître ? Et son rire est-il l'arme de contestation de l'ordre, comme l'a montré M. Baktine à propos de Rabelais ? D'où le discours satirique qu'elle s'approprie, et qui d'ordinaire est un privilège de la parole masculine ? Et la notion de plaisir – associé à la Folie et au rire, dans le *Débat* – reparaît dans les deux textes.

Autre parenté : les thèmes de la pratique féminine de l'écriture et de la poésie amoureuse. Celle-ci n'est pour Apollon qu'un moyen d'atteindre la gloire, tandis que Mercure en fait une nécessité pour la femme en proie à la passion, un apaisement à sa douleur, devenue, par la magie de la poésie, une réussite esthétique. Par le biais du changement de naturel qu'impose le jeu de la séduction, il revient sur l'opposition entre les tâches domestiques traditionnellement réservées à la femme et la création littéraire privilège masculin – symboliquement représentée par la quenouille et la plume – dont parlait l'épître.

L'invitation aux dames à « élever leurs esprits par-dessus les quenouilles et les fuseaux » n'est pas signe d'émancipation ni d'hostilité agressive envers les hommes, mais désir de leur plaire : « En changeant "leurs paniers et coutures en plumes et livres", elles plairont à leurs amis poètes, puisque pour se faire aimer il faut être aimable et au gré de celui qui est aimé». Voici donc légitimée l'écriture féminine par le souci – bien féminin – de séduire.

Les effets d'échos dans les deux textes en prose se retrouveront également dans l'œuvre poétique qui vient ensuite comme une preuve à l'appui du savoir féminin annoncé. Le *Débat* prend ainsi le relais de la voix de l'auteur dans l'épître liminaire pour développer ce qu'elle suggérait. Mercure, séduisant et habile porte-parole de Folie, l'est-il aussi de l'auteur ? Pas entièrement, on l'a vu. On reste en doute puisque, si Apollon est le dieu des poètes, Mercure, messager des dieux, est aussi le dieu des menteurs. Tous deux, «présidant à des délires», selon la formule de D. Martin, peuvent se rejoindre lorsque débute la poésie lyrique, où sera mise en œuvre l'association des deux plaideurs.

Confidences élégiaques

Dans l'épître dédicatoire, Louise Labé apparaît en écrivain féministe convaincant, dans le *Débat* en mondaine spirituelle bien au fait des théories en vogue sur l'amour. Les élégies et les sonnets vont nous faire découvrir l'amante à laquelle elle prête la parole, la « persona » lyrique qui parle à la première personne.

L'œuvre poétique de Louise est mince : six cent soixante-deux vers, partagés, selon le genre, entre trois élégies et vingt-quatre sonnets, soit deux ensembles de dimensions presque égales (à dix vers près). Elle ne se conforme pas à la tradition des *canzonieri* pétrarquistes qui ponctuent les sonnets de pièces variées, mais à celle du classement par genre des recueils français. Pourtant une corrélation très évidente témoigne d'un souci d'organisation. Les élégies viennent en préambule au cycle des sonnets qu'elles encadrent : la première fait écho au début des sonnets (s. II), la dernière à la fin (s. XXIV).

Le lecteur est ainsi préparé à chercher, dans les sonnets, un agencement concerté. François Lecercle puis Daniel Martin l'ont montré. L'élégie venait d'être introduite en France par Clément Marot qui en 1534 publiait vingt-deux pièces portant ce titre dans la *Suite de l'Adolescence Clémentine*. Chez les Grecs l'élégie, du moins à ses débuts, n'était pas nécessairement un chant de deuil et de tristesse. Mais la tradition romaine de Catulle, Tibulle, Properce et Ovide, héritiers des Alexandrins, fit de l'élégie un poème essentiellement érotique, une pièce exprimant les divers tourments de l'amour. « Chant des pleurs » selon Ovide, elle s'oppose au tragique grandiloquent. C'est d'Horace et d'Ovide que viennent les définitions de l'élégie proposées au XVIe siècle.

Dans son *Art poétique* (1548), Thomas Sébillet consacre un de ses chapitres à définir, en les différenciant, l'épître, lettre en vers, et l'élégie qui « traitte l'Amour, et déclare ses désirs, ou plaisirs et tristesses à celle qui en est la cause et l'obget, mais simplement et nuement », en somme une « épistre amoureuse », en décasyllabes à rimes plates. C'est la forme adoptée par Louise Labé. Peletier du Mans, dans son *Art poétique* (1555), rappelle que « la première matière de l'Élégie furent choses tristes... Toutefois on a gagné depuis à s'accommoder aux choses joyeuses, c'est assavoir aux propos d'Amour ». Et comme Sébillet il précise que, si l'amour est devenu le sujet de l'élégie, ce n'est pas comme « en considération de joyeuseté : mais plutôt de tristesse, dont les pauvres amoureux sont toujours pleins. Ou pour le moins par ce qu'il y a de tous deux et du bien et de l'ennui ».

Louise s'attaquait donc à un genre nouveau, à la mode, dont on définissait tout juste les critères formels, dont la terminologie restait confuse (le « Privilège » identifie encore ses Élégies comme des « Odes et Épîtres ») et dont elle exploite pleinement les possibilités.

Peletier rappelait que, selon Quintilien, Tibulle et Properce étaient les « deux plus excellents en ce genre », Ovide, « plus lascif », venant ensuite. Du Bellay dans la *Défense* (1549) donne Ovide comme modèle des élégiaques, de même que Sébillet et Marot. Mais, dans l'œuvre d'Ovide, celui-ci s'inspire plus spécialement des *Héroïdes*, lettres d'amour au caractère « plaintif », car l'amour dont elles parlaient était le plus souvent malheureux.

Louise, à la différence de Marot, dont les élégies doivent très peu aux élégiaques latins, connaît Tibulle et plus encore Properce, peut-être par l'intermédiaire de Pétrarque. Elle a repris en tout cas le thème propertien de la « furor amoris », la passion ravageuse, véritable maladie qui mène l'amant à la folie, Amour et Folie, les adversaires du *Débat*, prenant littéralement possession du corps et du cœur de l'amante pour la torturer. Louise connaît aussi les *Héroïdes* d'Ovide. Outre la traduction de son ami Charles Fontaine, en 1552, des éditions lyonnaises s'étaient succédé de 1507 à 1552. Et elle s'en est souvenue dans l'Élégie II.

Préambule aux sonnets, présenté comme un récit autobiographique, les élégies sont à la fois une excuse, pour prévenir les critiques, en particulier celles du public féminin auquel elles sont spécialement destinées en même temps qu'une apologie :

Quand vous lirez, ô Dames Lionnaises
Ces miens écrits pleins d'amoureuses noises,
Quand mes regrets, ennuis, dépits et larmes
M'orrez [écouterez] chanter en pitoyables carmes [vers]
Ne veuillez pas condamner ma simplesse
Et jeune erreur de ma folle jeunesse,
Si c'est erreur...

(III, v. 1-6)

Les allusions à la très célèbre expression de Pétrarque le « giovenile errore », reprise par la « jeune erreur » et la « folle jeunesse » qui date l'expérience amoureuse selon le rituel pétrarquien, laisse entendre que la composition des élégies est nettement plus tardive que celle des écrits « pleins d'amoureuses noises », les sonnets.

Les vers de la troisième élégie que nous avons déjà évoqués nous apportent une précision utile :

Je n'avais vu encore seize hivers
Lorsque j'entrais en ces ennuis divers !
Et jà voici le treizième été
Que mon coeur fut par Amour arrêté.

(III, v. 73-76)

Louise Labé avoue donc vingt-neuf ans lorsqu'elle compose cette pièce, sans doute quelques années, peu de temps peut-être, avant l'impression de ses œuvres. C'est à dessein, non sans quelque coquetterie, qu'elle fait cet aveu. Car, à l'époque, trente ans, c'est selon Marguerite de Navarre, l'âge où « les femmes ont accoutumé de quitter le nom de belles pour être nommées sages », et Montaigne renchérit en jugeant que Marguerite « allonge, en femme, bien loin l'avantage des femmes ordonnant qu'il est saison, à trente ans qu'elles changent le titre de belles en bonnes ». C'est dire que l'amante, au moment où elle écrit, a atteint le terme de la vie amoureuse. D'où le ton résigné de la prière à Amour : puisqu'en dépit du temps le « feu d'Amour », loin de finir, semble augmenter, qu'au moins le dieu consente à mettre fin à ses tourments. Son seul souhait désormais c'est que l'objet de sa passion :

Sente en ses os, en son sang, en son âme
Ou plus ardente ou bien égale flamme
Alors ton faix plus aisé me sera
Quand avec moy quelqu'un le portera.

(III, v. 101-104)

L'Élégie I et l'Élégie III se répondent et tracent le schéma de l'aventure amoureuse vécue par l'amante, qu'elles inscrivent dans la durée, la repoussant dans le passé, alors que le temps de la composition est le présent. Les trois élégies constituent une sorte de mini *canzoniere*. La première ouvre le recueil par les thèmes traditionnels de la naissance de l'amour, l'*innamorento*, puis du *chant douloureux* – j'aime, je souffre, j'écris – et de l'avertissement lancé aux dames, anticipant sur le thème même de la dernière élégie (en renvoyant au début des sonnets) :

... Dames qui les lirez
De mes regrets avec moi soupirez.
Possible, un jour je ferai le semblable
Et aiderai votre voix pitoyable
À vos travaux et peines raconter
Au temps perdu vainement lamenter.

(I, v. 43-48)

L'appel à l'indulgence, à la compréhension s'accompagne de la promesse de leur prêter secours si elles subissent le même sort en proférant avec elles la plainte qu'elle va faire entendre elle-même.

Le début pathétique de l'Élégie I fait apparaître le lien, ou plutôt la dépendance entre poésie et amour, la poésie étant une nécessité imposée par l'amour. L'entreprise poétique, (chanter non les récits épiques, mais « l'Amour lesbienne », à la manière de Sappho est définie : « Au temps perdu vainement lamenter » (v. 48). Dire l'amour, telle est la raison d'être de la poésie. L'amour est certes souffrance et « temps perdu », mais la poésie le retient et le fait revivre. L'élégie est l'instant précis où le chant, la plainte devient possible, où le temps de l'amour-souffrance ou espoir, s'efface derrière le temps de l'amour-objet de poésie. La troisième élégie reprend le même thème. L'aventure amoureuse est révolue, présentée aux futures lectrices comme une histoire passée, douloureuse, « regrets, ennuis, larmes ». Le temps met fin aux hautes Pyramides et il met fin d'ordinaire au « feu d'amour ».

> Mais las ! en moi il semble qu'il augmente
> Avec le temps et que plus me tourmente
>
> (v. 83-84)

Autre thème commun aux deux élégies, celui de la fatalité de l'amour, « Vénus tout entière à sa proie attachée », fatalité que l'amante, emplie d'une « fureur divine » va être capable de métamorphoser, pour l'avoir éprouvée, en œuvre poétique.

Aux vers de l'élégie I :

> Ainsi Amour de toy t'a estrangée
> Qu'on te dirait en une autre changée
>
> (I, v. 89-90)

répondent ceux de l'élégie III décrivant la passion :

> Qui me déguise et fait autre paraître
> Tant que ne peux moi-même me connaître
>
> (III, v. 71-72)

Ce thème de l'« estrangement » à soi-même, bien proche de celui de la folie, qui se fait l'instrument de la fatalité, est illustré à deux reprises dans l'Élégie I. Elle s'achève en effet sur l'exemple de la «pauvre vieille qui jeune, a blâmé Amour et qui, dans sa vieillesse, encourt sa vengeance, en éprouvant une passion hors de saison, s'efforçant en vain de "se faire venir belle", à l'aide de fards et d'une perruque mal entée sur son "chef [tête] gris"»,

> De maints en vain un temps fut réclamée
> Ores qu'elle aime, elle n'est point aimée.
> Ainsi Amour prend son plaisir à faire
> Que le veuil [la volonté] d'un à l'autre soit contraire
> (v. 112-114)

Plus terrible est le «fâcheux malheur» de Sémiramis, reine de Babylone, «cœur hautain», «noble esprit», souveraine guerrière au courage viril, que son ambition belliqueuse pousse à une cruauté sanguinaire. Mais un amour incestueux pour son fils a métamorphosé cette reine farouche «que le plaisir des armes» ne touche plus, la dépouille de son prestige et la fait lamentablement «languir». Sa passion dévorante a dépossédé cette reine au «cœur viril» de sa vraie nature : «Ainsi Amour de Toy t'a estrangée» (I, v. 89), aliénée. Elle l'a privée du courage masculin qui faisait d'elle une héroïne comparable à celles du Roland furieux, pour devenir paradoxalement, la simple femme qu'elle n'était pas.

L'image d'une Sémiramis victime de l'Amour, à laquelle s'identifie l'amante, va à l'encontre d'une longue tradition et si Louise Labé a repris cette figure légendaire, c'est pour la faire servir à son dessein : Amour a justement puni une ambition excessive, tout en manifestant sa puissance. Mythes et légendes sont évoqués dans ces deux élégies pour montrer à la fois l'horreur des transgressions provoquées par l'amour, et la cruauté du destin qui fait toujours des femmes les victimes pitoyables de leurs folles passions.

Envers ces femmes que l'Amour a perdues, l'auteur invite à la pitié et à la compassion, à la différences des poètes masculins du XVIe siècle qui, en évoquant les vengeances de Vénus sur des héroïnes coupables, adoptent plutôt un ton ironique. L'impitoyable Sémiramis elle-même, dont le malheur rachète peut-être la faute, devient l'exemple d'un destin d'amante infortunée à présenter aux Dames pour leur faire pressentir ce que pourrait faire d'elle la fatalité amoureuse commune à tous les mortels.

L'exigence de solidarité et de compréhension réciproque fait passer, dans les deux pièces, de l'expérience vécue aux exemples historiques, d'un destin particulier à l'universel. Il justifie aussi l'examen de conscience auquel se livre l'amante :

> Onques ne fut mon oeil marri, de voir
> Chez mon voisin mieux que chez moi pleuvoir,
> Onq ne mis noise ou discord entre amis :
> À faire gain jamais ne me soumis
> Mentir, tromper, et abuser autrui.
> Tant m'a déplu, que médire de lui.
> Mais si en moi rien (chose) n'y a d'imparfait
> Qu'on blâme Amour : c'est lui seul qui l'a fait.
>
> (III, v. 21-28)

Cet aveu de bonne conscience s'inscrit dans l'autoportrait de l'amante, avant que l'Archer divin « toujours vainqueur » n'ait décoché sur elle sa flèche. Nous avons déjà noté l'heureux équilibre entre les activités physiques et intellectuelles auxquelles elle s'adonne, prévenant les reproches, alliant au courage masculin l'adresse féminine. L'Amour peut l'interpeller en souriant pour lui prouver « qu'il n'y a rien qui de ma main échappe ». S'il a défié Louise de lui résister, et l'a prise pour cible, c'est qu'il a vu en elle une victime de choix, non une faible femme dont les vertus traditionnelles restent passives, limitées à la chasteté et au silence, mais celle qui a pu se comparer à Bradamante, à Marphise, à Arachné, et à Sappho.

Mais le « je » de l'épître liminaire est-il le « je » de l'amante des Élégies ? Peut-on confondre l'auteur du volume et l'amante du *canzoniere* ? Non, mais bien des liens existent entre elles, subtilement établis en tout cas. À commencer par l'apostrophe à la « Lionnaise Dame » (III, v. 47), qui répond aux signatures de l'épître, du titre du *Débat*, du sonnet liminaire aux *Écrits* et à l'annonce de ceux-ci. Cette signature « Louïze Labé Lionnaise » paraît bien être volontairement affichée en divers lieux de l'œuvre, pseudonyme transparent, puisque Labé est « une raison commerciale attachée au négoce des cordes », selon Fr. Rigolot, dénotant aussitôt l'appartenance au milieu des artisans cordiers d'une femme célébrée dans le volume par un cortège de poètes. Signature d'une remarquable résonance poétique, par sa triple allitération certes mais aussi par l'évocation de la ville chère à Vénus.

Les Élégies I et III ne présentent pas une histoire qui se déroule, mais une réalité figée, contemplée dans le passé, qui pourtant redevient présente à la fin pour exprimer un vœu, et un espoir. Tel est le climat de l'Élégie II, qu'elles enchâssent. Elle est manifestement inspirée par les *Héroïdes* d'Ovide, dont elle reprend le thème principal. E. Giudici y a signalé cinq réminiscences d'Ovide, sans compter l'épitaphe finale, imaginée par l'amante elle-même, à placer sur son tombeau. Il s'agit d'une missive adressée par une amante oubliée peut-être, délaissée au moins, à l'amant absent pour lui dire ses reproches et sa douleur.

La perspective a changé. Ce n'est plus le temps des souvenirs et des regrets du passé. C'est celui de l'attente, tournée vers l'avenir, puisque l'amante espère de son ami « le gracieux » retour. Mais le temps de l'absence – deux mois –, comparable à la mort, n'apporte aucun allégement à son chagrin. Ses craintes se multiplient : peur d'être oubliée, abusée, délaissée pour une autre, alors qu'elle-même est « si fidèle », obsession de la jalousie. Instable, elle passe des reproches de cruauté, de déloyauté, à l'appréhension de la maladie et des hasards du voyage. Nous sommes au cœur de l'aventure amoureuse, de la solitude et de la souffrance, de l'amertume jusqu'à l'angoisse d'apprendre sa « folle et volage inconstance ».

Il ne s'agit pas pour l'amante de s'excuser, mais de rappeler tout ce qui peut prouver son prestige : sa renommée d'abord qui s'étend au-delà de la France :

Si say-je bien que t'amie nouvelle
À peine aura le renom d'être telle,
Soit en beauté, vertu, grâce et faconde
Comme plusieurs gens savants par le monde
M'ont fait, à tort, ce croye-je, estimée

(II, v. 55-59)

Elle invoque aussi les « gens d'esprit » qui lui donnent « quelque gloire », assure que « maints grands seigneurs à mon amour prétendent et à me plaire et servir prêts se rendent ». Mais sa parure la plus touchante, la plus authentique est sa passion qu'elle avoue avec véhémence :

Tu es tout seul, tout mon mal et mon bien
Avec toi tout, et sans toi je n'ai rien

(II, v. 81-82)

Les trois élégies font donc parcourir l'aventure amoureuse, depuis la recherche du temps perdu, des souvenirs-regrets, de l'amertume du présent et de l'attente jusqu'à ce futur, encore lointain où la poésie permettra à l'amour de vaincre le temps.

L'influence d'Ovide a été décisive sur le genre élégiaque. Elle est aisément décelable dans l'Élégie II. Celle de Marot ne l'a pas moins été. Les similitudes de détail entre Marot et Louise Labé apparaissent nombreuses, notamment si l'on confronte les trois pièces au *Temple de Cupido*.

L'utilisation qu'elle fait de cet opuscule, autant que les divergences entre les textes des deux poètes, aide sans doute à mieux saisir le sens de l'histoire amoureuse des Élégies. Les motifs du mépris d'Amour dans la jeunesse et celui de la vengeance du dieu se retrouvent chez l'un et l'autre. Le héros de Marot, comme l'amante de l'Élégie II, vaincu par Cupidon et dédaigné par une maîtresse cruelle, s'éloigne d'elle. Il part en quête de Ferme Amour qu'il trouvera, après un voyage initiatique dans le Temple de Cupido. Cette quête, délibérément entreprise, permet au héros d'oublier la belle cruelle :

Deliberay si fort m'éloigner d'elle
Que sa beauté je mettrais en oubli.

Le tourment et l'échec amoureux l'ont poussé à chercher et à atteindre un amour mystique, tout différent de l'Amour « vénérique et ardente», «legière et muable», celui de la «Belle Christine» incarnation de la charité, selon Saint Paul, un art d'aimer qui ne sacrifie ni au «faux dieu d'Amour Cupidon», ni à sa «folle mère Vénus», mais consacré tout entier à la «loi divine et amoureuse» du Christ.

Le parcours de l'amante des Élégies, s'il a le même départ, aboutit tout différemment. Dans la seconde Élégie, elle n'envisage que le retour de l'aimé, ou la mort. Ce qui serait conforme à la théorie de Marsile Ficin : l'amour «simple», s'il n'est pas payé de retour, entraîne la mort. Dans la troisième, elle ne cherche pas l'apaisement dans l'oubli, comme le héros marotique, pour qui l'amour humain n'est qu'une étape vers la béatitude de la contemplation divine. L'aimé reste «adoré comme Dieu» (v. 48), ce qui paraît en contradiction avec l'idéal platonicien. L'amante ne se soucie pas de parvenir à l'amour du Créateur, et s'arrête à celui de la créature, divinisée.

E. Giudici a relevé, dans les Élégies, des réminiscences de la *Parfaite Amie* d'Héroët. Elles s'en écartent aussi, car la jalousie obsède l'amante, les comparaisons avec la rivale tournent à son avantage, tandis que l'Amie d'Héroët n'éprouve ni jalousie ni dédain pour la sienne tout en divinisant, elle aussi, l'être aimé.

Mais l'amante apparaît dans sa maturité, l'expérience amoureuse appartient au passé. Elle ne débouche pas sur l'oubli, ou sur une nouvelle orientation de son destin. La figure de l'aimé reste toujours vivement présente, le «faix d'amour» toujours douloureux, néanmoins il est contemplé avec une sérénité qui rappelle l'amour convenable au sage courtisan de Castiglione lorsqu'il a atteint l'âge mur. Celui-ci n'est plus exposé alors aux amertumes, aux désespoirs des jeunes gens, mais tient «son précieux trésor enfermé dans son cœur, et même, par la vertu de l'imagination, il se façonnera au-dedans en lui-même une beauté beaucoup plus belle qu'elle ne sera en réalité». Pour Louise Labé, la souffrance d'amour est devenue poésie.

Très consciente de la vocation du poète lyrique et de sa place dans la tradition, c'est vers Sappho, poète et femme, qu'elle se tourne pour invoquer son patronage, en même temps qu'elle affirme son refus de la poésie épique et scientifique. La mention de Phébus, «ami des lauriers verts» (la plante de Pétrarque suggérant la femme aimée, absente ou présente) souligne l'attachement au pétrarquisme, et l'Amour revêt dans l'œuvre les diverses formes qu'il prenait dans le *Débat*.

Qui est l'inspirateur de ces poèmes d'amour ? Y en eut-il un ou plusieurs ? Les interrogations à ce sujet n'ont pas reçu de réponses satisfaisantes. Il faudrait d'abord supposer que Louise a relaté dans ses vers une expérience amoureuse vécue. Mais on sait que vérité historique et vérité poétique ne vont pas de pair. Et l'on ne peut considérer ces poèmes, avec G. Guillot, comme un «journal intime». P. Blanchemain, l'un de ses éditeurs, a pensé qu'il s'agissait d'Henri II. On a, avec Breghot du Lut et Turquety, autres éditeurs, plus souvent cru que le poète Olivier de Magny avait été aimé de Louise.

Elle a connu celui-ci lors de son passage à Lyon, en 1554, à une date incertaine. Il s'y arrêta, en faisant route vers l'Italie où il se rendait en qualité de secrétaire de Jean de Saint Marcel, seigneur d'Avanson. Maître des requêtes ordinaire de la Maison du Roi et président en son Grand Conseil, homme de confiance de Diane de Poitiers, envoyé par le roi en mission secrète auprès de Jules III, d'Avanson avait été désigné comme ambassadeur auprès du Saint Siège. Il était installé à Rome le 25 mars. Le 13 mars de la même année, Louise sollicitait du roi le privilège d'édition pour la publication de ses œuvres. Quand d'Avanson quittait Paris, le placet de la Belle Cordière était peut-être déjà arrivé à Fontainebleau.

Magny, fils d'un notaire de Cahors, et dont la mère, Marguerite de Parra, était fort lettrée, était né en 1529, selon la plupart des biographes (F. Pédron le fait naître en 1520) ; Louise semble donc avoir été son aînée de près de dix ans. Après des études à

Paris, ce Quercynois y avait, dès 1553, fait paraître, chez Estienne Groulleau, ses *Amours* : cent deux sonnets étaient adressés à la « Castianire », précédés d'un sonnet généralement attribué à Louise Labé dont les Élégies I et III semblent avoir été composées vers 1553, la deuxième sans doute plus tard. En 1554, Magny publie les *Onzième et Douzième Livres de l'Iliade* dans la traduction laissée par son compatriote Hugues Salel, son premier protecteur, et dédiée à Jean d'Avanson. En appendice figure une élégie parfois attribuée à Louise Labé.

Il repasse par Lyon en revenant de Rome, en 1555, courrier assurant la liaison avec la Cour. À quelle date, on l'ignore. Il est presque certain qu'il dut remplir certaines missions pour d'Avanson en France, et qu'elles le menèrent chez Diane de Poitiers, au château d'Anet. Il en a vanté longuement les beaux jardins dans ses *Odes*. Son deuxième recueil, les *Gayetez*, paraît en 1554, la même année. En 1556, il publie *Les Soupirs*, journal poétique d'un exilé. En 1559, paraissent les *Odes*, son dernier ouvrage. Nommé secrétaire du roi, il s'arrêtera encore à Lyon en voyageant en Dauphiné, et meurt peu après, à une date et dans des circonstances ignorées.

Les brèves indications données par l'Élégie II où l'amante pleure l'absence de celui dont elle attend le retour, sans nouvelles de lui depuis deux mois, et dont elle redoute la « folle et volage inconstance », « Or que tu es auprès Du Pau Cornu » (v. 1516), dit-elle, ont servi à accréditer une éventuelle passion de Louise pour Olivier de Magny. Il était effectivement parti en Italie, à Rome, le « Pau cornu » faisant allusion au cours sinueux du Pô et à la représentation allégorique du fleuve sous la forme d'un dieu cornu.

Faut-il en conclure pour autant que Magny a été l'unique amant du *canzoniere*, et que l'Élégie II lui est particulièrement adressée ? Le doute est permis. L'élégie évoque un amour rejeté dans le passé. À moins qu'elle ait été rédigée très vite après le départ de Magny et dans les semaines qui ont précédé l'impression des *Œuvres* en 1555, sa composition est plus vraisemblablement antérieure à la halte de Magny à Lyon (ce que laisse supposer la date du privilège). La missive amoureuse en vers relève d'ailleurs d'un genre connu et codé, où sont déplorées les souffrances de l'absence et la vaine attente d'une réponse.

Par ailleurs, si l'on a souvent accusé Louise d'être une courtisane, les contemporains n'ont jamais désigné son ou ses amants. Olivier de Magny, le seul dont on avance le nom, apparaît tardivement dans sa légende. Il semble bien que ses biographes du XIXe siècle, Turquety et P. Blanchemain (dont l'imagination s'est montrée fertile !) aient affirmé les premiers l'existence d'une grande passion entre Louise Labé et Olivier de Magny. Ils en ont en vu la preuve dans le parallélisme de deux sonnets aux quatrains identiques figurant dans les œuvres respectives des deux poètes. Il n'en fallait pas plus pour bâtir un roman d'amour qui, comme les légendes, a eu la vie dure. En vertu du dicton : « Il n'y a pas de fumée sans feu », des biographes sérieux comme F. Zamaron et E. Giudici ont jugé la légende trop solide pour qu'on puisse la détruire. K. Berriot exécute allègrement Olivier de Magny. On la comprend, car c'est un personnage qui, nous le verrons plus loin, n'attire pas la sympathie. Et, à vrai dire, de la force et de la réciprocité de cet amour-passion, les indices restent minces. Aucune allusion n'est faite, dans les œuvres de Louise, à la personne de Magny ni à ses écrits. Toutefois, les poèmes qu'il lui a adressés le montrent séduit et admiratif. Il était d'ailleurs habile de célébrer une Lyonnaise qui faisait figure de prodige, encensée par des personnalités notables. Bon moyen de ne pas se laisser oublier. Comme le faisait remarquer Peletier du Mans : « Louise à ses loueurs est cause de leur gloire ». Il s'attendait sans doute à être payé de retour, ce qui ne fut pas le cas.

Parmi les *Écrits* à la louange de Louise, Magny s'est attribué l'*Épître à ses amis, des gracieusetés de D.L.L.* (Dame Louise Labé) et il a fait figurer son nom à la place de celui de Jean-Antoine de Baïf. Or cette épître (avec plusieurs variantes importantes) a été mise par Baïf dans ses *Amours de Francine* et intitulée « chanson ». Baïf n'étant jamais venu à Lyon avant 1563, faut-il supposer charitablement, avec D. O'Connor, que Magny ayant vanté à Baïf les charmes de sa belle, celui-ci aurait composé des vers en son honneur ? Il est plus vraisemblable de croire que Magny, ayant avec lui une copie des œuvres de Baïf, a utilisé son poème à son insu dans les *Écrits*. À son insu aussi figure sans doute la chanson XVII, « O ma belle rebelle/Las que tu m'es cruelle », reprise dans les *Amours de Francine* (Paris, A. Wechel, 1555). Pourquoi Baïf aurait-il adressé des vers à une femme qu'il ne connaissait pas ? Magny est-il encore responsable de leur insertion dans les *Écrits* ?

Le sonnet XV « Des beautés de Louise Labé », où il a apposé sa signature, a été reprise dans ses *Soupirs* (1557). Sa troisième contribution aux *Écrits*, l'ode « en faveur de Louise Labé, à son bon Signeur » ne s'adresse pas directement à la poétesse, mais à un personnage important que nous avons déjà rencontré, Antoine Fumée. Représentant de l'autorité royale, apprécié des cercles lyonnais, on savait son rôle de mentor auprès de la Belle Cordière. L'ode offrait à Magny l'occasion de le flatter en associant son nom à celui d'une brillante poétesse et de s'assurer ainsi ses faveurs. Bon ménager de ses talents, il replacera la première moitié de cette pièce dans ses *Odes* (1559), toujours dédiées à A. Fumée, tandis que la seconde moitié le sera à son protecteur, Jean d'Avanson.

L'Ode se présente, comme l'Épître, due à un Lyonnais de passage. L'image de Méduse, belle cruelle torturant son amant, a été fréquemment reprise dans la poésie amoureuse de Baïf, de Tyard et de Ronsard. Ici Louise apparaît comme une fleur née du sang de Méduse, dont le pouvoir est semblable à celui de la Gorgone. La faire naître de ce personnage fabuleux, c'est évidemment la hausser au rang d'héroïne de légende, attirante, mais redoutable, puisque dit-il « comme une Méduse fit [...] Changer mon cœur en pierre dure ». Il n'est pas le seul car il voit « mille petits frères d'amour » subir le même sort.

Il transforme d'ailleurs le récit mythologique où, de la tête tranchée de la Gorgone, naissait Pégase, le cheval ailé de Persée. De ses sabots, il fit jaillir la source d'Hippocrème sur le Mont Helicon voué aux Muses, source de l'inspiration poétique. Louise ne se métamorphose pas en eau bienfaisante, mais se voit pourvue d'une vertu pétrifiante. Ce qui n'est guère flatteur.

La description de la beauté de Méduse se conforme à la terminologie la plus conventionnelle (teint de roses, dents de perles, etc.) sans plus. Une ode, « De l'absence de s'amye », adressée à Maurice Scève Lyonnais paraît avoir trait à Louise, quand il souhaite revoir sa belle « comme je fis en l'autre mois », en évoquant « le bord du Rhône », celui de la Saône où dit-il « j'ay plaint longuement ma douleur ».

Si Magny est bien celui auquel est adressée l'Élégie II, où l'amante déplore la probable infidélité de l'absent, les craintes de celle-ci étaient bien fondées. Lui-même se flatte de faciles conquêtes pendant son séjour à Rome, et l'ode au titre suggestif « D'aimer en plusieurs lieux », dédiée à Guillaume Aubert, ne laisse pas ignorer ses succès auprès de « Marguerite, Magdaleine et Louise », et sa théorie de l'inconstance :

> Mais de n'en aimer qu'une, et pour elle ma vie
> Voir à mille tourments pour jamais asservie,
> Je ne le saurais faire, aimant mieux dire adieu
> Pour aller chercher mieux en quelque autre bon lieu.
>
> La nature m'a fait et la nature est belle
> Pour la diversité que nous voyons en elle :
> Je suis donc naturel, et ma félicité
> En matière d'amour c'est la diversité.

Mais les poèmes où Magny a chanté de réels ou d'improbables amours ne nous renseignent pas plus que ceux de Louise sur leurs destinataires ou sur la réalité de leurs rapports. Quelques éléments anecdotiques, présence à Lyon de Magny, voyage en Italie, laissent deviner dans les Élégies (genre propice à la narration). Qu'un commerce littéraire se serait établi entre eux. Nous y reviendrons. C'est peu pour en conclure à une grande passion de part et d'autre.

On a pu supposer au destinataire de l'*Élégie* II une identité différente. Un autre voyageur, poète lui aussi, a fait étape à Lyon en 1533, un an avant Magny, deux ans avant la publication des *Œuvres*. Il se rendait également en Italie, précédant de quelques mois à Rome le secrétaire de d'Avanson, avec lequel il était lié.

C'était Joachim du Bellay, l'auteur de la *Défense et illustration de la langue française* (1549), de l'*Olive*, recueil pétrarquiste, engagé avec Ronsard dans l'aventure de la Pléiade. Il put s'intéresser à la savante Louise dont ses amis Baïf, Aubert, Tyard, lui avaient vanté les multiples talents. Elle-même ne resta peut-être pas indifférente à l'ascendant et au charme du représentant de la nouvelle avant-garde littéraire. Fut-elle touchée par la sincérité du poète le plus personnel peut-être de la Pléiade, de celui qui devait faire de ses vers «les secrétaires de son cœur» avec naturel et simplicité ?

À Rome, il devint le compagnon de Magny qui lui dédia une ode où il lui vantait les charmes de sa belle et priait Joachim de composer à son tour sur ce sujet. Celui-ci répondit par la pièce des *Jeux rustiques* «À Olivier de Magny. Sur les Perfections de Sa Dame». Sans bâtir un nouveau roman, peut-on voir en du Bellay, avec K. Berriot, un personnage qui a prêté quelques traits à l'Ami oublieux, parti pour l'Italie ? Lorsqu'il en revint, en 1557, en s'arrêtant à Lyon, la renommée de Louise était éclatante ; lui-même, après l'exil et l'apparent silence de son génie poétique, n'avait pas encore publié les recueils qui allaient consacrer sa réputation. Il rencontra Scève, lui dédia un sonnet, mais ne dit rien de Louise.

Ce qui importe aux lecteurs, ce n'est pas d'épiloguer sur l'identité du ou des inspirateurs de ces élégies amoureuses, dont la personnalité reste, à vrai dire, si floue qu'on a pu y voir une simple abstraction, symbolisant l'absence et l'infidélité. Car c'est l'amante sur qui se concentre toute l'attention, la «persona» que lui prête l'auteur pour étudier les ravages d'une passion qui la ruine corps et âme, et dont le monologue intérieur de la seconde élégie rend si minutieusement compte.

Ces souffrances d'une femme qu'affectent simultanément Amour et Folie, ou plutôt que l'amour mène à la folie, deviennent comme pour les médecins de l'Antiquité et de la Renaissance, une véritable maladie, la fureur d'aimer, dont Properce avait déjà montré qu'il détruisait le corps et provoquait la mort. Qu'elle soit l'effet de l'art ou qu'elle traduise une expérience vécue, l'illusion de cette sincérité fascinante est parfaitement donnée. La véhémence du ton s'apaise parfois lorsque reparaît la moraliste ironique finement observatrice du *Débat*. Ainsi juge-t-elle, non sans un attendrissement désabusé, la femme vieillie que l'amour saisit sur le tard, et ses vains efforts pour réparer des ans l'irréparable outrage, comme le dira Racine.

Les souffrances de l'amour non partagé ne restent pas intemporelles. Ce récit d'une femme et d'une Lyonnaise, qui s'affiche comme telle, est destiné à d'autres « Dames lyonnaises », dont elle attend solidarité et sympathie réciproque mais qui symbolisent l'opinion et sa malveillance. Il est inscrit précisément dans une époque et dans un cadre, celui de la ville de Vénus, et témoigne d'une réalité à la fois présente et universelle par la voix de la nouvelle Sappho.

Les Sonnets ou les rôles inversés

Le sonnet était un genre tout nouveau lorsque Louise Labé composa les vingt-quatre sonnets qui figurent dans le recueil de ses œuvres, à la suite des élégies. Importée d'Italie (traduction de *sonneto*), cette forme poétique vient, à travers l'ancien provençal, de l'ancien français « son » (air de musique). Apparu en Sicile au début du XIIIe siècle, il devait être utilisé par Dante, dans la *Vita Nuova*, et par Pétrarque dont le *Canzoniere* (publ. 1470) est principalement constitué de sonnets.

Si Marot et Saint-Gelais se disputent le mérite d'avoir inauguré ce nouveau genre en France, c'est Marot qui a lié son nom au premier sonnet français, auquel il apporta une variante dans la disposition des rimes des tercets. La disposition marotique du sonnet, adoptée par l'École lyonnaise, sera plus tard appelée « disposition lyonnaise ». Le nouveau genre s'y introduit avec prudence. Les épigrammes et dizains de rondeaux de Scève et Pernette du Guillet, très en vogue, attestent la lente adoption du sonnet.

Du Bellay, le premier, publie en 1549 un recueil de sonnets dans la veine pétrarquiste, les *Amours* de Ronsard datent de 1552, la *Continuation des Amours* de 1555, la même année où paraissent les *Œuvres* de Louise. C'est dire qu'elle se plaçait parmi les premiers écrivains à participer au renouvellement poétique de la Renaissance française.

En Italie, chansons et sonnets étaient devenus deux formes lyriques inséparables, vouées à la célébration de l'amour idéal, puis à la peinture des troubles amoureux avant de s'ouvrir à d'autres sources d'inspiration. D'Italie, la mode du sonnet liée au chant d'amour devait passer dans toute l'Europe et devenir la grande forme brève de la seconde moitié du XVIe et de la première moitié du XVIIe siècle.

Thomas Sébillet, très sensible à sa nouveauté, signalait dans son *Art poétique* en 1548 le succès d'un genre susceptible de «recevoir les affections et passions graves». Peletier, dans le sien (1555), le tient pour un écrit de grande difficulté, «pour la sujétion de la rime».

Louise est la seule femme de l'École lyonnaise à affronter ce genre nouveau, le *canzoniere*, recueil homogène consacré à un seul amour dont Maurice Scève a donné l'exemple, et une forme nouvelle de sonnet, en utilisant encore le décasyllabe auquel la Pléiade substituera bientôt l'alexandrin. Les règles du sonnet n'étaient pas encore tout à fait codifiées d'autant plus que la publication des *Euvres*, de son propre aveu, est largement postérieure à leur composition.

Le recueil s'ouvre, ce qui crée un effet de surprise, sur un sonnet en italien. Le choix de cette langue, la langue de l'amour, a-t-on dit, a valeur de signal d'ouverture. Il rappelle l'origine italienne et du sonnet, et de la lyrique amoureuse à la mode, «clin d'oeil pétrarquiste» au *canzoniere*, sans que Pétrarque soit directement visé.

Il sert aussi de transition avec le *Débat* en prose, auquel il fait écho par une série de renvois, comme avec les *Élégies*. La différence des genres, le passage d'un registre à un autre n'empêchent pas la continuité thématique de l'ensemble. Par ailleurs, les grands thèmes du cycle sont annoncés dans ce premier sonnet : beauté de l'amant, cause de souffrance, toute-puissance d'Amour, impuissance désolée de l'amante, lien indissoluble entre vie et désir.

Le premier vers fait allusion à Ulysse comme au modèle de perspicacité par excellence qui, lui-même, n'aurait pu prévoir la douleur provoquée par sa divine beauté. Il est aussi l'homme de la ruse. Le personnage, rare dans la poésie d'amour, disparaît d'ailleurs aussitôt, et la suite des sonnets explique son apparition : l'histoire amoureuse comportera une succession de tromperies, dont l'amante ne prendra conscience qu'à la fin du cycle.

Il ne s'agit plus alors, comme dans l'*Élégie* II, de la crainte d'être abandonné, mais d'une certitude désespérée : dès le départ l'amant insincère a dressé un piège et les joies passées étaient un leurre. Mais aussitôt l'amante demande d'être pardonnée, passant du désespoir au bonheur du martyre partagé :

> Pardonne-moi. Ami, à cette fois
> Etant outrée et de dépit et d'ire :
> Mais je m'assure, quelque part que tu sois
> Qu'autant que moi tu souffres de martire.
>
> (XIII, v. 11-14)

Au cours du recueil sont envisagés tous les états possibles, dans une alternance continuelle d'excès contraires.

L'aventure amoureuse retracée dans les sonnets reprend assurément des chemins maintes fois explorés par la littérature, qu'on y voie la complainte de la femme abandonnée, l'histoire d'un amour impossible ou l'une des premières expressions du désir féminin. Mais la célébrité exceptionnelle de Louise Labé tient au fait que c'est une femme qui prend la plume en se conformant aux modèles en vogue, et qu'elle le fait avec un naturel surprenant.

Guillaume Colletet remarquait déjà que « tout ce qu'elle tire de son propre fond est d'une tendresse et d'un naturel à faire plaisir : tout ce qu'elle emprunte d'ailleurs reçoit de nouvelles grâces du tour heureux qu'elle lui donne ». Nous avons noté au passage l'étendue de ses lectures. Études et éditions critiques ont donné nombre de références précises à ses sources. Les plus indiscutables, selon Giudici, se réduisent à peu de choses : quelques vers de Marot, Tyard, Des Autels, Du Bellay, Ronsard, un sonnet de Sannazaro, de nombreuses réminiscences de Pétrarque.

Mais il faudrait aussi faire appel à quantité d'analogies, de sources indirectes, venues des Anciens et surtout des Italiens. Elle puise dans le répertoire poétique du temps, reprend métaphores, antithèses, lieux communs pétrarquisants : flèches du regard, poison, blessures, toutes les images stéréotypées de cette culture érotique. Son œuvre participe à ce que François Lecercle a appelé la « pétrarquianité » : « Le poème finit par être lui-même une sorte de concordance sans référence, une liste de mots dont l'ensemble renvoie à l'œuvre de

Pétrarque sans qu'aucun puisse être rapporté à un passage précis. » L'originalité de Louise réside ainsi dans la véritable transfiguration qu'elle fait de tout un matériel précédent, dans une activité généreuse qui ne reprend rien à personne sans l'avoir d'abord élaboré à nouveau profondément.

Elle tient d'abord, et surtout, à sa prise de parole dans le *canzoniere*. Elle n'a certes pas inventé la poésie amoureuse féminine. L'œuvre toute proche de sa contemporaine, Pernette du Guillet, est là pour l'attester. Dans le sonnet liminaire qu'il a écrit en préface aux *Écrits* à sa louange, Peletier du Mans comparait Louise à la Laure de Pétrarque, en soulignant ce qui les opposait :

Laure eut besoin de faveur empruntée
Pour de renom ses grâces animer ;
Louize autant en beauté réputée
Trop plus se fait par sa plume estimer,
Et de soi-même elle se faisant croire
À ses loueurs est cause de leur gloire.

S'il fallait à Laure un interprète, la Belle Cordière, elle, est capable de chanter elle-même ses amours et de faire apprécier non sa seule beauté, mais aussi ses dons de poète. Et ce n'est pas la réputation de ceux qui chantent ses louanges qui accroîtra celle de Louise. S'ils font son éloge, c'est la sienne qui leur permettra d'être connus :

Elle des dons des Muses cultivés,
S'est pour soi-même et pour autrui saisie
Tant qu'en louant sa di[g]ne poésie
Mieux que par vous par elle vous vivez.

À ce renversement des rôles, prévu hardiment par l'éditeur Peletier, s'en ajoute un autre. Laure est perpétuellement silencieuse, et c'est le poète qui parle pour lui déclarer son amour. Dans le *canzoniere* de Louise, la distribution n'est pas la même, la représentation de l'amour en prend des résonances tout autres. Dès le second sonnet, avec le vers 11, la subversion est perceptible : « Tant de flambeaux pour ardre [brûler] une femmelle. » C'est une voix féminine qui s'exprime, et continuera à le faire en s'emparant d'énoncés masculins. Or le même propos n'a pas le même retentissement s'il est dit par une voix d'homme ou une voix de femme. Oser dire « je te veux » a une portée scandaleuse, si c'est une femme qui parle. Et dans sa bouche l'arsenal des métaphores pétrarquisantes conventionnelles va retrouver une intensité et un pouvoir tout neufs.

L'organisation du *canzoniere* reprend le schéma habituel. L'homme doit, selon la tradition lyrique, être frappé le premier par l'amour. C'est l'*innamoramento*. La froideur féminine causera dès lors son malheur. Dès la première élégie du recueil de 1555, l'amour né d'abord au cœur de l'homme (concession aux conventions du genre) avait ému de pitié l'amante avant d'en faire sa victime :

En voyant tant de larmes espandues
Tant de soupirs et prières perdues
Je m'aperçus que soudain me vint prendre
Le même mal que je soulais [avais l'habitude] reprendre.

Le sonnet XX retrace précisément la naissance de l'aventure amoureuse, soumise à un destin surnaturel :

Prédit me fut que devoit fermement
Un jour aimer celui dont la figure
Me fut décrite et sans autre peinture
Le reconnus quand vis premièrement.
Puis le voyant aimer fatalement
Pitié je pris de sa triste aventure
Et tellement je forçai ma nature
Qu'autant que lui aimai ardentement.

(v. 1-8)

Le premier quatrain, après la prédiction, indique le départ de la passion masculine, « fatale ». Mais ce coup de foudre traditionnel ne s'attire aucun refus cruel, comme il est de rigueur de la part d'une « belle dame sans mercy ». Si l'amante a payé l'amant de retour, c'est que sa conduite se conforme à l'idéal du «ferme amour» réciproque, à celui de l'idéal humaniste néo-platonicien et de la charité selon Saint Paul, de l'amour qui ne cherche pas son profit, mais celui de l'autre, et qui, nous l'avons vu dans le *Débat*, implique la «transformation», l'effort pour plaire à l'être aimé.

Mais cet amour, inspiré par la charité, la pitié pour la «triste aventure» de l'Ami, a été bien mal récompensé. Les tercets du même sonnet expriment la douleur que soit anéanti ce «que le Ciel et destins firent naître», et d'y voir la rigueur des «infernaux arrêts,/ qui de si loin m'ourdissaient ce naufrage».

C'est déjà se disculper que de souligner l'injustice du sort s'acharnant sur une âme compatissante. Le premier sonnet annonçait déjà la prise de conscience d'une erreur fatale à laquelle n'aurait pu échapper Ulysse lui-même, personnage rusé s'il en fut, et voyageur dont les errances prolongées font naître les soupçons, comme ceux du bien-aimé volage.

La célébration de l'amant, dont le sonnet II constitue l'ouverture, et à laquelle les sonnets X et XI apportent une orchestration et un écho, prend aussitôt une résonance scandaleuse. Laure, l'inaccessible dame qui conduit à l'amour divin, va s'approprier ici le langage que l'usage réserve à l'amant pour y exprimer l'ardeur du désir :

O beaux yeux bruns, ô regards détournés
O chauds soupirs, ô larmes épandues,
O noires nuits vainement attendues,
O jours luisants vainement retournés.
O tristes pleins [plaintes], ô désirs obstinés
O temps perdu, ô peines dépendues
O mille morts en mille rets tendues
O pire maux contre moi destinés
O ris, ô front, cheveux, bras, mains et doits
O luth plaintif, viole, archer et vois :
Tant de flambeaux pour ardre [brûler] une femelle !
De toi me plains que tant de feux portant,
En tant d'endroits d'iceux mon coeur tâtant
N'en est sur toi volé quelque étincelle.

Les évocations du premier quatrain, où l'on dénote une certaine confusion, ont souvent déconcerté. Qui parle, qui se plaint, qui répand ces larmes ? E. Giudici estime que dès le cri du vers 11 : « Tant de flambeaux... » tout devient clair, on peut relire le sonnet sans hésitation. Mais, selon Françoise Charpentier, c'est Louise qui « énumère amoureusement, délicatement tous les lieux du corps où se manifeste l'amour, où peut battre le désir, dans une indistinction voulue de son corps et du corps de l'autre ».

La confusion du premier vers est à coup sûr parfaitement volontaire, elle traduit le trouble de la passion dans la double évocation du corps désirant et du corps désiré sans que la souffrance altère en rien la dignité de l'amante.

Un autre sens à donner à ce sonnet a été proposé par François Rigolot. On sait qu'un dialogue poétique s'était établi entre Louise et Olivier de Magny qui introduisit, dans son recueil des *Soupirs* (1557), un sonnet dont les quatrains sont identiques. Il ne s'agit pas de plagiat. À qui attribuer la priorité ? Les dates de publication des recueils où figurent les deux sonnets n'apportent que des présomptions, les œuvres circulant souvent sous le manteau avant d'être publiées. F. Zamaron penche pour l'antériorité en faveur de Louise. François Rigolot l'attribue plutôt à Magny : ce dernier l'aurait adressé à la Belle Cordière quand il en était épris. La poétesse, après ses infidélités, aurait repris à la lettre les quatrains en tête de ses sonnets, avec valeur de citation, comme un « discours rapporté », dénonçant ainsi ironiquement les aveux dérisoires de l'ancien soupirant.

Pour K. Berriot, Magny est purement et simplement un « adepte avéré du plagiat », un « prédateur » de la catégorie des littérateurs doués qui n'atteignent jamais à la profondeur et à l'universalité. Il est vrai que deux de ses recueils, les *Amours* et les *Soupirs*, contiennent une quarantaine de sonnets traduits – presque mot à mot – de Pétrarque. Nous verrons plus loin que Magny ne paraît guère estimable. Ce qu'on peut signaler en tout cas, c'est que dans le sonnet des *Soupirs* du poète quercinois l'orthographe des quatrains est identique à celle du Sonnet II de Louise Labé, et ceci à l'encontre de ses propres habitudes orthographiques.

Faut-il voir encore une raillerie de Louise dans l'invocation du sonnet III : « O longs désirs, ô espérances vaines/Tristes soupirs et larmes coutumières/À engendrer de moi maintes rivières/Dont mes deux yeux sont sources et fontaines » (v. 1-4) où l'invocation, calquée sur celle du célèbre sonnet de Pétrarque « O passi sparsi », que Magny avait largement imité, souligne ironiquement les emprunts du Quercinois ?

Dès le sonnet II, le changement d'interlocuteur, le « je » de la voix féminine, fait subir aux schémas pétrarquistes une sorte de décalage, dans un *canzoniere* à l'itinéraire prévisible : au sonnet d'ouverture en italien succèdent ceux qui rappellent la prédiction, intégrant l'histoire amoureuse, la rencontre et les conditions de l'*Innamoramento* dans le jeu de forces naturelles et surnaturelles. Épris le premier, l'Ami s'est détourné de l'amante dès qu'il l'a sentie conquise. L'Amour-archer, que nous avons déjà vu à l'œuvre dans le *Débat* et l'*Élégie* I et III, reparaît dans le sonnet XIX. L'amante, devenue chasseresse et rêvant au milieu des bois, doit choisir entre la protection de Diane, couronnée de nymphes, symbolisant la chasteté, le refus du désir, et l'Amour. Mais elle est déjà désarmée, « sans arc et sans carquois ». Ce n'est pas vers Diane qu'elle s'est tournée, c'est en vain qu'elle veut « s'animer » (attaquer). C'est Amour qui lui inflige « cent et cent broches », par lesquelles il entre dans la place.

Le sonnet II a donné de l'objet d'amour un portrait fragmenté, repris avec la même construction vocative dans le sonnet XI.

> O doux regards, ô yeux pleins de beauté,
> Petits jardins pleins de fleurs amoureuses
> Où sont d'amour les flèches dangereuses
> Tant à vous voir mon oeil s'est arrêté.
>
> (v. 1-4)

Le sonnet X évoque, non plus seulement le « blond chef doré » et la beauté physique, mais l'homme de « vertus dix mille environné» digne des louanges destinées aux plus hauts». Portrait qui reste somme toute très abstrait.

L'interrogation sur les charmes masculins du sonnet XXI prend un ton nettement parodique en inversant, non sans un sourire, le traditionnel portrait poétique de la dame et ses excès descriptifs : «Quelle grandeur rend l'homme vénérable ?/ Quelle grosseur, quel poil ? Quelle couleur ?» Pour l'amante éprise, peu importe qu'il réponde à des canons esthétiques de convention. Elle sait bien «que tout le beau que l'on pourrait choisir,/Et que tout l'art qui aide la Nature/Ne me sauraient accroître mon désir».

En même temps, le portrait fait écho à la «figure» décrite par la prédiction dans le sonnet précédent. L'amante avouait avoir «forcé [sa] nature». Ici, ce n'est plus elle qui s'impose une contrainte, elle lui est imposée de l'extérieur : «Ayant Amour forcé mon jugement.» Sa passion est le fait d'une violence exercée par le Destin.

L'amour, comme dans les élégies, demeure «temps perdu, attente». Les tourments vont se succéder, dans un balancement continuel entre les extrêmes.

Je vis, je meurs, je me brûle et me noye
J'ai chaud extrême en endurant froidure
La vie m'est et trop molle et trop dure
J'ai grands ennuis entremeslés de joye.

(VIII, v. 1-4)

Ce lieu commun de la poésie amoureuse souligne non seulement l'instabilité de l'amante : «Ainsi Amour inconstamment me mène», mais aussi l'extrême fragilité d'un être habité par l'angoisse, en proie à l'insomnie, invoquant, en chantant sa peine, la «claire Vénus qui erre [s] par les cieux» :

Et quand je suis quasi toute cassée
Et que me suis mise en mon lit lassée
Crier me faut mon mal toute la nuit.

(V, v. 12-14)

De la douce amertume à l'amoureuse rage, de l'espoir au désespoir, l'amante éconduite et délaissée passe des tourments du jour («J'endure mal tant que le soleil luit») aux tourments de la nuit, de la torture de l'absence à l'apaisement du songe consolateur :

> O doux sommeil, ô nuit à moi heureuse !
> Et si jamais ma pauvre âme amoureuse
> Ne doit avoir de bien en vérité
> Faites au moins qu'elle en ait en mensonge.
>
> (IX, v. 12-14)

Préférant l'illusion à la réalité décevante, la constatation lucide de la cruauté d'un indifférent :

> Mais maintenant que tu m'as embrasée
> Et suis au point auquel tu me voulais
> Tu as ta flamme en quelque eau arrosée,
> Et es plus froid qu'être je ne soulais.
>
> (XVI, v. 12-14)

Au centre du recueil des sonnets français, les XII, XIII et XIVes forment une «charnière centrale» (D. Martin). L'amante, pour la première et la dernière fois, s'adresse à son luth, adresse fréquente chez les poètes de l'École lyonnaise. «Compagnon de sa calamité» et de sa solitude, «contrôleur véritable», il symbolise la poésie, comme chez Pontus de Tyard : «Luth, sûr témoin et fidèle confort/De mes soupirs et travaux languissants» et Maurice Scève. Celui-ci en fait un messager auprès de l'être aimé, à la différence de Louise, chez qui sa présence est exclue. Le luth contraint l'amante à se «plaire en ses ennuis» puisque, grâce à lui, sa plainte devient musique et poésie, le chant l'emportant sur la passion vécue.

L'admirable sonnet XIV reprend à son tour le motif du luth mais s'adresse cette fois à l'amant :

> Tant que mes yeux pourront larmes épandre,
> À l'heur [bonheur] passé avec toi regretter
> Et qu'aux sanglots et soupirs résister

Pourra ma voix, et un peu faire entendre :
Tant que ma main pourra les cordes tendres
Du mignard luth, pour tes grâces chanter :
Tant que l'esprit se voudra contenter
De ne vouloir rien fors que toi comprendre :
Je ne souhaite encore point mourir.
Mais quand mes yeux je sentirai tarir,
Ma voix cassée et ma main impuissante
Et mon esprit en ce mortel séjour
Ne pouvant plus montrer signe d'amante :
Prierai la Mort noircir mon plus cher jour.

Le thème de la poésie et de la musique (qui la symbolise) associés à l'Amour avait été traité sur le mode enjoué dans le *Débat* : « La Musique n'a été inventée que par Amour. Et est le chant et l'harmonie effet et signe de l'Amour parfait. » La première élégie faisait naître la venue de Louise à l'écriture après l'initiation à l'amour et à ses souffrances. Le sonnet XIV lie plus nettement encore la possibilité de vivre à l'alliance de l'amour et du pouvoir poétique. Larmes, sanglots, soupirs, obsession de l'aimé, autant de signes de douleur qui sont aussi signes d'amante, au même titre que l'art de tendre les cordes du luth. Aimer et chanter l'amour sont inséparables. La vie ne vaut la peine d'être vécue qu'aussi longtemps qu'elle permet la création poétique, éternisant l'amour. Car l'« heur » (bonheur) est du domaine du passé, rien n'indique l'espoir de la passion partagée ou du retour. La mort n'est pas souhaitée tant que l'amour, et le pouvoir de le chanter, vivent toujours en elle. Elle est ardemment appelée dès lors qu'impuissante elle sent s'éteindre et le désir et la voix pour le dire. De ce sonnet le recueil prend son sens et devient tout entier « signe d'amante ».

Encadré par deux sonnets complémentaires que relie le thème de la création poétique, où l'amante parle au présent, en toute lucidité, le sonnet XIII offre une image idéale de l'étreinte, la récompense amoureuse, sur le mode du souhait : « O si j'étais en ce beau sein ravie. » Seul exemple de sonnet monologique (au changement de rime entre le huitain et le dizain ne correspond aucun changement interne au mouvement du sonnet) relevé par Chiara Sibona, il est isolé, bien détaché par l'évocation radieuse du bonheur imaginaire, celui du couple durablement uni face aux dangers du monde, se suffisant à lui-même (« contentons-nous l'un l'autre ») et que rien ne pourra « desjoindre ». La participation active de l'amante à l'étreinte est soulignée (à « m'accolant » correspond « de mes bras le tenant accolé/Comme du Lierre est l'arbre encercelé »), le ferme amour est réciproque.

La mort envisagée est la mort dans le baiser (*mors osculi*), thème néo-platonicien et pétrarquiste, le rêve de mort devient rêve d'un temps heureux :

> Et mon esprit sur ses lèvres fuirait
> Bien je mourrais, plus que vivante heureuse.

Plaisir du baiser et plaisir de la mort s'entrelacent dans le sizain comme dans l'âme de l'amante et cette mort amoureuse est souhaitée par ce qu'elle est mort à soi pour renaître en l'autre. Bienfaisante, elle devance la mort « de mon aise envieuse ».

On a pu hésiter sur le sens du dernier vers : « Heureuse. » De morte que j'étais, rendue vivante par cet amour ? Ou, ce qui paraît plus satisfaisant : Heureuse plus que je ne l'ai été vivante. Mais le conditionnel rappelle que cette extase se situe dans le monde du rêve. C'est le seul sonnet à chanter le bonheur goûté dans la réciprocité.

L'étreinte déjà présentée au sonnet IX, le sera encore plus loin, dans celui des baisers (XVIII). Mais ce sonnet XIII marque une rupture dans l'aventure amoureuse. Jusque-là, elle se déroule dans un hypothétique futur où l'espoir est possible, après quoi vient l'évocation d'un passé qu'on souhaite voir revivre, comme dans l'Élégie II. Au fil des sonnets s'égrènent toutes sortes de situations et de perspectives temporelles, l'intrigue restant extrêmement mince et son évolution très ténue : jeux de la mémoire, intermittences du cœur, repli sur une souffrance qui est aussi une joie, fuite dans le songe, dans l'imaginaire, lettres d'amour sans réponse comme le seront celles de la Religieuse portugaise. D'où l'impression dans l'ensemble de piétinement, d'un perpétuel recommencement.

Y a-t-il une organisation du *canzoniere* ? Le problème a été souvent débattu. Selon E. Giudici, « toute organisation pourrait être soutenue (les seuls points fermes étant les sonnets I et XIV), on pourrait découvrir dans n'importe quel ordre (des sonnets) un plan et un développement ». Mais en majorité les critiques contemporaines ont cherché – et cru trouver – un agencement du cycle des sonnets. Il est, selon Fr. Lecercle, régi par un double principe de « tissage » et d'« alternance », d'une part, et par des traits prosodiques, rhétoriques ou sémantiques communs, qui renforcent la cohésion de l'ensemble. D'autre part, l'alternance des contraires provoque des effets de rupture, à l'intérieur des sonnets et dans l'agencement de l'ensemble.

Ainsi se dégage un « principe narratif » opposant deux parties du recueil, réparties, on vient de le voir, de part et d'autre du sonnet XIII. Principe d'une « architecture secrète » auquel souscrit aussi, avec quelques nuances, D. Martin, « notant les échos de tous ordres surimposant au discours de chaque partie un discours de l'ensemble nourri des liens secrets qui s'établissent entre chaque partie ». Françoise Charpentier a noté aussi la présence d'énoncés-passerelles à travers l'ensemble du volume. Le recueil révèle donc un travail très précis d'agencement qui, à chaque étape, redit avec insistance, avec fermeté, le bonheur d'aimer et le bonheur d'écrire.

À partir du sonnet XV le chant du désespoir d'amour souligne la prédominance de l'imaginaire sur le réel, et progresse du pathétique au tragique. Le destin hostile a préparé de loin « ce naufrage », et le recours aux personnages mythiques, Diane, Mars, Vénus, Jupiter, traduit le poids et la grandeur du destin. L'amant, toujours situé dans le passé et le lointain, est plus inaccessible que les impitoyables Dames sans mercy des *canzonieri*, et son retour est vainement imploré :

Fay mon soleil devers moi retourner
Et tu verras s'il ne me rend plus belle.

(XV, v. 13-14)

L'espoir est un piège : les rares moments de bonheur entrevus ne sont que des leurres auxquels la naïve amante s'est laissée prendre, ou bien ils viennent d'illusions mensongères, du songe, de l'imagination. La solitude la prive de tout plaisir : « Je fuis la ville », « masques, tournois, jeux me sont ennuyeux », l'absence se fait de plus en plus intolérable, l'abandon plus insupportable que la mort, car elle sait :

Que si je veux de toi être délivre [délivrée]
Il me convient hors de moi même vivre
Ou fais encore que loin sois en séjour.

(XVII, v. 11-14)

Mais de l'éloignement, du désir de fuir, du sentiment douloureux de sa dépendance, l'amante passe brusquement à l'invite amoureuse, au bonheur des sens dans le célèbre sonnet suivant, où la requête du baiser se situe dans un hypothétique futur :

Baise m'encor, rebaise moi et baise ;
Donne m'en un de tes plus savoureux
Donne m'en un de tes plus amoureux
Je t'en rendrai quatre plus chauds que braise.

(XVIII, v. 1-4)

Le thème du baiser était devenu un véritable genre, depuis que les humanistes de la fin du XVe siècle et du début du XVIe avaient été séduits par des épigrammes de l'*Anthologie grecque*, et par quelques passages de Catulle et d'Ovide. Réservé à la poésie néo-latine, le genre codifié et popularisé par le Hollandais Jean Second dans un recueil (1541), traité aussi par le Lyonnais Nicolas de Bourbon dans ses *Nugae*, connaissait une grande vogue. Ronsard, dans quelques odes de 1550, introduit le thème dans la poésie française, repris par Baïf dans les *Amours de Francine* (1552) et par Magny dans les *Odes à Castianire*, insérées dans ses *Amours* de 1557. Des imitations de Second se retrouvent dans toute l'œuvre de Ronsard, Du Bellay et Belleau.

Ce sonnet, l'un de ceux où s'exprime le plus ardemment la sensualité de Louise, ne met pas en scène l'échange de baisers entre amants. Le présent illusoire de la jouissance traduit seulement l'intensité du désir. Le futur « Je t'en rendray » indique aussitôt qu'il s'agit seulement d'espoir, de promesse. La retombée dans le présent, « Las, te plains-tu ? ça que ce mal j'apaise », signifie le retour dans l'imaginaire. L'amante se voit cherchant fièvreusement à satisfaire le désir de l'amant, et rêvant d'une étreinte parfaite.

Le plaisir partagé, la plénitude de l'extase sensuelle provoquent la fusion totale des amants. « Lors double vie à chacun en suivra/Chacun en soi et son ami vivra » (v. 9-10). Le changement de registre paraît immédiat. Le bonheur de l'échange du plaisir charnel relève de la tradition païenne, la fusion des êtres de la conception néo-platonicienne. Le ferme amour naît de la seule réciprocité du sentiment amoureux, non de celle du plaisir des sens. Louise a pu se souvenir d'ailleurs d'autres traditions, celle du chant biblique du *Cantique des Cantiques* (Marguerite de Navarre et Marot y font allusion), de la sainte union dans la mort amoureuse, évoquée dans les *Dialogues d'amour* de Léon l'Hébreu, traduits par un ami de Louise, Pontus de Tyard, bien connus des Lyonnais.

L'attitude du soupirant sans espoir, typique de l'esprit pétrarquiste, n'exclut pas l'appétit de compensations réalistes. D'où l'alternance fréquente entre la célébration de l'amour sublime et celle des plaisirs des sens au sein d'un même recueil. Mais l'opposition entre l'esprit et la chair, entre le bien et le mal qui traverse toute la poésie de Pétrarque comme celle de Scève et de Pernette, n'existe pas chez Louise Labé. L'exaltation des sens, toute païenne, ignore le sentiment du péché. Elle a, a-t-on dit, l'innocence du cœur et de la chair. La sensualité devient l'expression de l'âme, l'amour s'identifie à la vie même et à la raison de vivre.

Selon la théorie que se fait Marsile Ficin de l'amour parfait, chacun des deux amants meurt à soi-même pour vivre dans le cœur de l'aimé. Cette union qui, chez Scève et Pernette, s'effectue par le dépassement de l'amour physique, Louise la cherche tout aussi passionnément, mais la fait naître du plaisir des sens, loin de l'en séparer :

> Jouissons-nous l'un de l'autre à notre aise
> Lors double vie à chacun en suivra
> Chacun en soi et son ami vivra.
>
> (v. 8-10)

Mais c'est seulement dans le rêve que la Belle Cordière voit se réaliser cette fusion totale, cette plénitude. Le retour au présent signifie la désillusion, l'insatisfaction : « Toujours suis mal vivant discrètement », c'est-à-dire soit séparément (loin de toi), soit raisonnablement, les deux sens étant possibles, au XVIe siècle. Ce deuxième sens paraît plus acceptable, parce qu'il répond au vers précédent : « Permets m'Amour penser quelque folie », l'appel frénétique aux baisers et à l'étreinte relevant de la folie.

Voici reparaître les deux adversaires du *Débat*, Amour et Folie, le monde d'Amour, celui de l'harmonie universelle et le monde de la déraison, le monde tel qu'il est, où vit l'amante, où, dit-elle, elle ne peut se « donner contentement/ Si hors de moi ne fais quelque saillie », c'est-à-dire si mon comportement ne s'apparente pas au délire, à la fureur.

Fureur amoureuse, et aussi fureur poétique qui naît de la première, l'amour et le dire d'amour allant de pair. Le nombre des baisers donnés par l'amante (quatre, puis dix) correspond au nombre de vers du sonnet (quatorze) dans lequel on a pu voir l'exemple le plus probant de l'ambiguïté que les sonnets entretiennent entre amour et écriture d'amour.

Parmi les *Écrits* à sa louange, une ode latine intitulée *De Aloysae Labaoe Osculis* (Des baisers de Louise Labé) est attribuée à Antoine Fumée, dont on suppose qu'il l'initia au latin. Que cet important personnage ait pu inviter les futurs poètes à célébrer les baisers de Louise peut paraître surprenant. Le titre latin fait apparaître le mot *osculum* (diminutif de bouche) à côté de *laboeae* (labea, lèvre). D'où les baisers labéens, les lèvres labéennes etc., au cours de l'ode. Donner au nom d'une femme tout un ensemble de significations n'était pas rare en poésie, et l'on a pu supposer non sans vraisemblance que les lèvres (l*abeae*) sont à Louise ce que le laurier (*lauro*) est à la Laure de Pétrarque et l'Idée à la Délie de Scève. C'était lui donner une sorte de surnom littéraire, une identité poétique. Le nom de Labé étant, nous l'avons noté, non pas le nom de famille de Pierre Charly mais une raison commerciale, héritée de celle de son prédécesseur.

C'était aussi prévenir les méchantes langues qui avaient toutes chances de taxer d'impudeur une femme parlant de désir sensuel, dans son œuvre et dans le sonnet des baisers précisément. Et, pour cela, A. Fumée tentait de rapporter à la tradition biblique les baisers de Louise, en leur donnant un sens allégorique, spirituel, de même qu'on en donnait un au *Cantique des Cantiques*. Cela n'empêcha pas la malveillance de se déchaîner contre elle.

Il faut pourtant convenir, avec Léopold Senghor, qu'on « ne saurait trouver dans toute notre littérature des poèmes d'amour plus pudiques ». Il n'est que de les comparer avec les œuvres contemporaines, *Folastries ou Contr'Amours*, pour s'en convaincre. C'est que pour Louise qui aime corps et âme, n'assignant à sa vie d'autre but que l'amour, dire la joie des corps, l'exigence des sens, la douceur enfuie des caresses n'entraîne aucun sentiment de culpabilité. Pour retrouver une telle attitude c'est vers Claude de Taillemont qu'il faut se tourner. Ami de Louise, il a contribué aux *Écrits* en lui offrant trois sonnets (dont deux sont l'anagramme de Louise Labé : Belle à soy). Son *Discours des Champs faez* (1553) est expressément écrit « à l'honneur et exaltation de l'amour et des dames », où il développe une argumentation très semblable à celle de l'Épître à Clémence de Bourges. Si, dans la *Tricarite*, il chante la contemplation platonicienne interprétant la beauté comme signe divin, il y place aussi des « blasons » fort intimes du corps féminin et ne semble pas croire que l'amour puisse être péché ou la complaisance au désir impureté.

Ce monde où la culpabilité est totalement subvertie, c'est celui des *Contes amoureux par Madame Jeanne Flore*, parus à

Lyon vers 1538 (?) (anonyme, œuvre de femme ?) où Étienne Dolet a sans doute mis la main.

Les *Contes* expriment une revendication féminine (ou féministe), celle du droit au plaisir, particulièrement provocante et subversive, car l'amour s'y réduit presque exclusivement à une fièvre des sens qui fait bon marché de tous les obstacles et de tous les scrupules. Les valeurs morales traditionnelles sont tranquillement renversées dans cette petite société de femmes réunies pour célébrer le « Saint Amour » : le péché n'est plus de céder au désir, mais au contraire de lui résister. « Récalcitrer » au plaisir, c'est offenser la bénigne nature. À la revendication des droits du corps et du cœur, s'ajoutent celle de la liberté et celle de se cultiver.

Louise Labé et Claude de Taillemont, vers 1537, ont dû être marqués par le grand débat sur l'amour qui agitait les lettrés lyonnais. Et G.A. Pérouse a pu justement montrer que les deux poètes ont renoué chacun à sa manière avec le monde des *Contes amoureux* qui dit l'enivrement d'aimer et d'être aimé.

S'ils ne parlent pas le même langage que Scève ou Pernette, refusant douloureusement le « don de merci » pour atteindre la paix de l'âme et un bonheur au-delà des joies terrestres, leur conception de l'amour dépasse largement la sensualité somme toute assez fruste de Jeanne Flore.

Taillemont plaide dans les *Champs Faez* pour la dignité de la femme et, comme Louise, s'en prend aux sévères lois des hommes, il condamne la « coutume », l'injuste « tyrannie » des hommes. Il exalte la femme pour donner plus de prix à l'amour qu'il lui porte. Et cette contexture inattendue du chant pétrarquiste et de la revendication féminine est bien la note personnelle de Louise et de Claude. Elle vient des *Contes amoureux*, où les femmes étaient seules officiantes de « l'auguste liturgie d'Amour ».

Plus nettement chez Louise, comme il est naturel, se manifeste une revendication féministe. Le cri de douleur est aussi un cri libérateur si l'on songe à l'habituel silence de la dame dans les textes poétiques qu'elle inspire. Le luth de la Belle Cordière prête une voix féminine au désir, à la souffrance, à la frustration. L'amour n'est plus le monopole de l'amant (ni Scève, ni Ronsard ne donnent la parole à la femme, ni ne se soucient de sa place dans la société). Les vingt-quatre sonnets constituent bien un *canzoniere* de modèle pétrarquien, mais ils le bouleversent et la situation de la poésie d'amour en est complètement renversée : c'est l'Aimée qui s'adresse à l'Amant. «Je suis le corps, toi la meilleure part» (VIII, v. 3). Elle reprend les mêmes termes, celle de l'idéologie néo-platonicienne vulgarisée, de Léon l'Hébreu ou de la Délie de Scève : «Tu es le corps, Dame et je suis ton ombre»... mais ils prennent dans sa bouche un sens différent et l'effet produit est bien plus frappant, voire scandaleux. L'audace des sonnets l'emporte de loin sur les reproches plaintifs des élégies.

Ce bouleversement de la tradition lyrique qu'est la prise de parole de l'amante entraîne d'autres modifications du modèle pétrarquiste : à plusieurs reprises, elle fait dire à l'amant ce qu'elle voudrait lui entendre dire (ce que l'on a qualifié d'artifice du «ventriloque»). C'est le «S'il me disait, chère Amie» qui l'autorise ainsi à exprimer le désir... Ailleurs, elle met ironiquement le portrait de l'être aimé au masculin ou évoque avec une amertume désabusée l'emphase des louanges dont il la comblait : «Las, qui me sert que si parfaitement/Louas jadis et ma tresse dorée/Et de mes yeux la beauté comparée/À deux soleils...» (XXIII, v. 1-4).

Mieux encore, c'est le service d'amour, la célébration pétrarquiste dont elle dénonce l'hypocrisie : «Donques c'était le but de la malice./ De m'asservir sous ombre de service ?» (XIII, v. 9-10).

En raillant ainsi «l'art de pétrarquiser», Louise Labé suivait le même parcours que Du Bellay. Après avoir publié un recueil à la mode pétrarquiste, l'*Olive*, il prenait ses distances en se rebellant contre cette mode, dès 1553, avec le poème «À une Dame» qui devait devenir, quelques années plus tard, le celèbre et provocant «Contre les Pétrarquistes». Aussi a-t-on pu imaginer que les vingt-quatre sonnets pourraient partir d'une reprise des thèmes traditionnels à la manière de Pétrarque pour s'achever par une palinodie à la Du Bellay. Ce que la maîtrise de la Belle Cordière ne rendrait pas invraisemblable. En tout cas, dans ses sonnets hautement élaborés, la dénonciation des discours trompeurs de la tradition poétique rejoint celle de bien des dires d'amour au féminin.

Le dernier sonnet (XXIV) est le dernier texte publié. Louise se tait après l'édition de 1556. La dernière élégie y renvoyait. C'est un appel à l'indulgence et à la compréhension des Dames lectrices. L'aventure amoureuse est présentée comme une succession de souffrances, « mille torches ardentes », « mille travaux, mille douleurs mordantes » et rejetée dans le passé. Le « temps perdu » est devenu le « temps consumé ». Le sonnet d'ouverture en italien signalait le code pétrarquiste, le dernier reprend quelques thèmes du premier sonnet du *Canzoniere* de Pétrarque, mais s'en démarque en soulignant que son amour n'a pas varié, et qu'elle n'en a ni repentir ni honte. Les peines sont présentes, comme par le passé. Et l'appel à la compassion s'accompagne d'une mise en garde contre le pouvoir d'Amour, source de souffrance : « Et gardez-vous d'être plus malheureuses. »

La grande réussite de ces vers provient de l'impression de profonde sincérité qui s'en dégage. On ne peut assurément croire, comme on l'a fait depuis le XIXe siècle, à l'épanchement spontané d'une âme souffrante, ni confondre la personnalité de l'auteur avec la « persona », la figure qu'elle fait vivre dans ses vers. L'expérience du poète se transmet à travers des structures imposées et le travail de l'écriture, à plus forte raison dans le sonnet. Si on compare Louise à Vittoria Colonna et à Gaspara Stampa, deux poétesses italiennes dont on trouvait les œuvres à Lyon vers 1550, l'originalité de la Lyonnaise apparaît moins, a-t-on dit, dans le « caractère tout intime et passionné des vers » (Sainte Beuve) que dans la transposition artistique qu'elle a su faire de ses modèles.

L'esthétique de Louise s'apparente à un idéal de la simplicité. Pas de virtuosité technique visible. Une langue simple et transparente, une apparente absence d'effort qui est fait d'une maîtrise souveraine de l'expression. Françoise Charpentier l'a fort bien définie : « Cette fluidité de son texte est le résultat d'une décantation, d'un calcul exact du mot, du rythme, de la prosodie, de la situation d'un énoncé dans le contexte. » Toute l'œuvre témoigne d'une « innutrition » réussie des auteurs les plus divers, qu'elle utilise au besoin. Elle sait le prix du travail. Mais, elle l'a répété, écrire et aimer sont pour elle la même chose. Et quel que soit l'amant volage évoqué, qu'il y en ait eu un ou plusieurs, ce qu'elle chante douloureusement, c'est l'amour qu'elle éprouve. L'amant n'est pas désigné, à la différence des *Rymes* de Pernette, où Maurice Scève se laisse partout apercevoir comme l'inspirateur, et le seul.

La fascination pour l'ardent désir qui la possède, dont elle veut explorer au plus profond toutes les formes, quitte à faire aboutir sa quête au « naufrage », la volonté de donner signe d'amante, ce qui donne sens à sa vie, le désir faisant naître la création littéraire, voilà sans doute ce qui procure sa profonde originalité à l'œuvre, dont on ne saurait croire qu'elle n'est pas née d'une expérience douce-amère de l'amour.

Ce « pathétique de la sincérité impétueuse » (V.L. Saulnier), inconnu de l'École lyonnaise, sera mis à la mode par les poètes de la Pléiade. La publication des vers de Louise Labé est d'ailleurs contemporaine de leurs premières pièces. Mais elle reste en marge des écoles poétiques, celle de Scève comme celle de Ronsard, dont elle égale le lyrisme. Dans aucun *canzoniere* de l'époque on ne trouve autant de présence et de personnalité.

On ne peut non plus l'emprisonner dans le cadre du pétrarquisme ou du platonisme qu'elle transpose et revit à sa manière. Le jeu des oppositions et des antithèses n'est plus pour elle un jeu, mais l'expression vraie des contradictions de l'amour. Ces poèmes directs nous atteignent de plein fouet, leur intensité et leur éclat font pâlir ceux des contemporains qui parviennent rarement à donner cette impression de passion à l'état brut.

Attitude passive, typiquement féminine, a-t-on dit, que cette longue plainte renouvelée tout au long de l'œuvre poétique où reparaissent inlassablement les expressions de la souffrance, « douleurs mordantes », « pointes violentes ». Pourtant, Louise Labé ne tombe jamais dans la mièvrerie, la langueur douceâtre. Dévorée par le doute, timide ou suppliante, on ne la sent jamais asservie. Les héroïnes des poètes masculins se laissent aimer. Si Louise demande à recevoir l'amour, c'est parce qu'elle veut en donner elle-même, sans abdiquer, en dépit de l'abandon ou de l'infidélité, une personnalité étonnamment vivante, toujours présente dans ses vers. Sa passion, loin d'être une faiblesse, manifeste l'ardeur de sa volonté. Nul regret d'avoir aimé chez cette femme qui ne refuse pas la souffrance parce qu'elle est vie. Il est rare de rencontrer tant de frémissement dans tant de fermeté. On a reproché à sa lyre de n'avoir qu'une corde. Mais son univers poétique, limité sans être monotone, reste unique parmi les poètes de son temps. L'image qu'il donne de Louise est celle d'une personnalité harmonieuse qui a su accorder son art à son expérience amoureuse, concilier les joies païennes du corps à l'exaltation de l'esprit et du cœur, « l'incarnation vivante de l'idéal féminin de la Renaissance », a-t-on dit.

Peut-on définir, d'après le *canzoniere* de Louise Labé, certains caractères de la poésie au féminin ? La question est fort débattue de nos jours. En une époque où la création littéraire passe nécessairement par l'imitation des grands auteurs, latins ou italiens (imitation nullement assimilée à un plagiat, mais tenue pour preuve de culture), les modèles de références restent évidemment les mêmes pour les écrivains des deux sexes. En fait, il faudrait parler de marques du féminin plutôt que d'écriture féminine.

Elles se manifestent par une sensibilité particulière dans le choix et le traitement des mêmes thèmes ou par leur absence, par la distance prise par rapport aux modèles, l'aisance à se dire et la présence de la voix dans le texte. Si le plaisir des sens arrache à la Belle Cordière des accents passionnés, c'est à peine si elle évoque, de manière abstraite, les charmes de l'amant. Rien chez elle qui rappelle l'émoi d'un Ronsard et d'un Baïf devant les courbes voluptueuses du sein ou de la joue, les ondes de la chevelure ou l'éclat de la chair. C'est dans la prose contemporaine, chez Jeanne Flore ou Hélisenne de Crenne, qu'il faut chercher l'aveu du trouble délicieux à la vue d'un beau corps masculin.

Louise ne propose pas de mettre son talent au service de l'amant pour lui acquérir l'immortalité. L'obsession de la fuite irréversible du temps, si instamment présente dans l'œuvre de Ronsard, reste un thème absent de la poésie féminine qui n'y associe pas le sentiment amoureux. Nulle hantise apparente de la vieillesse, nulle allusion à celle de l'amant qui pourrait regretter un jour « son fier dédain ». Est-ce la peur secrète de la déchéance physique qui l'empêche de l'avouer ? La poétesse ne l'envisage même pas. Plutôt la mort que la vieillesse ou l'absence d'amour. Elle l'accueillera comme une délivrance dès qu'elle ne pourra plus montrer signe d'amante. Ce qui explique sans doute que cette femme qui aime tant la vie ne s'effraie pas de la mort, pas plus que Pernette qui, elle, attend de l'amour parfait la vraie victoire sur le temps. La déchéance de la vieillesse leur fut d'ailleurs épargnée.

Lorsque la mort est invoquée, c'est pour affirmer la force de la passion. Quand Louise imagine que la souffrance d'amour la mènera au cercueil, ce n'est pas son corps qu'elle y voit, mais l'amant tout auprès « habillé de deuil », dont son épitaphe appelle les pleurs (Élégie II).

Nulle référence à Dieu, aucun sentiment religieux. Nul éveil non plus au sens de la nature. Il semble que le monde extérieur, en poésie du moins, échappe longtemps à la femme, encline au repli sur soi-même et à l'évasion dans le monde de l'imaginaire ou du rêve consolateur.

Les inquiétudes, les déceptions n'entraînent pas les mouvements de colère ou de révolte des poètes masculins. Habileté instinctive, désir de s'acquérir par la douceur des droits à la tendresse ? Louise cherche à justifier aussitôt l'indifférence dont elle vient de se plaindre, toute prête à pardonner. L'attitude envers l'amant est toujours empreinte d'humilité, qu'elle traduise l'admiration, la tendresse, le désarroi ou même la conscience que ses dons « en beauté, vertu, grâce et faconde » lui donnent droit à l'amour. Le ton est parfois celui de la coquetterie ou du badinage léger, sans jamais y mêler le sarcasme, même pour conjurer l'anxiété, mais se maintient d'ordinaire dans le registre grave.

Toutefois l'originalité du *canzoniere* de Louise Labé, qui s'affirme à la fois comme femme et comme écrivain, tient à l'inversion des rôles traditionnels du commerce amoureux. Elle entraîne la subversion du discours amoureux, celle des mythes, des renversements inattendus qui redonnent aux conventions du genre une vitalité et un pouvoir tout neufs.

Dernières années dans le malheur des temps

Une édition en 1555 des *Œuvres* de dame Louise Labé Lyonnaise, suivie de deux autres à Lyon, l'une à Rouen l'année suivante, attestent leur succès. Ce fut sans doute la période la plus mondaine de la vie de la jeune femme. Ses œuvres avaient dû circuler déjà en manuscrit, elle le dit elle-même, comme sans doute celles d'autres femmes poètes de Lyon, cette pléiade de «plumes dorées» célébrées par Marot et dont il ne reste que quelques noms, et quelques vers figurant dans des ouvrages de l'époque accompagnés d'éloges. Mais elle était la seule Lyonnaise de son temps à voir de son vivant ses œuvres imprimées. Elle était belle, les contemporains en conviennent, la trentaine épanouie alors, telle que la montre la gravure de Woëriot, fine, élégante, et possédait tous les dons faits pour séduire les meilleures sociétés de la ville. C'était assez pour s'attirer l'envie de la famille, la jalousie des dames lyonnaises et peut-être aussi celles des écrivains moins doués de son entourage.

Certes, ses œuvres paraissaient de son vivant avec la caution d'une escorte d'hommages de poètes appartenant aux notables de la ville et honorablement connus, alors que les *Rymes* de Pernette de Guillet n'avaient obtenu que des épitaphes posthumes. Sur les vingt-quatre poèmes (autant que de sonnets de Louise), quatre comportent une devise qui a valeur de signature : celle de Maurice Scève pour le texte n° 3 : «Non si non la», celle de Claude de Taillemont : «Devoir de voir», celle de Jean ou Mathieu de Vauzelles «D'immortel zèle».

Trois textes portent des initiales reconnaissables : « P D T» (Pontus de Tyard), «D M» (De Magny) et « A F R» (Antoine

Fumée Rapporteur ou Rochois). Les autres textes sont anonymes, et leur attribution a prêté à diverses hypothèses.

Ces textes ont-ils été rassemblés à l'initiative de l'éditeur Jean de Tournes, de Peletier du Mans qui travaille alors chez lui, d'Antoine Fumée, ou de Louise Labé elle-même ? Qu'ils aient collaboré entre eux, choisi ou non la place de leur poème dans l'ensemble, ou que l'auteur les ait rangés soigneusement selon leur prestige social, il est bien évident que ces *Écrits* ont valeur de caution pour excuser l'audace de celle qui osait s'afficher en public comme femme auteur, et d'une cordière qui plus est, au risque de passer pour une fille publique. Ils chantent d'ailleurs « la chasteté fidèle/qui toujours est avec elle ».

C'est la même intention qui motive la dédicace à Clémence de Bourges dont le rang social vaut vertu. Lorsque celle-ci mourut, très jeune, sept ans environ après que Louise lui ait dédié son livre, tous les contemporains furent unanimes dans l'éloge de la « perle des demoiselles lyonnaises », menée au tombeau, couronnée de roses blanches comme c'était la coutume pour les jeunes vierges. Claude de Bourges, seigneur de Myons, général des finances du Piémont n'aurait jamais laissé publier une dédicace à sa fille par une femme de réputation équivoque.

Enfin, de même que Pernette du Guillet, d'après la préface à ses œuvres d'Antoine du Moulin, les avait écrites simplement par plaisir – ce qui paraît plus honnête que d'écrire pour être publiée –, Louise insistait aussi sur « l'honnête passe-temps » que lui avait donné l'écriture, et sur la publication qui lui avait été quasiment arrachée, dont la « moitié de la honte » retombait sur ceux qui l'y avaient engagée.

Mais rien n'y fit. La « malice envieuse », comme le dit un contemporain, ne tarda pas à se déchaîner contre la « folâtre courtisane » « l'impudique Louise ». « Mille sornettes très âpres », des pamphlets malveillants coururent sur son compte. Ce n'est pas à son talent qu'on s'en prit, mais à ses moeurs. On l'accusa de distribuer ses faveurs à n'importe qui. En témoigne une « Chanson nouvelle de la Belle Cordière de Lyon », anonyme, qui fut diffusée en 1557 et qu'on retrouve dans divers recueils.

L'autre jour je m'en allais
Mon chemin droit à Lyon ;
Je logeai chez la Cordière
Faisant le bon compagnon.
S'a dit la dame gorrière [jolie] :
Approchez-vous mon ami
La nuit je ne puis dormir.

Et tandis qu'elle envoie son mari, Jean-Jean (surnom des maris trompés), dormir dans la couchette, se réservant le grand lit avec ses hôtes, défilent tour à tour un avocat, un procureur, un cordonnier, un meunier enfin.

Il y vint un Florentin
Lui montra argent à grand somme
Tout habillé de satin.
Il faisait le gentilhomme
Elle le reçut doucement
Pour avoir de la pécune,
Le but où elle prétend
C'est pour avoir de l'argent.

Si les divers personnages précédents ne représentent guère qu'une profession, le « Florentin » paraît bien être Thomas Fortini, chez qui Louise, malade, devait rédiger son testament. Il était né à Florence le 22 septembre 1512 et avait près de huit ans de plus que la poétesse.

Un document figurant dans l'inventaire des biens de l'imprimeur-libraire Luxembourg de Gabiano apprend que Fortini lui loue une maison avec jardin le 10 mars 1557. Les 13 et 14 septembre de la même année, « Louise Charly, dit Labbé » achète seule, sans assistance d'un mari, devant un notaire de Trévoux, de petites parcelles de terre à Massieux, près de Parcieu, une maison de campagne, un pré et deux vignes à une vingtaine de kilomètres de Lyon. Ennemond Perrin était donc mort à cette date. Elle sera encore portée sous le nom de Louise Labé tout court en 1563 sur un livre de taxe extraordinaire, en raison des troubles de 1562. Il n'est pas fait mention de son époux.

Le dernier document fiscal où figure Ennemond Perrin est un état des pensions de 1555, dues par divers particuliers aux églises et monastères de Lyon sur les maisons de la ville. Les Célestins en font partie pour trois livres contre Ennemond Perrin, et cette rente provient d'une fondation faite en 1531 par François Varinier, assise sur le Pont du Rhône « qui fut ensuite de Gilles Perrin et d'Ennemond son fils ». Ce qui ne prouve pas qu'il était mort.

Nous l'avons déjà signalé, le privilège royal accordé à Louise pour l'impression de ses œuvres date du 13 mars 1554 avant Pâques (soit 1555 nouveau style) et le fut à sa seule demande, alors qu'il était en principe absolument nécessaire d'obtenir le consentement du mari. Or il n'est fait nulle part allusion à lui. Son mari mourut donc entre 1555 et 1557 et non comme le suppose Ch. Boy en 1559, ou Dorothy O'Conner en 1564.

Louise était peut-être veuve lorsque parurent ses œuvres, rédigées durant sa vie conjugale. Ennemond les a-t-il lues ou connues ? A-t-il au moins entendu la dame au luth les réciter ou les chanter ? On s'étonne parfois que les maris n'aient pas pris ombrage des poèmes d'amour de leurs épouses qui ne leur étaient visiblement pas destinés. Sans doute jugeaient-ils bien inoffensives ces « fictions de poésie » à la mode. C'est à la demande du « dolent mari » de Pernette que furent imprimées ses *Rymes* où elle disait sa passion pour son « Jour ». Et les époux devaient admirer la virtuosité des dames plutôt que de s'inquiéter du contenu. Il n'en allait pas de même des sonnets de Louise dont les accents passionnés durent paraître provocateurs.

L'existence d'une liaison entre la Belle Cordière et le Florentin devait déjà défrayer la chronique pour que l'auteur de la Chanson nouvelle fît clairement allusion au gentilhomme « habillé de satin ». Thomas Fortin (Fortini) appartenait à cette colonie italienne si importante à Lyon où il vivait depuis 1551. Entre 1565 et 1569, dans des actes reçus par le notaire de la Forest, il est qualifié de marchand florentin ou de « citoyen florentin fréquentant les foires de Lyon ». En fait, il était « marchand d'argent », c'est-à-dire banquier, associé à d'importantes maisons italiennes de Lyon, les Capponi, les Manelli, les Strozzi : il fut même parrain d'un des enfants de cette illustre famille.

Riches, amis des choses de l'esprit, « Messieurs de la nation florentine » ne pouvaient manquer d'être en relation avec la belle Louise. La spécialité de Thomas Fortin était le placement des emprunts royaux, notamment la tranche assignée sur les produits des taxes perçues à Rouen. C'est vraisemblablement ce qui valut à Louise Labé la quatrième édition rouennaise de ses œuvres chez Jan Garou en 1556, en même temps qu'un placement que Fortin lui fit faire en son nom. Si les Florentins bénéficiaient de privilèges fiscaux, Louise Labé en profita. Fortin, en tout cas, investit de l'argent pour la poétesse dans cette espèce d'emprunt du roi qu'était à Lyon « le grand parti », formé de ses créanciers, créé en 1555.

Fortin fut sans doute, durant près de huit ans, un bon administrateur des biens de Louise, et la guida de ses conseils. En 1560, elle achetait d'autres terres à Parcieu et en 1562 une autre vigne. Vraisemblablement inexpérimentée, sans l'appui d'un mari, elle trouva dans le banquier un protecteur qui l'entoura jusqu'à sa mort. Il l'introduisit probablement dans le milieu italien de banque et d'affaires auquel elle n'aurait pas eu accès sans lui.

Louise Labé a été très vite en butte à la médisance. En 1559, paraissaient à Paris les *Odes* d'Olivier de Magny. L'ode « À Sire Aymon » (Aymon rappelle Ennemond) s'en prend au mari de Louise sur un ton de raillerie offensante, accablant le pauvre sire de son mépris et l'accusant d'être un mari trompé complaisant :

Ode XL

Si je voulais par quelque effort
Pourchasser la peste, ou la mort
Du Sire Aymon, et j'eusse envie
Que sa femme lui fut ravie,
Ou qu'il entrât en quelque ennui,
Je serais ingrat envers lui.

Car alors que je m'en vais voir
La beauté qui, d'un doux pouvoir
Le coeur si doucement me brûle,
Le bon sire Aymon se recule,
Trop plus ententif au long tour
De ses cordes, qu'à mon amour.

Cette ode de quatre-vingt-seize vers se poursuit sur le même ton méprisant pour le « bonhomme de cordier ». Il l'envie de jouir, en toute légitimité, des trésors plantureux « de son épouse ma maîtresse », qu'il énumère, des tresses blondes à la « cuisse faite au tour », etc. Il lui souhaite de continuer à voir en sa maison maints beaux capitaines et hommes de savoir, attirés par la beauté de sa femme et achève ainsi :

Et lors qu'avec ton tablier gras
Et ta quenouille entre les bras
Au bruit de ton tour tu t'égaies,
Puisse elle toujours de mes plaies,
Que j'ai pour elle dans le coeur
Apaiser la douce langueur.

Ennemond Perrin était mort depuis deux ans, ce qui rend les railleries de Magny d'autant plus ignobles. C'était Louise évidemment qu'il visait. Les raisons de cette ode n'en restent pas moins difficiles à expliquer. Olivier, au dire de Baïf, aurait été un des admirateurs les plus fervents de la Belle Cordière, mais – toujours d'après Baïf – il en aurait été pour ses frais. Chercha-t-il alors à se venger de ne pas avoir pu la conquérir ? Aurait-il, en revenant d'Italie à Lyon, été mis à la porte par Perrin, soit qu'il ait offensé Louise, ou tenu un langage trop gaillard ? (ce que pense Ch. Boy). À vrai dire, ces explications restent vaines. S'il était le seul à jouir de ses faveurs, pourquoi en avertir le mari, s'il voulait rester son amant ? (C'est la contradiction relevée par D. O'Connor). Pourquoi le jeune homme, tout en se déclarant l'amant de Louise, la traite-t-il de courtisane ? Pour l'humilier, bien sûr.

On peut supposer que si la poétesse eut une liaison avec Olivier de Magny durant le séjour lyonnais de celui-ci, avant son départ en Italie, elle ne dut pas la reprendre à son retour. Le voyageur avait trouvé là-bas de très faciles conquêtes qu'il évoque dans des aveux dépouillés d'artifice et, si l'on connaît sa vie de plaisirs à Rome, on ignore celle de Louise à Lyon. La légende des amours de Louise et d'Olivier a eu la vie dure. Si cet amour a existé, il est impossible d'en préciser le dénouement. Quant à la réputation de la jeune Lyonnaise, elle a prêté aux jugements les plus contradictoires et à bien des légendes, nous y reviendrons.

Que cette nature passionnée et sensuelle ait eu une expérience vécue de l'amour paraît évident, mais de ses amants éventuels, on ne sait rien de certain.

Ceux qui l'ont traitée de courtisane ont en général nuancé l'appellation en faisant d'elle ce qu'en Italie on appelait « cortegiana honesta », une « courtisane honnête ». En Italie, comme en France, la femme est célébrée et exaltée dans les arts et dans les lettres sans bénéficier pour autant de l'émancipation de l'individu qui semble se dessiner au temps de la Renaissance italienne. Certes, dans les couches les plus élevées de la société et les classes dirigeantes, apparaissent nombre de femmes d'envergure, quantité de poétesses qui ont eu accès à une large culture. Mais nobles ou bourgeoises, malgré les différences de leur genre de vie, les femmes restent foncièrement en marge d'une société soumise à l'hégémonie masculine. Malgré le rôle mondain qu'elle joue dans la bonne société, la dame n'a qu'une liberté d'action très limitée. À l'exception de rares voyages et de quelques sorties à l'occasion des fêtes officielles, où elle est d'ailleurs toujours bien chaperonnée, elle reste confinée dans la maison.

Et la claustration des jeunes filles et des veuves, les fonctions à peu près exclusivement familiales des femmes mariées, l'absence de la plupart d'entre elles des assemblées, où l'élément masculin constitue d'ordinaire l'écrasante majorité, ne peuvent qu'inciter les hommes seuls, au sein ou autour des cours, à chercher ailleurs les compagnes que leur offre en bien petit nombre la bonne société. D'où la promotion sociale de certaines filles du peuple, les plus belles et surtout les plus intelligentes, qui acquièrent une certaine culture, littéraire et musicale, et de prostituées deviennent des « courtisanes honnêtes ». Rome, capitale de la chrétienté et de la prostitution, comme le dit P. Larivaille, où les célibataires – masculins – sont particulièrement nombreux, est l'une des deux villes, avec Venise, où la culture est la plus brillante et les courtisanes les plus nombreuses. Les lettrés dès le XVe siècle, les « curiaux » entourant des papes humanistes égayaient leurs réunions savantes de présences féminines, celles de femmes libres, assez cultivées pour répondre à leurs préoccupations intellectuelles et artistiques.

Dans une société où humanistes, écrivains et poètes étaient nombreux, les plus intelligentes et les plus sensibles des courtisanes ont su prendre la place laissée vacante par les filles et les femmes de bonne famille, accueillant dans leurs salons – ou dans leurs demeures pour des liaisons plus ou moins durables – époux et célibataires en hôtesses avenantes et cultivées. Inspiratrices mais aussi femmes de lettres elles-mêmes, telle Imperia, Tullia d'Aragona, ou Veronica Franco, elles ont joué un rôle important tant dans la vie mondaine, que dans la vie culturelle et artistique. On n'en connaît pas de telles de France.

La place qui leur est accordée dans les lettres et les arts en Italie est beaucoup plus grande que celle qu'elles tiennent dans la littérature française, où Du Bellay, Brantôme ou Montaigne dans son *Journal de voyage* les ont eux aussi évoquées.

Si les Italiens venus en France s'étonnent du grand nombre de femmes qui circulent en ville et participent au commerce, les Français voyageant en Italie sont au contraire frappés de constater que si peu de dames se montrent hors de chez elles. C'est seulement à l'occasion des fêtes du carnaval romain que Montaigne pourra en examiner quelques-unes. Les courtisanes sont les seules Italiennes qu'un étranger peut contempler. Quant aux « gentifemmes », dit-il, la jalousie des maris empêche de les approcher. Rien d'étonnant que tant de mariages « clochent » et que tant de maris sont cocus lorsqu'on surveille les femmes si étroitement, qu'on ne leur accorde aucune confiance, et qu'on les prive de liberté (III.5).

Dix ans après Montaigne, le seigneur de Villamont, qui découvre l'Italie, déplore lui aussi que les honnêtes dames soient si peu présentes. À Venise même, il s'étonne du sort réservé aux femmes. Les veuves doivent toujours être «voilées et couvertes» jusqu'à leur remariage. Quant aux «pauvres filles», depuis l'âge de quatorze ans jusqu'à ce qu'on les marie, elles ne sortent jamais de la maison paternelle, «leur prison», sinon pour aller à la messe. Tous deux, le Périgourdin et le Breton, sont surpris du nombre des courtisanes romaines et vénitiennes, et de la déférence des grands de la ville à leur égard, Montaigne s'en amuse, Villamont en est choqué.

Les «courtisanes honnêtes» semblent bien être une spécialité italienne qui n'avait pas son équivalent à Lyon. Aucune d'elles en tout cas n'a été mentionnée et n'a passé à la postérité comme une Imperia ou une Veronica Franco. Et s'il y en eut, ce qui est possible, les notables les voyaient seuls, n'amenaient pas leurs filles et leurs femmes chez elles et ne les recevaient pas! Ce serait prêter une largeur de vues tout à fait anachronique à l'élite de la société lyonnaise que de le croire. Cette société très féminisée, on l'a vu, comprenait assez de dames intelligentes et cultivées capables de plaire aux gens de goût et aux lettrés.

D'autre part, les «courtisanes honnêtes», entretenues par de riches protecteurs, n'étaient pas mariées. Louise l'était. Elle était trop fine et trop délicate pour ne pas connaître les exigences des compagnies de bon ton et pour ne pas en tenir compte. Femme et fille de cordiers, elle dut, à coup sûr, se montrer d'autant plus respectueuse des convenances, et ne pas risquer de ridiculiser son mari ou elle-même.

Philibert de Vienne, dans le *Philosophe de Cour*, est le premier en date à faire peser sur Louise Labé le soupçon de vénalité. Que pouvait-on lui reprocher? De recevoir bourgeois ou gentilshommes, des gens d'un autre monde sans pour autant renier son milieu, et sans monnayer ses faveurs. Il en convient, mais ajoute pourtant: «Quelque affection [envie] de gagner qu'elle ait, ne semble rien moins qu'avaricieuse.»

Accusation purement gratuite. Louise l'a prévenue sans doute en déclarant dans l'Élégie III « à faire gain jamais ne me soumis./Mentir, tromper et abuser autrui,/Tant m'a déplu que médire de lui ». Par la suite, la parution des *Œuvres*, où elle bravait les convenances en s'affichant en public, le contenu d'un *canzoniere* où elle prenait la parole comme le ferait un homme et une liberté d'allure inhabituelle devaient lui attirer médisances et calomnies. L'irréprochable Pernette du Guillet fut elle aussi traitée parfois de courtisane, simplement parce qu'elle était poète et qu'on avait publié ses *Œuvres*.

Les exercices physiques, l'entraînement aux armes, quasi militaire, auxquels elle se soumit joyeusement, sous la direction de son frère, lui imposaient d'endosser une tenue masculine. Ce fut Catherine de Médicis qui lança la première l'usage d'une selle permettant aux dames nobles de galoper et de suivre la chasse (en amazone bien sûr), ce qu'auparavant interdisait la tenue féminine. Or on sait que le port des vêtements d'un autre sexe était scandaleux et condamné par l'Église. Il n'en fallait pas plus pour déclencher les « sornettes si très âpres », des « Brocardeurs » que rapportait avec mépris François de Billon quelques années plus tard. Il faut y ajouter la jalousie suscitée par une femme séduisante, dont on supposait que les tentations ne lui manquaient pas.

Quant à sa vie amoureuse, aux amants qu'on lui connut peut-être, elle défraya d'autant mieux la chronique que la Belle Cordière venait d'un milieu modeste. À une époque où le mariage n'était pas affaire de sentiment, bien des femmes de condition allèrent chercher des compensations aux tristesses et aux insatisfactions de la vie conjugale. On ne les traitait pas pour autant de courtisanes. Brantôme, bon interprète de la mentalité de son milieu, donne très clairement le point de vue de la noblesse sur la question. Comme tous ses contemporains, comme Montaigne qui souligne leur incompatibilité de nature, il distingue soigneusement amour et mariage. Que l'adultère soit banalisé, il n'est pas le seul à le constater. « Chacun de nous a fait quelqu'un cocu », assure Montaigne, réaliste, qui ajoute : « La fréquence de cet accident en doit meshuy [aujourd'hui] avoir modelé l'aigreur : le voilà tantôt passé en coutume. » Et le mémorialiste Pierre de l'Estoile d'affirmer qu'à la Cour (de Henri III, mais c'était vrai de celle de ses père et grand-père) « la paillardise est notoirement pratiquée entre les dames qui la tiennent pour vertu ».

Néanmoins l'indulgence de Brantôme pour les liaisons illégitimes se borne à celles qui ont cours dans la noblesse : « Telles grandes dames ne se doivent nullement s'arrêter à un amour, mais à plusieurs; et telles inconstances leur sont belles et permises, mais non aux dames communes. » C'est l'avis d'un grand seigneur qui réserve son mépris aux « dames moyennes variant en amour ». Il estime celles-là « justement punissables ». Aux aristocrates le plaisir d'amour, aux bourgeoises la vertu !

Ce qu'on aurait passé sous silence, ou qui aurait fait sourire chez une grande dame, à la Cour, était inadmissible de la part d'une femme de cordier. La bourgeoisie parisienne s'indignait d'ailleurs des mœurs amoureuses et de la dépravation des dames de la Cour, revendiquant pour sa part une moralité rigoureuse, ce que nous apprend Pierre de l'Estoile. Il semble bien que sa condition sociale ait pesé lourd dans les accusations de vénalité dont Louise fut victime. Pensons plutôt que ce fut une femme libre, indépendante, une créature passionnée, choisissant ceux qu'elle jugeait dignes de son amour et scandalisant ainsi les esprits traditionalistes.

Après la parution de ses *Œuvres* en 1555 et 1556, années brillantes s'il en fût pour Louise Labé, pour son imprimeur et pour la vie littéraire à Lyon, la Belle Cordière se tait et l'on perd à peu près toute trace d'elle jusqu'à sa mort en 1566.

On s'est interrogé sur les raisons de son silence. Louise avait-elle été trop vivement blessée par les attaques contre sa vie privée pour continuer à prendre la plume ? Avait-elle dit tout ce qu'elle avait à dire, et satisfait entièrement « le plus grand plaisir qui soit après amour, c'est en parler » ? Ressentait-elle douloureusement le poids de l'âge, à une époque où la trentaine marquait pour les femmes la fin de la jeunesse ? Et la fin de l'amour ?

On attend d'un écrivain qu'il écrive jusqu'à sa mort. Mais bien des raisons peuvent l'en détourner. Peut-il en perdre le goût ? Qu'est-il advenu du « contentement » que Louise éprouvait à mettre ses conceptions par écrit ? Les événements n'incitaient guère à s'y consacrer.

La gloire de Lyon brillait de ses derniers feux. La ville s'acheminait vers son déclin, vers la grande crise des années 1560-1562. Elle allait se trouver brusquement jetée au centre des querelles religieuses et des guerres civiles. Par ailleurs, des difficultés financières étaient la rançon des guerres d'Italie, hausse des prix dangereuse, anarchie monétaire, crise de crédit qui suit la paix de Cateau-Cambrésis conclue entre l'Angleterre, la France et l'Espagne en 1559. Le « Grand Parti », formé par les créanciers du roi à l'instigation du cardinal de Tournon dès 1556, finit par s'écrouler.

La hantise des menaces de l'étranger aggravait ces embarras financiers. La situation de Lyon, citadelle-frontière, si elle favorisait le commerce, la rendait vulnérable aux coups de main, aux incursions étrangères redoutées à plusieurs reprises. En 1553, le bruit courut que Charles-Quint allait s'emparer de la ville par surprise, en 1556 est éventé un complot du sieur de Myons et des gentilshommes savoyards contre Lyon. En 1557, on apprend qu'une bande de Bourguignons conduits par un soudard dit Brûlevilles, se dispose à assiéger Bourg-en-Bresse pour se livrer au pillage. Aussitôt, on creuse des tranchées à Lyon, on rassemble manants et bourgeois en armes pour monter la garde nuit et jour. Des soldats amenés de Rome par le duc d'Aumale et le vidame de Chartres vinrent prêter main forte pour secourir les « gens de Bresse ». Finalement Brûlevilles fut chassé et « Lyon fut gardée au roi Henri II ».

Mais les troubles religieux s'annonçaient plus menaçants encore. À Lyon, la Réforme trouvait d'emblée des conditions singulièrement favorables. Ni Parlement ni Sorbonne pour y découvrir et châtier l'hérésie. Une Officialité désarmée. Un archevêque, le cardinal de Tournon, très souvent absent et absorbé par des responsabilités politiques. Et la liberté des foires faisait de la ville un milieu ouvert à tous les mouvements de pensée où les marchands se muaient aisément en prédicateurs.

L'Édit de Chateaubriant (1551) avait inauguré la répression systématique. L'impression et le commerce des livres suspects étaient concernés par nombre de ses articles et Lyon était particulièrement visée. Or, les idées de la Réforme avaient largement pénétré le milieu des imprimeurs et des libraires, toujours turbulent. Des troubles avaient éclaté dès 1551-1552. En 1546, une église réformée se fondait à Lyon, en 1554, les fidèles organisaient un temple rue des Étableries. Si la vieille ville reste catholique, beaucoup de petites gens entre Saône et Rhône, en particulier dans le quartier de la rue Mercière, sont gagnées à la foi protestante. En 1553, cinq étudiants de Lausanne furent brûlés vifs à Lyon, puis le pâtissier Pierre Berger et ses compagnons, une douzaine de protestants en tout entre 1550 et 1555.

Les années 1560-1562 virent se déclencher les émeutes. En septembre 1560, c'est le complot manqué des gens de Maligny pour prendre le pouvoir en vue de convoquer les États généraux. Le 5 juin 1561, au cours de la procession de la Fête-Dieu, un fanatique arrache le ciboire au chanoine de Saint-Nizier : s'ensuivent des rixes sanglantes entre catholiques et protestants. Le principal du collège de la Trinité, Barthélemy Aneau, « qui feignait de se tenir du nombre des huguenots », fut massacré au passage de la procession. Les escarmouches se succédèrent et l'Édit de Tolérance de janvier 1562 ne calma pas les esprits.

Les relations entre le clergé et le consulat, dont la politique d'apaisement recevait l'appui de Catherine de Médicis, étaient mauvaises. La nomination comme lieutenant du gouvernement du comte de Sault, homme de la conciliation, choisi pour faire vivre les sujets du roi « en toute paix, union et concorde » encouragea des états d'esprit qui devaient conduire à la guerre civile.

Au printemps 1562 éclatait aux yeux de tous la faillite de la politique d'apaisement. Tandis que le massacre de Wassy déclenchait la première guerre civile, les réformés lyonnais entraient en relation avec Condé et avec le baron des Adrets, grand chef de guerre des protestants du Dauphiné. Dans la nuit du 29 au 30 avril 1562, les protestants, conduits par le baron des Adrets et le sieur de Blacons surprennent la ville. Après des scènes de violence, la victoire protestante entraîna une transformation profonde des institutions politiques. Une administration toute protestante s'établit. Douze échevins réformés remplaçaient les anciens conseillers, le culte catholique fut même interdit quelque temps. La politique de bascule du comte de Sault semblait dépassée.

Pourtant, après la paix du 18 juillet 1563, chaque parti était représenté au consulat par douze échevins jouissant de droits égaux. Les Lyonnais ne devaient plus « s'outrager sous les noms de papistes et huguenots ». L'ordre pouvait sembler, pour un temps, revenu, après une décade de troubles sociaux et financiers, d'émeutes sanglantes, de désordres dans les rues.

Pour saisir ce déclin de Lyon, on oppose souvent l'Entrée de Charles IX à celle de Henri II, à qui on avait réservé un triomphe. Les contemporains eux-mêmes en ont été frappés : « La dite Entrée, dira l'historien Claude de Rubys, se ressentit de la pauvreté et misère du temps, et ne fut ni somptueuse en habits, ni ingénieuse en apparat de théâtre et perspectives. » De l'Entrée de Charles IX, à la différence de celle d'Henri II, on n'osait même pas faire imprimer le livret à Lyon. Elle avait, paraît-il, beaucoup déplu aux Lyonnais.

Charles IX, la reine-mère et la Cour, après avoir séjourné près de trois semaines à Lyon, quittèrent précipitamment la ville où la peste noire s'était déclarée en avril 1564. Elle naquit dans le milieu urbain, éprouvé par le siège de 1563, le passage ou le séjour des gens de guerre, l'afflux de population qui marqua le retour de la ville à l'autorité royale, et s'étendit rapidement. Tous ceux qui avaient une maison aux champs s'empressèrent de partir.

L'ampleur et la brutalité de l'épidémie firent, au dire du même Rubys, « la cité de Lyon si dissemblable à ce qu'elle avait été, que peu après l'on ne la pouvait reconnaître, tant les grandes ruines et la mort l'avaient défigurée et déguisée ». Soixante mille personnes, près du tiers de la population lyonnaise, périrent de la peste selon une lettre adressée le 30 mai

1598 par le consulat à Henri IV, quarante mille selon les chanoines de Saint-Jean, «sans compter les habitants des environs et des seigneurs de l'Église».

Qu'était devenue Louise Labé durant les années – onze – qui lui restaient à vivre après le succès de la parution de son livre et les jugements malveillants qui n'avaient pas tardé à l'accompagner? Il semble bien que, veuve, elle se soit retirée à la campagne, à Parcieu où elle avait encore, de 1557 à 1562, fait l'acquisition de quelques petites terres, et qu'elle y ait vécu pour fuir les troubles, revenant à Lyon de temps à autre. Elle avait là son mobilier, ses papiers les plus importants, et entretenait avec ses voisins de bons rapports.

Les amis lyonnais ont disparu. Scève meurt en 1560, de Taillemont on ne sait plus rien après la publication de la *Tricarite* (1556) : a-t-il choisi l'exil, est-il passé à la Réforme, est-il mort? On a songé à un suicide. Peletier du Mans avait quitté Lyon en 1557. Dégoûté par les tueries des guerres, il se retira près d'Annecy et mourut en 1582. Bugnyon et La Taysonnière sont à Macon, Des Autels à Valence ou Romans.

Pontus de Tyard se ralliera à la Pléiade. Car la menace la plus grave pour la destinée de l'humanisme et de la poésie à Lyon, c'était l'éclosion de la Pléiade. Avec Ronsard et ses amis, s'effectuait le retour au poète de cour pensionné, comme dans les années 1530, et c'est de nouveau vers la Cour de France que regardaient uniquement les poètes. L'épisode où les poètes bourgeois s'étaient le plus distingués était terminé.

V.L. Saulnier tient Scève, le «chef» de l'École lyonnaise pour l'initiateur de la Pléiade, qui partage les mêmes ambitions. Et la nouvelle école lui doit, de même qu'à toute cette Pléiade lyonnaise, son initiation amoureuse. Pourtant, ni Ronsard, si proche à bien des égards, quand ce ne serait que par le choix des genres, l'élégie et le sonnet, ni aucun de ses disciples n'a fait allusion à Louise Labé. Parce que c'était une femme? Parce qu'ils jugeaient trop peu savante sa poésie?

L'obscurité la plus complète règne autour d'elle durant ses dernières années. Clémence de Bourges était morte vers 1562, du chagrin a-t-on dit, de la mort de son fiancé Du Peyrat, tué au combat en Dauphiné. Et son beau-frère, Gaspard de Saillans, dont les Mémoires rappellent bien des personnages du temps, n'a pas un mot pour Louise, à cause de qui on prononce encore le nom de la famille de Bourges, celle de sa femme, dont il se montre si fier.

Louise Labé, malade, était à Lyon, dans la demeure de Thomas Fortini, au quartier Saint Paul, lorsqu'elle y fit son testament le 28 avril 1565.

En ces temps troublés, le domicile d'un ami, de nationalité étrangère par surcroît, offrait une sécurité appréciable pour une femme seule. Quelle fut la nature de leurs rapports ? On a dit que Louise allait l'épouser. Fortin fut, à coup sûr, un ami fidèle et un conseiller averti.

Le testament original a été perdu. Mais le notaire et tabellion royal Pierre de la Forest, appelé au chevet des malades, écrivait sous leur dictée, sur des feuilles volantes qu'il faisait signer au testateur et aux témoins (s'ils pouvaient le faire). Louise et cinq de ses témoins sur sept apposèrent leur signature. Cette pièce, rangée dans son coffre, devait demeurer secrète jusqu'à la mort de la testatrice. Elle a disparu. Mais une copie en avait été minutée sur le registre courant. Il y indiquait les copies à délivrer aux héritiers et ceux-ci pouvaient demander un extrait en forme de grosse de leur legs.

Thomas Fortin, exécuteur testamentaire, réclama le sien (indiquant tout ce qui était en sa faveur) et le notaire minuta, quelques pages plus loin, le texte intégral. Document qui est parvenu jusqu'à nous et fut publié à plusieurs reprises. D'après l'extrait de Fortin, encadré de deux autres actes sur le registre, le 15 février 1566 est la date extrême de la vie de « Louise Charlin dite Labé, veuve de feu Sire Ennemond Perrin en son vivant bourgeois à Lyon ».

Le testament est révélateur du milieu où vivait Louise à cette époque, renseigne sur ses biens et leur emplacement, mais aussi sur son état d'esprit à la fin de sa vie. Malade, elle ne l'était pas accidentellement. Elle dut l'être de longs mois, à en juger par la facture importante de l'apothicaire amené au chevet de Louise par Fortin comme témoin (36 livres) et celle d'un autre, Jacques, exerçant à la Grenette (8 livres).

Sa maladie était assez grave pour qu'elle n'eût pas souhaité expressément être inhumée à Parcieu, mais eût choisi «la sépulture de son corps en cas qu'elle décède dans cette ville de Lyon, en l'église de Confort, et [au cas] où elle décédera ailleurs, veut être enterrée en la paroisse où elle décédera. Et veut être enterrée sans pompe... à savoir de nuit, à la lanterne, accompagnée de quatre prêtres outre les porteurs du corps... Et ordonne être dites en l'église du lieu où elle décédera diverses messes grandes et petites... Et donne à l'église où elle sera enterrée la somme de 100 l. dont 25 pour lesd. messes et le reste pour employer aux réparations». Elle lui lègue aussi une «pension annuelle et perpétuelle d'une asne [mesure de vin] et une mesure de blé froment», imposée sur sa grange de Parcieu.

La poétesse est restée catholique, imposant une messe basse perpétuelle «à son intention et de ses parents et amis». Et sa présence à Parcieu en 1562 (elle signe le 8 août, en l'étude du notaire de Trévoux, l'acquisition d'une terre proche de chez elle) pendant l'occupation protestante est sans doute significative. Mais elle refuse toute pompe, toutes manifestations excessives de dévotion pour ses obsèques.

Les témoins portés sur le testament sont quelques commerçants de situation modeste, apothicaire, cordonnier, couturier... (deux ne savent pas signer) et un maître es arts. Et Louise, oubliant son nom de Louise Labé lyonnaise, a repris ceux que lui avaient donné son père et son mari : «Loyse Charlin dite Labbé, veuve de feu sire Ennemond Perrin».

Ses héritiers universels, selon la formule, étaient «ses neveux bien aimés, Jacques et Pierre, fils de feu François», son frère. Thomas Fortin, son exécuteur testamentaire, était légataire particulier, usufruitier de la grange de Parcieu, et de ses dépendances. En cas de décès des légataires désignés ou de leurs enfants, les pauvres de l'Aumônerie générale leur étaient substitués.

Les legs divers et précis de la Lyonnaise donnent la mesure de son attentive charité à l'égard de ceux qui l'avaient entourée, sommes d'argent pour aider trois filles pauvres à se marier, d'autres aux quatre filles d'un voisin de

Parcieu, Villard, à Antoinette, une ancienne servante, femme d'un tisserand, à sa jeune chambrière, Pernette, lorsqu'elle sera mariée, une rente viagère à une autre vieille chambrière, elle aussi nommée Pernette, une pension (en asnée de blé froment) à son ancien jardinier, Jacquesme Ballasson, et à ses enfants, à son serviteur Claude Chomel, au « grangier » (métayer) Benoit Frotté et une cotte à sa femme et à sa nièce.

Sa fortune était assez considérable : les maisons Bellecordière, vendues 2000 livres, le domaine de Parcieu, vendu 5000 livres, la grange de Saint Jean de Thurigneu, vendue 800 livres, une grande somme au « Grand Parti du Roi », assignée sur la ville de Rouen, et quelques milliers de livres tournois.

Nous ignorons la date exacte de sa mort. Louise Labé fut inhumée à Parcieu, comme le prouve la mention suivante au registre du notaire de la Forest : « Le vendredi 30 août 1566 Claude de Bourg, tailleur de pierre à Bourg-en-Bresse demeurant à Lyon, confesse avoir reçu de Thomas Fortin présent la somme de 12 livres 2 sols pour avoir taillé une pierre de tombeau et sur icelle fait les écriteaux et armes de la feu dame Loyse Charly pour icelle ériger à Parcieu. » Thomas Fortin se montra assez mauvais usufruitier. Il occupa trois ans Parcieu, puis se prépara à partir pour Florence. Le 15 juillet 1569, il nommait deux mandataires, l'un pour exercer ses droits d'usufruitier, l'autre pour régler ses intérêts commerciaux. Tous les trois se désintéressèrent de la grange de Parcieu. En six ans, les bâtiments et les terres tombèrent dans un état lamentable de décrépitude. Le souvenir de Louise s'y effaça vite.

Louise Labé au long des siècles

XVIe siècle : admirée et/ou supecte

La renommée de Louise Labé devait traverser les siècles, connaître des fortunes diverses, et la personnalité de l'auteur, comme sa vie dont on sait peu de chose, a prêté à bien des légendes, la plupart aussi malveillantes que mal fondées. Ses biographes se sont longtemps contentés de reprendre ce qu'avançaient leurs prédécesseurs, chaque époque recréant de la poétesse lyonnaise une image conforme à ses modes et à ses goûts.

Sa célébrité littéraire commence dès la publication de ses œuvres et ses premiers admirateurs sont les auteurs des vingt-quatre hommages regroupés dans les *Ecritz de divers Poëtes à la louenge de Louize Labé Lionnoize* et précédés d'un sonnet *Aux poëtes de Louïze Labé*, poètes réputés dont nous avons cité les noms à plusieurs reprises et bien connus de l'élite intellectuelle de la ville, dont la caution avait du poids. Le succès du livre de Louise fut immédiat. Elle avait d'ailleurs tout pour séduire, beauté, charme, intelligence et savoir.

Ses admirateurs ont chanté la beauté de Louise. Vanter la beauté d'une femme à qui on rendait hommage allait de soi. Les allusions à sa « bouche coralline », au « lys argenté de son teint », à son front « tableau de cristal, de glace ou de verre », « à ses dents, perlettes dérobées à l'Orient », « au fin or qui dora/en mille crépillons [ta] tête blondissante » relèvent du vocabulaire conventionnel de la poésie amoureuse sans donner d'indications précises. Mais les poèmes écrits à sa louange évoquent, plutôt qu'une beauté régulière, majestueuse ou hautaine, une femme pleine de vivacité et de grâce. Ainsi l'épigramme XIII, anonyme (attribué à Marot) :

Louize est tant gracieuse et tant belle,
Louize à tout est tant bien avenante
Louize a l'oeil de si vive étincelle
Louize a face au corps tant convenante
De si beau port, si belle et si luisante
Louize a voix que la Musique avoue
Louize a main qui tant bien au luth joue,
Louize a tant ce qu'en toutes on prise.
Que je ne puis que Louize ne loue,
Et si ne puis assez louer Louïze.

Son portrait par Pierre Woériot, orfèvre et graveur, sculpteur du duc de Lorraine, est le seul document indiscutablement authentique qui soit demeuré d'elle, puisque sur la gravure même figure son nom, les initiales de Pierre Woériot et la date de 1555, celle de la parution des œuvres de Louise chez de Tournes.

Cette gravure, restée d'ailleurs ignorée plus de trois siècles, fut retrouvée à la Bibliothèque nationale. La jeune poétesse a environ trente ans. Et l'ode XXIV des *Écrits* trace d'elle aussi un portrait qui n'est pas celui d'une toute jeune fille :

Chantons la grâce angélique
Chantons le beau chef doré
Son haut front, sa ronde oreille,
Son corps droit, sa bonne grâce
Son dur téton...
Son port son ris gracieux
Le front serein, la main belle.

La description correspond à celle de Woériot qui nous montre une femme aux cheveux frisés, aux beaux yeux vifs et moqueurs, une physionomie dont l'attrait devait résider dans la mobilité de l'expression. Ainsi s'explique sans doute l'admiration éprouvée par Guillaume de Paradin pour sa « face plus angélique qu'humaine », tandis que du Verdier juge sa beauté simplement « médiocre », c'est-à-dire moyenne. Mais n'oublions pas qu'on la surnommait, non sans raison sûrement, la Belle Cordière.

L'œuvre suscita l'admiration. Quatre éditions en deux ans attestent son succès. Le talent de Louise n'était pas contestable. Mais c'est sur la femme, sur sa vie et sur ses moeurs prétendument scandaleuses que se sont déchaînées, très tôt, les attaques calomnieuses. Le patronage de Clémence de Bourges, une irréprochable demoiselle (donc de ses parents), la caution des honorables auteurs des *Écrits*, le privilège du roi (accordé après l'examen de la censure autorisant l'impression) n'ont pas suffi à faire taire les méchantes langues.

Car l'accusation de vénalité lancée contre la « courtisane » lyonnaise ne repose, à vrai dire, que sur des rumeurs, sur ce qu'on appelle l'opinion publique. La notoriété de cette « Cordière », dont la beauté et la « faconde » séduisent une société masculine de « grands seigneurs », empressés à lui plaire, de « gens savants par le monde » et de gens d'esprit qui lui « donnent quelque gloire », tant en France que par-delà les monts, comme nous l'apprend l'Élégie II, ne pouvait qu'être suspecte à la morale bourgeoise, tout en suscitant l'envie. Car les « éloges de divers poètes » ne se contentent pas de vanter ses talents littéraires, mais aussi les dons de musicienne de la dame au luth et sa grâce à danser et à chanter.

Louise, dans son œuvre, s'adresse plusieurs fois aux « Dames lyonnaises, aux vertueuses Dames ». Elle les incite à employer « l'honnête liberté », dont on ne les prive plus à présent, pour s'adonner à « l'honnête passe-temps » d'écrire, source de tant de plaisirs. Mais cette honnête liberté qu'elle revendique peut paraître bien peu « vertueuse ». Écrire et chanter les plaisirs des sens, comme le ferait un homme, c'est transgresser un interdit social, et faire scandale.

Louise, de par sa condition modeste, représente un cas extrême. Mais elle n'est pas la seule femme écrivain qu'on a soupçonnée de mauvaises moeurs parce qu'elle s'intéressait aux choses de l'esprit. La poétesse italienne Gaspara Stampa fut ainsi l'objet d'insultes de même nature. Et la mère d'Albert de Gondi, maréchal de Retz, Marie de Pierrevive, on l'a vu, ne fut pas épargnée.

Ce que prouvent les injures dont a été abreuvée Louise Labé, c'est la difficulté d'être une femme écrivain en France, lorsqu'on n'est pas princesse, dans la première moitié du XVIe siècle, en pleine Renaissance triomphante, où l'élite féminine avait pu espérer une libération des contraintes et la reconnaissance de certains droits. On établit alors un rapport étroit entre femme savante et femme légère. Toute femme à l'esprit indépendant, aux allures libres, comme dut le paraître cette belle Cordière qui se mêlait d'écrire, devenait suspecte d'abandonner son corps à toutes les turpitudes, et d'être une courtisane.

L'accusation de vénalité a dû être lancée du vivant de Louise puisqu'en 1547 Philibert de Vienne, séjournant alors dans la ville, juge bon de l'en disculper : « La Cordière de Lyon est trop plus honorable, qui, quelque affection de gagner qu'elle ait, ne semble rien moins à ses serviteurs que avaricieuse. » Louise n'était d'ailleurs citée que pour illustrer son mépris de l'avarice, défaut dont le parfait courtisan tel qu'il le décrit dans son livre doit s'abstenir. Les jugements des contemporains eux-mêmes sont déconcertants et contradictoires. Parmi ceux qui font l'éloge de Louise figurent des poètes renommés comme Scève, Pontus de Tyard (dans les *Écrits*), Peletier du Mans (dans une ode des *Opuscules*, à la suite de son *Art poétique*), mais aussi un anonyme, l'auteur lyonnais du *Plaisant Blason de la Teste de Bois* (1554 ou 1555), qui la juge digne d'une « triomphante immortalité ».

La même année, François de Billon, énergique défenseur des dames dans son *Fort inexpugnable de l'honneur du sexe féminin* (publié en 1555 mais daté de 1550), commence par faire entendre la voix de l'opinion publique qui, dit-il, fait une nouvelle Cléopâtre de la Belle Cordière. Mais, rétorqua-t-il, si dans sa vie il y a chose « qui puisse être taxée, les hommes premièrement en sont cause… Comme lubrique ou autrement vicieux que puisse être en ce moment le sexe masculin, cette Cordière se pourra bien dire homme, mêmement qu'elle sait dextrement faire tout honnête exercice viril, et par especial aux armes, voire aux lettres». Et il s'en prend aux «brocardeurs» qui la dénigrent «par malice envieuse» et aux «mille autres sornettes si [vraiment] très âpres qu'ils répandent sur son compte. Propos dont tout l'intérêt est de leur permettre «de ne pas s'endormir à table».

Jugement ambigu en dépit de ce qu'il comporte de louangeur. Car si Billon paraît excuser Louise, faible femme, des vices que certains lui ont prêtés (sans les nier) et dont il estime responsable le sexe masculin, il lui attribue, en rendant hommage à ses qualités viriles, les défauts du sexe fort (une sexualité exigeante notamment) et semble considérer la création littéraire comme un privilège spécifiquement masculin.

Deux ans après la parution des *Œuvres* en 1557, une chanson anonyme, qui figure dans plusieurs recueils, nous l'avons vu, faisait de Louise une prostituée : «Le but où elle prétend/c'est pour avoir de l'argent.» Il n'était plus question d'une courtisane honnête, recevant seigneurs, gentilshommes et autres personnes de mérite avec entretien de devis et discours, mais d'une femme intéressée qui accordait sa faveur aux représentants de diverses professions, ou catégories sociales : avocat, procureur, cordonnier, meunier, riche Florentin, pour «avoir de la pécune». L'ode à Sire Aymon d'Olivier de Magny laissait, elle aussi, entendre que sa femme prenait son plaisir avec capitaines et hommes de savoir, sans que s'en offusque un mari complaisant. Elle parut à Paris, mais fut sûrement connue aussitôt à Lyon.

En 1552, nous l'avons vu, dans le procès qui, à Genève, avait été intenté par Jean Yvard à sa femme, accusée d'avoir voulu l'empoisonner, «tant en un oeuf qu'en la soupe», deux témoins avaient déposé qu'elle fréquentait sa cousine, la Belle Cordière, et que celle-ci était cause «qu'elle s'était adonnée à paillardise». En 1560, Calvin devait se souvenir du nom de Louise pour l'utiliser dans son pamphlet latin contre Gabriel de Saconay, précenteur de l'Église de Lyon. Il dénonçait les mœurs dépravées de cet ecclésiastique qui «festoyait» avec des femmes habillées en hommes», et s'offrait souvent ce passe-temps avec cette prostituée de bas étage [*plebeia meretrix*] «qu'on appelait la Belle Cordière tant à cause de sa beauté que du métier de son mari».

L'injure de Calvin n'était qu'une simple épithète jetée en passant à une jolie femme qu'il ne connaissait pas, pour mieux attaquer un violent adversaire de la Réforme, auteur d'ouvrages de propagande catholique et défenseur de la doctrine de la transsubstantiation. Elle n'était fondée que par des rumeurs et n'apportait aucun témoignage précis sur la conduite de la poétesse. Le pamphlet rédigé en 1560, traduit en français par Théodore de Bèze dans le recueil des *Petits traités* de Calvin, fut imprimé à Genève en 1566, l'année de la mort de Louise Labé, non sans avoir circulé dans sa version latine.

En 1573, paraissent deux ouvrages consacrés à l'histoire de Lyon. Celui de Guillaume Paradin de Cuyseaulx, doyen de Beaujeu, interrompt le cours du récit pour faire l'éloge des deux poétesses lyonnaises, Pernette du Guillet et Louise Labé. Paradin, qui fréquenta les cercles lettrés lyonnais dut connaître personnellement la Belle Cordière.

Le portrait qu'il en trace est exceptionnellement louangeur : «Elle avait la face plus angélique qu'humaine; mais ce n'était rien à la comparaison de son esprit tant chaste, tant vertueux, tant poétique, tant rare en savoir qu'il semblait qu'il eut été créé de Dieu pour être admiré comme un grand prodige entre les humains.» Il ne craignait pas de vanter l'honnêteté de Louise, au moment où elle était si critiquée par Calvin et par d'autres, ce à quoi rien ne l'obligeait. Il jugeait le *Débat de Folie et d'Amour* non seulement «docte et ingénieux», mais aussi fort moral et plein de traits de belle philosophie». Et, concluait-il, «ne s'est cette nymphe seulement fait connaître par ses écrits, aincois [mais aussi] par sa grande chasteté».

Paradin, plus brièvement, célèbre également «Pernette du Guillet toute spirituelle, gentille et très chaste, laquelle a vécu en grand renom de tout mêlé savoir et s'est illustrée par doctes et éminentes poésies, pleines d'excellence de toutes grâces».

La même année, et chez le même éditeur, Claude de Rubys, sieur de l'Antiquaille, procureur général de la commune, conseiller à la sénéchaussée de Lyon et au Parlement de Dombes, auditeur de camp au gouvernement du Lyonnais, échevin, ligueur passionné, publiait une histoire de Lyon ou plutôt un préambule de celle qu'il devait éditer plus tard. Il ne pardonnait pas à Paradin d'avoir écrit avant lui cette histoire et l'attaqua avec véhémence, tant dans le texte de 1573 que dans celui de 1604 qui débutent l'un et l'autre par une charge contre son rival. Rubys s'en prit aussi aux deux « nymphes » célébrées par Paradin, et d'abord à Louise Labé. Alors qu'il faisait l'apologie des martyrs chrétiens de la ville, il citait la vertueuse dame Blandine « que Paradin aurait mieux fait de proposer à nos dames de Lyon pour miroir de vertu et chasteté, et non cette impudique Louise Labé que chacun sait avoir fait profession de courtisane publique jusques à sa mort ».

Vingt ans plus tard, après la mort de Paradin, Rubys ne désarmait pas. Il affirmait, contre le doyen de Beaujeu, que Louise était réputée non seulement à Lyon, mais par toute la France, « l'une des plus insignes courtisanes de son temps ». Pernette, qu'il est le seul à attaquer, était, elle aussi, traitée de courtisane, « laquelle servait de monture à un abbé et à ses moines ». Et il oubliait délibérément les écrits de l'une et de l'autre pour ne mentionner que leur activité de courtisanes.

Son inimitié contre les deux poétesses semble avoir pour seule origine les louanges décernées par son rival Paradin et les rumeurs malveillantes. Une autre hypothèse a été proposée par P. Blanchemain, au XIXe siècle (se fondant sur l'Ode à Sire Aymon, où deux strophes répètent avec insistance le mot « rubis »). Louise, après le départ de Magny, perdant l'espoir de voir revenir l'infidèle, se serait éprise d'un jeune et brillant avocat lyonnais, Claude de Rubys. Olivier, de retour à Lyon, aurait exhalé sa fureur dans l'Ode où il outrageait le mari de Louise et surtout elle-même. Elle avait ainsi suscité la colère d'Olivier et la haine de son vindicatif rival.

Mais il s'agit là d'un roman dont l'examen des dates (celles du départ d'Avanson pour Rome et du privilège des *Œuvres* de Louise) suffit à démontrer la fausseté.

En 1584, puis en 1585, près de vingt ans après la mort de Louise, La Croix du Maine et Antoine du Verdier vont la faire entrer dans leurs *Bibliothèques*. La Croix du Maine retient quarante-six noms féminins pour prendre place dans ses 2000 rubriques, tandis que du Verdier ne fait entrer que trente dames auteurs dans les siennes (28000). C'est que, parmi les quarante-six noms légués à la postérité dans le premier ouvrage, quinze sont ceux d'écrivains dont les œuvres sont éditées, et l'auteur explique qu'il s'agit de nommer les femmes doctes « adonnées aux lettres » ou remarquables par quelque don artistique, non pas de parler uniquement de celles qui ont réellement écrit. Il veut ainsi préciser le domaine intellectuel féminin (poésie, musique, dessin, pratique de l'italien et de l'espagnol) témoignant de la réussite des principes éducatifs modernes. La Croix du Maine mentionne donc Louise comme « femme très docte, vulgairement appelée la Belle Cordière, de laquelle l'anagramme est belle à soy : elle savait fort bien composer en vers et prose ».

Antoine du Verdier, lui, a l'ambition de dresser un catalogue des œuvres en français existantes et ne retient donc que les auteurs dont il peut citer précisément les livres. Il ne fait pas entrer les femmes dans son catalogue parce qu'elles sont femmes, mais parce que, bien que femmes, elles aient pris la plume. Rien de comparable à l'entreprise de l'Italien Ludovico Dominichi publiant un recueil collectif de poésie féminine (53 poétesses et 331 pièces en 1559).

Son article, d'abord élogieux, énumère les divers talents de Louise, la qualité des réceptions qu'elle offrait à des hôtes de marque, où elle leur « communiquait brièvement les pièces plus secrètes qu'elle eut ». Mais la suite de l'article est d'un tout autre ton : « Et pour dire en un mot faisait part de son corps à ceux qui fonçaient [se déclaraient] ; non toutefois à tous, et nullement à gens mécaniques [manuels] et de vile condition, quelque argent que ceux-là lui eussent volontiers donné. Elle aima les savants hommes surtout, les favorisant de telle sorte que ceux de sa connaissance avaient la meilleure part en sa bonne grâce, et les eut préféré à quelconque grand seigneur et fait courtoisie à l'un plutôt gratis qu'à l'autre pour grand nombre d'écus : qui est contre la coutume de celles de son métier et qualité. » Et du Verdier de conclure : « Ce n'est pas pour être courtisane que je lui donne place en cette Bibliothèque, mais seulement pour avoir écrit. » Il proposait ensuite la nomenclature des pièces écrites par Louise, l'ode de Peletier en son honneur, un des poèmes (sans nom d'auteur) publié à la suite des *Œuvres* de la Belle Cordière et une très longue analyse du *Débat de Folie et d'Amour*.

Ainsi, vingt ans après la mort de Louise Labé, rumeurs et calomnies ont abouti à faire de la Belle Cordière, admirée des cercles lettrés et des meilleurs esprits de la ville lorsque paraissaient ses œuvres, un personnage de « courtisane lyonnaise », assimilée à la figure indécise de la *cortegiana honesta* italienne, jouissant à Rome et à Venise d'une célébrité certaine, mais qui, en France, reste un personnage suspect et bien vite exclu des réalités culturelles de la nation. Et cela, à l'époque où s'épanouit la renommée des poétesses courtisanes d'Italie, Tullia d'Aragona ou Veronica Franco, celle-ci consignée dans le *Journal* de Montaigne comme une « curiosité » vénitienne. Très caractéristique à cet égard est la réaction de François de Billon qui, à son retour d'Italie, s'indigne de voir les Romains enfermer à la maison, sous une surveillance humiliante, leurs modestes épouses et s'enflammer pour des « impudiques » dont la liberté leur coûte cher !

Ces courtisanes romaines, auxquelles on demandait tant, charme, beauté, intelligence, culture, n'ont pas acquis sans peine un statut privilégié, mais exigeant (nombreuses furent celles qui n'y parvinrent pas !). Et elles étaient condamnées au célibat. Mais, les imaginations aidant, la société lyonnaise a pu, sans pour autant vouloir l'émancipation des bourgeoises, souhaiter voir se façonner dans les cercles lettrés un modèle féminin paré des qualités de la *cortegiana* italienne, sans en avoir le nom ni la vénalité. Louise Labé comme Pernette répondaient à ces exigences, et il était tentant pour les esprits malveillants d'en faire des courtisanes tout court.

Le plus souvent, lorsqu'une femme s'est déclarée auteur, on suppose qu'un homme a tenu la plume à sa place. C'est ainsi qu'au siècle suivant on attribuera à La Rochefoucauld la *Princesse de Clèves*. En fait, Louise a été rarement victime de ce genre d'accusation. C'est seulement en 1584 que Pierre de Saint Julien voit dans « le discours de Dame Louise Labé » (le *Débat*) une « œuvre qui sent trop mieux l'érudite gaillardise de l'esprit de Maurice Scève que d'une simple courtisane ». V.L. Saulnier, en 1947, estimera encore que Louise s'est inspirée, pour écrire le *Débat,* des conversations et des discussions sur l'amour du cercle de Maurice Scève, ou même qu'elle les a transcrits, comme une sorte de secrétaire. Et au XIXe siècle, P. Blanchemain n'hésitera pas à faire d'Olivier l'amant et le maître en poésie de la Belle Cordière.

Un manuscrit non daté de la seconde moitié du XVIe siècle mêle curieusement admiration et préjugés masculins. C'est *La Rose des nymphes illustres* dû à Jean Dagoneau, protestant de Macon, où l'auteur chante successivement la gloire de « deux astres radieux et des plus clairs entendements de tout le sexe féminin de notre temps ». Il s'agit de Pernette, et de Louise dont il célèbre la « gentillesse incroyable », la « chasteté et pudicité de telle retenue que ses poésies n'étaient que règles et enseignements à la vertu et à l'honneur ». À la suite de Paradin, dont il rappelle quelques phrases élogieuses, il l'a dit « admirablement excellente en la poésie des langues vulgaires. » Quant au *Débat*, c'est « une œuvre recherchée et admirée des esprits les mieux nés de ce siècle ».

Elle fut tellement au goût d'un gentilhomme angevin, Jacques Ridoué, sieur de Sancé, ajoute-t-il, que celui-ci a écrit trois autres élégants discours, en reprenant le même sujet, et y a « apporté des inventions et artifices qui surpassent de beaucoup le premier projet de cette dame... Elle est vaincue par un seigneur qui naturellement a plus de roideur et de force qu'une femme ». Bref, cette plume virile et seigneuriale a « pu et dû ajouter perfection » à l'ébauche de Louise Labé. Le débat « perfectionné » ayant disparu, on ne peut juger de la valeur respective des deux pièces !

Il semble bien que, durant le XVIe siècle, la critique se soit intéressée davantage à la personnalité et aux débats sur « l'honnêteté » de Louise qu'à son œuvre, à ses sources comme à sa facture. Après la publication de son livre en 1555, on constate qu'un nombre croissant de femmes auteurs (relativement au passé, s'entend) non seulement s'efforcent de « mettre leurs conceptions par écrit », dans des domaines diversifiés, mais aussi les font imprimer. Et ce ne sont plus seulement des princesses, comme Marguerite de Navarre, mais des bourgeoises, la romancière Hélisenne de Crenne, des poétesses, la religieuse Anne de Marquets, les dames des Roches, Marie de Romieu, des polygraphes comme Marie de Gournay, des moralistes comme Marie Le Gendre, et même des éditrices, Marie de Costeblanche, Antoinette Peronnet.

L'épître dédicatoire de Louise Labé incitait vivement les Dames – celles du moins qui en ont la « commodité » – à élever leurs esprits « au-dessus de leurs quenouilles et fuseaux » et à chercher « la gloire, l'honneur et le plaisir » que donne l'étude des lettres et des sciences. L'appel de Louise semble avoir été entendu. Mais a-t-on invoqué son exemple comme cela paraît légitime ? Les femmes auteurs qui réclamaient le droit à l'étude et à la création littéraire ont-elles cherché en elle une caution ou une justification ?

Pourtant, dès la seconde moitié du XVIe siècle, le nom de Louise disparaît des catalogues de femmes illustres rédigés par ceux qui défendent le beau sexe, et qui préfèrent citer en exemple, parmi les dames doctes en France, une Christine de Pisan, une Marguerite de Navarre, ou de Valois, voire une Hélisenne de Crenne.

Son nom s'efface aussi des florilèges composés par des dames à la gloire de leur sexe. En 1581, le *Brief discours de l'excellence de la femme* de Marie de Romieu mentionne Camille Morel, Hélisenne, Marguerite, la Maréchale de Retz. Catherine des Roches, dans son *Dialogue de Placide et Sévère* (1583) où elle plaide en faveur de l'instruction féminine passe sous silence ses contemporaines. L'*excellence des femmes, avec le Discours de la feue Reine Marguerite* (1618) fait de même. Et au XVIIe siècle, *Les dames illustres* (1665) de Jacquette Guillaume n'évoquent, en fait de Françaises écrivains que Catherine des Roches et Marie de Gournay.

Pourquoi ce silence ? Louise avait demandé, en ce début du beau XVIe siècle, que la capacité morale et intellectuelle des femmes soit reconnue égale à celle des hommes. « Ce désir de voir et savoir », vanté et réclamé également par Pernette du Guillet, n'était plus dénié aux femmes, à celles au moins de bonne condition.

Humanistes et réformateurs ont reconnu que l'instruction, limitée à certains domaines précis, était utile pour confirmer les femmes dans leur rôle d'épouse, de mère et de bonne chrétienne, et servait à la réussite du mariage. Mais Louise assignait à l'étude et à l'art d'écrire une toute autre fin. C'était d'abord pour « plaire à leurs poètes amis » que certaines changeaient en plumes, en livres leurs paniers et coutures », délaissant ainsi leurs « occupations mulièbres » (féminines). Chercher à plaire et à séduire, mais aussi travailler à enrichir et affirmer sa personnalité, entrer dans le monde masculin en participant, comme compagnes, aux affaires des hommes, et découvrir les joies nouvelles de l'écriture, voilà ce que proposait Louise aux dames qu'elle voulait convaincre.

Au contraire, les devoirs que supposait « l'office féminin », dans une éducation bien comprise, selon les principes d'un Vivès, étaient la chasteté, la modestie, la soumission et le silence. Écrire des vers « impudiques » comme la Belle Cordière (passe encore d'écrire des histoires louables ou de la Sainte Écriture), ne pas hésiter à se montrer en public en éditant ses œuvres, quitte à ternir sa réputation, et ne pas dédaigner la gloire, étaient autant de transgressions aux bienséances.

La liberté d'apprendre, faut-il croire, n'était pas si communément admise puisque vingt ans plus tard, Madeleine des Roches, poétesse, savante poitevine, déplore encore l'injuste répartition des devoirs entre les femmes et les hommes, qui s'arrogent injustement les « joies de l'esprit », n'octroyant à leurs compagnes que « le fuseau pour la plume ». Aussi rappelle-t-elle à sa fille Catherine le « devoir de l'étude » et le « pouvoir de la lettre ». Celle-ci élève les mêmes protestations, voulant « aux hommes faire voir/Combien leurs lois nous font de violence ». Le vœu de la Dame des Roches rejoint ainsi l'exhortation de Louise aux « vertueuses Dames », mais la Lyonnaise est peut-être oubliée, du moins passée sous silence. On ne rencontre plus, à la fin du siècle, l'optimisme confiant d'une Louise Labé.

C'est qu'alors les femmes poètes et écrivains, une Marie de Romieu, une Nicole Estienne, une Gabrielle de Coignard, ou les dames des Roches, cherchent à concilier les devoirs de la morale bourgeoise avec leur légitime aspiration au savoir. L'opposition entre la plume et la quenouille est un lieu commun des débats sur l'éducation et la culture féminine dans le milieu bourgeois. Comment des « personnes simples et ordinaires » peuvent-elles satisfaire à la fois aux exigences de la vie intellectuelle et à celles de leur vocation ménagère ?

Madeleine des Roches, qui avoue « aimer mieux écrire que filer » mais ne veut pas fuir les devoirs de sa « profession », se plaint d'être toujours déchirée entre des désirs contradictoires. Catherine, libéralement élevée, prouve que l'on peut cultiver en même temps talents intellectuels et vertus ménagères, compose en prose et en vers, mais n'en dédie pas moins un poème « À ma quenouille », comme le fait Gabrielle de Coignard : « Je t'aimerai toujours, ô ma chère Quenouille ». C'est donc au modèle de la *Femme chrétienne*, conforme à la morale masculine, que vont tenter de se confirmer les écrivains à la fin du siècle.

La femme savante de la Cour des Valois et des salons aristocratiques ou des maisons bourgeoises à Paris et en province, ne symbolise plus un savoir admiré et une dignité nouvelle, mais devient un personnage burlesque. À la « virago » (qui allie les qualités viriles et féminines) avant d'être ridiculisée par Molière dans « les Femmes savantes », louée par les humanistes, se substitue un autre idéal féminin, celui de « l'honnête femme » que célébrera le XVIIe siècle.

Faut-il imputer l'oubli de Louise Labé par ses héritières aux accusations d'impudeur, voire de débauche lancées contre elle ? Peut-être. Plus vraisemblablement faut-il croire qu'elle ne correspond plus à la nouvelle image de la femme docte. Sage et vertueuse, celle-ci n'affiche plus la liberté d'allure, l'indépendance de la belle Cordière qui chantait avec la même ardeur l'exaltation des sens et les joies de l'esprit. Savante certes, revendiquant hautement le droit au savoir et à la gloire littéraire, elle entend manier la plume, sans abandonner la quenouille, concilier aspirations légitimes et vertus domestiques sans franchir les limites imparties par la morale traditionnelle.

Il serait révélateur, une fois admise la discordance entre les aspirations de Louise Labé et celles des bourgeoises lettrées de la fin du siècle de s'interroger, comme l'a fait É. Berriot-Salvadore, sur l'influence que la poétesse lyonnaise a pu exercer sur ses lectrices… si elles l'ont lue. Elle conclut à la quasi impossibilité d'affirmer que la Belle Cordière a été délibérément reniée, ou simplement oubliée. Au temps de Louise, le sujet de prédilection de la littérature féminine est la lyrique amoureuse, où une poétesse douée comme elle l'était réussit à échapper aux conventions. Après elle, les dames s'essayeront dans d'autres domaines du savoir, philosophie, morale, religion, en se conformant au nouvel idéal de la femme écrivain qui n'oublie pas son personnage social, et ne se reconnaîtrait plus dans le portrait dédié par Louise à Clémence de Bourges. La figure de la poétesse amoureuse ne sera plus de mise, ni de mode.

XVIIe-première moitié du XVIIIe siècle : l'éclipse

Louée ou blâmée, la Belle Cordière reste bien connue jusqu'aux dernières décennies du XVIe siècle. Au XVIIe siècle, elle sombre dans l'oubli. Une seule exception, mais elle est prestigieuse : La Fontaine a certainement lu le *Débat* dont il s'inspire dans la fable 14 du livre XII, « L'Amour et la Folie », parue en 1685. Il relate la dispute qui aboutit à l'aveuglement de l'Amour, l'intervention de Vénus demandant vengeance, la réunion du tribunal des dieux, et la sentence finale qui « Fut de condamner la Folie/À servir de guide à l'Amour ».

La Fontaine a peut-être lu une pièce latine de P. Commire en manuscrit, *Dementia amorem ducens*. Mais Sainte-Beuve estime que le fabuliste « n'a fait que mettre en vers l'argument, en le couronnant d'une affabulation immortelle : Tout est mystère dans l'amour. » Et, selon le critique Koczorowski, c'est grâce à cette fable que la gloire de Louise Labé a duré jusqu'à nos jours. Il reconnaît que cette association de la folie et de l'amour (sa propriété exclusive), ne paraît pas à la Lyonnaise la trame principale de son œuvre, elle tend à un but tout à fait différent de celui qu'a choisi le fabuliste : exposer ses idées, son savoir, son expérience de la vie. Le *Débat* prend fin sur un accord à l'amiable, favorable en fait à la Folie, tandis que La Fontaine fait d'elle la servante d'Amour, « condamnée » à lui servir de guide, non plus son mentor.

Mais le fabuliste n'a fait allusion ni à l'œuvre du XVIe siècle, ni à Louise Labé.

Une brève notice lui est consacrée par Guillaume Colletet (1598-1659) dans ses *Vies des Poètes français*. De cet auteur, condamné en 1623 pour avoir contribué au *Parnasse satyrique*, recueil « licencieux », on attendrait moins de pudibonderie. Car s'il concède que tout ce qu'elle tire de son propre fonds est « d'une tendresse et d'un naturel à faire plaisir », il déclare sentencieusement « que Louise Labé, de complexion trop amoureuse, prenait plus de licence en conduite qu'en poésie » et il conclut : « Elle a rendu sa muse esclave de ses passions. » C'était reprendre, sans la discuter, l'opinion complaisamment répandue par les du Verdier et de Rubys, ou par l'appellation outrageuse de Calvin.

Les critiques des siècles suivants n'iront pas chercher plus loin. Bon poète, soit. Mais une dévergondée, et l'on attend d'une femme qui cultive la poésie qu'elle cultive en même temps la vertu : la légende de la courtisane se perpétue. Il faut attendre les premières décennies du XVIIIe siècle pour voir réapparaître quelques mentions de la Belle Cordière. Dans le *Dictionnaire historique et critique* (1720) de Pierre Bayle, le salon de Louise devient carrément une maison de rendez-vous, et l'hôtesse une prostituée, faisant en même temps déshonneur et honneur aux lettres : « Elle les déshonorait puisqu'étant auteur elle menait une vie de courtisane : et elle les honorait puisque les savants étaient mieux reçus chez elle sans rien payer que les ignorants prêts à lui compter une bonne somme.» Curieuse façon à coup sûr de manifester son goût pour les lettres !

Jean-Pierre Nicéron partage la désapprobation de Bayle dans *Les Mémoires pour servir à l'histoire des hommes illustres dans la République des lettres* (1733). Il reconnaît à Louise de « très belles qualités », hélas « gâtées par un libertinage qui quoique plus raffiné que celui des Laïcs et des Phrynés, n'en était pas moins condamnable ».

À peu près à la même époque, le patriotisme lyonnais va pourtant jouer en faveur de Louise. Deux historiens entreprennent de célébrer le prestige de leur cité à la Renaissance en présentant ceux qui ont excellé dans les lettres et les sciences. Louise Labé est du nombre. Son image va retrouver son éclat sans parfum de scandale.

Dans son *Histoire littéraire de la ville de Lyon* (1730) le Père Dominique de Colonia consacre un chapitre aux femmes écrivains du seizième siècle « notre véritable âge d'or, assure-t-il, en fait de belles lettres et de toutes sortes de sciences purement humaines ». S'il rappelle leur souvenir et fait leur éloge, c'est qu'elles ont contribué à l'éclat dont a brillé, à la Renaissance, cette métropole européenne que fut Lyon. Des réserves à l'égard de la conduite de Louise auraient donc été déplacées. Il n'y a pas d'autre mention que laudative.

L'abbé Pernetti, dans ses *Recherches pour servir à l'histoire de Lyon* ou *les Lyonnais dignes de mémoire* (1757) fait figurer parmi eux Louise Labé « une des rares Lyonnaises dignes de mémoire ». Son ouvrage a le mérite d'être fondé sur des documents originaux découverts, déclare-t-il, dans les registres de l'évêché par un de ses amis. S'il a le tort de ne pas vérifier lui-même les détails qu'on lui communique, il est le premier à avoir fourni des renseignements dignes de foi sur la famille de Louise Labé. Sa notice ne comporte aucune remarque malveillante. Après avoir fait état de « beaucoup de vers latin de sa composition » perdus avec d'autres manuscrits du P. Menestrier qui les avaient eus entre les mains, il conclut que « cette observation sert encore à justifier la belle

Cordière ; une vie aussi occupée que la sienne est trop opposée à l'oisiveté, source ordinaire du désordre ». Une bonne éducation veillait à occuper toujours les filles pour les empêcher de penser à mal. S'astreindre à faire des vers latins devenait ainsi une preuve de bonne conduite !

Mais tous leurs contemporains ne sont pas aussi sérieux. Ainsi l'abbé Irailh (1717-1794), prieur de Saint Vincent de Moissac, va-t-il reprendre de vieux racontars, en y ajoutant quelques embellissement de son cru. Sous sa plume, notre Belle Cordière garde sa qualité devenue traditionnelle de courtisane. Mais, pour rendre le portrait plus piquant, il suppose une rivalité amoureuse entre Louise Labé et... Clémence de Bourges, qu'il baptise « les deux Sapphos du XVIe siècle », semblables à la poétesse grecque par « la beauté du génie, par leur talent de faire des vers enjoués, délicats et faciles » – a-t-il lu les œuvres de Louise, et où a-t-il trouvé celles de Clémence ? – mais, hélas, par « le dérèglement de leur conduite ». Et voilà la chaste Clémence, louée unanimement pour sa vertu, menée au cimetière avec la couronne de roses blanches des vierges, devenue une courtisane, elle aussi, grâce à l'imagination féconde du bon abbé épris de romanesque et de conflits (son principal ouvrage, en 1761, ne concerne-t-il pas en effet les « querelles littéraires depuis Homère jusqu'à nos jours ?)

Cependant quelques Lyonnais lettrés voient en Louise Labé une gloire locale, injustement délaissée et dédaignée qu'il faut remettre à l'honneur.

Dès 1745, Charles-Joseph de Ruolz, conseiller à la Cour des Monnaies, avait déjà tiré de l'oubli le nom de notre héroïne dans un *Discours sur la personne et les ouvrages de Louise Labé Lyonnaise*, prononcé à l'Académie des Sciences et Belles Lettres de Lyon, au cours d'une Assemblée publique et imprimé en 1750. C'est la première œuvre critique concernant Louise Labé, dégagée des préjugés habituels qui noircissent sa réputation, une véritable – et officielle – réhabilitation. Il rappelle que le cercle où elle évolue « donne le rare spectacle d'une compagnie choisie ». Il note que « ses contemporains et ceux qui parurent après elle jugèrent très différemment de sa réputation et de son honneur». Il impute pourtant au «temps où elle vivait» la peinture, dans ses poésies, d'un «amour un peu vif dont elle paraissait connaître tous les détours et toutes les finesses».

Un avertissement précédait le *Discours* et dénonçait «l'idée désavantageuse qu'on a conçue depuis longtemps de Louise Labé», où il voit «un exemple de la force du préjugé et une preuve de la difficulté de la vaincre. Un curieux s'est exercé à cet ouvrage; le public décidera», écrivait-il.

La malveillance n'a pas désarmé, Louise est toujours accusée de libertinage. Mais puisqu'il est assaisonné de «tout ce que l'esprit a de plus séduisant et des talents les plus agréables», on lui pardonne. Et d'ailleurs «elle aurait rejeté les hommages de nos petits maîtres et de nos turcarets, écrit Juvigny, car elle méprisait également la grandeur, la sottise et l'opulence. On ne la mettra pas au rang des Thaïs, on pourra la regarder comme la Ninon de Lenclos de son siècle». La note de la Monnoye, plus brève, n'est pas moins explicite :

La célèbre Labé, qui des jeux et des ris
Dans ses vers, dans sa prose était toujours suivie
Sur le mont des neuf soeurs ne coucha de sa vie
Elle aime mieux coucher avec leurs favoris.

Le souvenir de la poétesse lyonnaise ne s'est donc pas tout à fait effacé. Le grand dictionnaire historique de Moreri lui consacre un article. On en trouve un aussi dans la réédition de la *Bibliothèque* de la Croix du Maine, dû à la plume conjointe de R. de Juvigny et B. de la Monnoye. Voltaire, à l'article «fable» des *Questions sur l'Encyclopédie* (1771) (sans citer Louise Labé) avoue que la plus jolie, parmi les modernes, c'est selon lui «celle de la Folie qui, ayant crevé les yeux à l'Amour, est condamné à lui servir de guide». En 1773, une gravure de la Belle Cordière, qualifiée de «guerrière et poétesse» figure dans *Le Parnasse des Dames*.

Hommage inattendu celui-là, que la Révolution allait rendre à Louise, nommant «bataillon de la Belle Cordière» le 28e bataillon de la Garde nationale ! Louise, dont une rue portait le nom, devait donc avoir laissé dans sa ville le souvenir d'une femme du peuple, étonnamment lettrée, guerrière, hardie, éprise de liberté. L'*Almanach de Lyon* (1790) donne une description précise du drapeau de ce bataillon qu'elle patronnait : « Louise Charly, femme d'un cordier, fit en 1550 un poème sur la liberté (?). Sa beauté et sa science ont formé l'emblème suivant : La Belle Cordière est vêtue simplement, assise sur un lion ; une guirlande de fleurs lui descend de l'épaule gauche au côté droit ; de la main droite elle tient une pique entrelassée de lis, et surmontée du chapeau de Guillaume Tell, *restaurateur de la liberté helvétique* ; à ladite pique est encore adapté un ruban sur lequel est cette légende :

> Tu prédis nos destins, Charly, belle Cordière
> Car pour briser nos fers tu volas la première
>
> De l'autre côté du ruban est gravé :
> Belle Cordière, ton espoir n'était pas vain.

Au chapeau de Guillaume Tell est le panache aux trois couleurs. De la main gauche, Louise Labé tient son poème sur la liberté Françoise, qui est appuyé sur un globe terrestre. Le lion tient sous ses pattes le livre de la Constitution ; à côté est l'autel de la patrie, où brûle le feu du patriotisme ; d'un côté est une plante d'olivier, signe de la paix, et de l'autre, une de laurier, signe de la gloire, des livres en désordre sont à ses pieds, qui désignent sa science. »

Voilà donc Louise métamorphosée en patriote républicaine, femme d'artisan savante, symbolisant la liberté. Aurait-elle aimé ce rôle ? Probablement car elle ne manquait pas d'humour. En tout cas, la Garde nationale faisait là preuve d'un féminisme bien rare chez les révolutionnaires de l'an I. Est-ce le souvenir de ce bataillon qui valut à Louise de figurer dans le *Dictionnaire historique littéraire et biographique des Françaises* dédié par Mme Fortuné Briquet au Premier

Consul ? Et en 1815, on jouait à Paris une pièce intitulée « Trois Sapphos lyonnaises ou leur cour d'amour ».

XIXe *siècle : Louise et l'éternel féminin*

Après le silence ou les jugements mitigés des deux siècles précédents, le XIXe siècle voit grandir l'admiration pour la poétesse lyonnaise et son œuvre surgit de l'oubli. Sa vie et sa famille sont mieux connues depuis le chapitre de Pernetti qui contribue à les débarrasser d'anecdotes fantaisistes. Son nom recommence à circuler. De 1815 à 1887, huit éditions différentes voient le jour en France. Sur ces huit éditions, dont une à Brest en 1815, trois sont pourvues de notices sur Louise Labé, de notes et de glossaires et apportent des faits nouveaux. Les plus consciencieux de ses biographes ne cessent de rompre des lances, avec le plus grand sérieux, pour ou contre la vertu de la dame, sous la bannière de Rubys ou de Paradin, le premier emportant davantage de suffrages.

L'édition qui en 1824 paraît à Lyon chez Durand et Perrin restera une référence pendant tout le siècle. Elle est collationnée sur des textes primitifs et augmentée de notes et d'études importantes par F. Cochard et surtout C. Breghot du Lut. Cette édition (désignée par le nom de Breghot du Lut), non mercantile, a été publiée aux frais d'une société de gens de lettres de Lyon… « qui ont voulu rendre un nouvel hommage à la mémoire d'une femme justement célèbre que leur patrie s'honore d'avoir vu naître. Les exemplaires en seront partagés entre eux et leurs amis ».

Un Dialogue entre Sappho et Louise Labé ouvre le volume. Il veut démontrer l'existence d'une production littéraire féminine et dissiper toute accusation d'homosexualité en amorçant la réhabilitation morale de la Lyonnaise. La notice biographique qui suit va effectivement défendre la vertu de Louise. Malheureusement, pour ce faire, l'éditeur se croit obligé de rappeler les accusations portées contre elle pendant trois siècles. Le plaidoyer en faveur de l'éducation des femmes (leur penchant à la frivolité est plutôt l'effet des institutions que de leur caractère) s'accompagne de l'affirmation que l'œuvre de la Belle Cordière est entièrement sienne.

On insinue d'ordinaire que les femmes ne sont que les « mères adoptives » de leurs productions littéraires. Cette affirmation est fausse en ce qui concerne Louise Labé, dit Breghot, et il nie que M. Scève ait participé à la rédaction du *Débat*. L'œuvre de la Lyonnaise est bien née d'une expérience vécue de l'amour… mais d'un amour chaste. Pourquoi le mari ne serait-il pas l'amant chanté dans le recueil ? À partir de l'œuvre est reconstruite la vie, qui sert ensuite à l'expliquer. Et voilà Louise Labé promue au rang des épouses modèles !

Sainte-Beuve, quelques années plus tard, consacrait plusieurs articles à la Belle Cordière, qu'il situe d'abord, lui aussi, assez dédaigneusement entre Héloïse et Ninon de Lenclos. Est-ce une nouvelle édition des ouvrages de Louise par Boitel à Lyon (1845) qui l'oblige à les reconsidérer ? Il saisit alors l'occasion de « réparer un oubli » en lui consacrant une étude plus nuancée et plus élogieuse. Les qualités qu'il lui reconnaît sont essentiellement féminines : passionnée, elle parle « le langage de l'âme ». S'il avait déjà préféré le *Débat* à l'œuvre poétique, c'est parce qu'il en admirait la grâce, la finesse et l'art du détail. Mais ce qu'il ne saurait lui attribuer, c'est « l'intention », « l'idée originale », privilège masculin. Et faut-il prendre au pied de la lettre les jeux de l'imagination du *canzoniere* ?

L'époque romantique trouvait en elle une poétesse conforme à la sensibilité moderne qui renouait avec les valeurs prônées dans ses *Œuvres*, et avec la glorification de l'amour-passion. En témoigne le vibrant hommage qu'adresse à la « Nymphe ardente du Rhône », en 1833, dans les *Pleurs*, une consœur en poésie, Marceline Desbordes-Valmore : « Et tu chantas l'amour, ce fut ta destinée/Il fit tes jours, tes nuits, tes tourments et tes biens. »

L'heureuse expression de la tendresse, de toutes les nuances de la passion, telle est la qualité que lui reconnaissent unanimement les critiques du XIXe siècle. Et ils ne dou tent pas qu'elle chante les troubles, les souffrances et les jouissances de l'amour réellement ressenti. Mais sans aller jusqu'à en faire une courtisane, ils ne peuvent s'empêcher de juger déplacée et bien crue sa franchise : n'emploie-t-elle pas « des expressions un peu vives et qui semblent sortir de la retenue imposée à son sexe ? ». Breghot a beau ne pas y voir un préjugé contre sa vertu, invoquant les habitudes du temps, il en est gêné. De même Blanchemain, qui en fait une Juliette Récamier.

L. Feugère, bon connaisseur de la poésie féminine au XVIe siècle, rappelant en 1860 que les éloges des contemporains s'adressent aussi bien aux « vertus privées » qu'aux talents du poète, estime tout de même que Louise « exprime les transports de la passion dans un langage trop peu discret qu'accepterait difficilement le lecteur moderne ». Bref, la critique du XIXe siècle a beau saluer en Louise Labé un grand talent, elle ne peut lui pardonner tout à fait de transgresser les règles de la pudeur, en se complaisant si manifestement aux jeux de l'amour.

L'édition de Prosper Blanchemain en 1875 est surprenante et profondément contradictoire, ce qu'a noté Michèle Clément. Comme celle de Breghot du Lut, elle est due à un homme et l'apparat critique qui l'accompagne se veut là encore une justification de l'écriture féminine.

D'où vient le génie poétique de Louise Labé ? Quelle est l'origine de son œuvre ? De son expérience de l'amour, qu'on ne peut approuver, assure le commentateur : « On voudrait que le talent restât le privilège exclusif de la vertu. Mais en définitive, ce qui nous importe aujourd'hui, c'est son génie poétique. Ayons pour ses faiblesses l'indulgence qu'elle demandait aux dames de son pays [...]. Car c'est à l'amour que nous devons ces pages charmantes et légères, c'est la passion qui les a fait éclore. » Peu importe donc que cet amour soit « immoral » puisqu'il a permis une réussite littéraire.

Toutefois Blanchemain n'en reste pas là. Toujours en quête de l'origine de l'œuvre, après avoir cru la trouver dans l'expérience amoureuse de la poétesse, il faut chercher l'homme, se dit-il. Il en vient donc à reconnaître la marque d'Olivier de Magny dans ses poèmes. E. Turquety l'avait, avoue-t-il, découvert avant lui. La vocation poétique de la Belle Cordière ne se serait révélée qu'à l'arrivée à Lyon d'Olivier, « véritable inspirateur de sa muse ». La similitude des deux premiers quatrains du deuxième sonnet de Louise avec ceux du sonnet LV des *Amours* lui en fournit une preuve indiscutable. Ces vers « jaillis à la fois de leurs deux cœurs, tracés par leurs mains du même crayon, appartiennent peut-être autant à l'amant qu'à l'amante ». Louise était ainsi taxée d'impudicité et dépossédée de sa qualité d'auteur.

L'ouvrage que Charles Boy publie en 1887 comporte une édition des *Œuvres* dans le tome I, et dans le tome II des recherches sur la vie et les œuvres. Conseillé par Tamesay de Larroque, utilisant les recherches de l'avocat lyonnais Claude Bronchoud, Boy a manifestement présenté son édition comme le contrepied de celle de Blanchemain dont il démontre les faiblesses et les erreurs. Tout d'abord, il refuse de « priver Louise de ses écrits ». S'attachant à l'œuvre plus qu'à la personnalité de l'auteur il ne s'inquiète pas de la moralité de la femme mais de celle de ses écrits où il ne trouve, dit-il, « rien de licencieux », surtout si on les compare à d'autres œuvres, de son temps, féminines compris (il cite Marguerite de Navarre).

Il ne voit pas non plus dans les sonnets la transcription toute spontanée d'épisodes de sa vie amoureuse mais une construction raisonnée, « les assises méthodiquement élevées d'un petit temple réservé au culte de la divinité ». Cette attention portée à l'œuvre plutôt qu'à l'auteur s'accompagne d'une réflexion sur la critique biographique. Ch. Boy estime qu'on ne peut établir de parallèle entre l'œuvre et la vie, qu'il n'est pas nécessaire d'avoir eu de réelles amours pour concevoir « une de ces œuvres dont nous avons l'habitude de dire qu'elles ont été vécues ». Son étude témoigne d'une évidente partialité, de la volonté de réhabiliter la Belle Cordière, de dénoncer les préjugés antiféministes et les accusations calomnieuses dont elle a été victime.

Ce que révèlent ces trois éditions du XIXe siècle, c'est la nécessité pour les éditeurs, tous masculins, de légitimer l'écriture féminine, de la rendre acceptable. Breghot du Lut a voulu montrer que Louise n'était pas immorale et que son œuvre est entièrement sienne, Blanchemain que l'immoralité est nécessaire à l'écriture, et que Louise a eu un collaborateur masculin. Les positions de Ch. Boy paraissent opposées, judicieuses, à une exception près pourtant. Après avoir distingué vérité de l'amour vécu et création poétique « nous croyons, dit-il, que si la parole fut, comme on le dit, donnée à l'homme pour déguiser sa pensée, quand cette pensée est écrite dans la langue des vers et surtout quand cette pensée est celle d'une jolie femme, il est bien dangereux de poser la main sur le fil léger de quelques vers avec l'espoir d'arriver par lui aux plus intimes secrets d'une existence ». La dissimulation, l'art du déguisement chez la femme, qui participe de « l'éternel féminin » resterait donc incompréhensible aux hommes ?

C'est précisément à cette « essence » féminine qu'ont recours les trois éditions pour expliquer l'œuvre de Louise Labé. L'archétype féminin s'y définit par les stéréotypes de la finesse, l'imagination, la douceur, la faiblesse, le sens de la dissimulation, l'autre critère d'excellence étant la chasteté et son corollaire, la pudeur. Il s'agit ainsi moins de décrire une réalité féminine du XVIe siècle, que de construire un « profil normatif pour le public féminin du XIXe siècle ». Ainsi dans le Dialogue entre Sappho et Louise de l'édition de 1824, Sappho avoue que son amour de la liberté lui a valu la vénération de ses concitoyens. Louise, elle, déclare ne s'être « jamais mêlée d'affaires publiques, pensant que les hommes aimaient mieux voir une quenouille dans les mains d'Hercule que d'entendre des théories politiques dans la bouche d'une femme » (p. XXII). Trahison manifeste de la pensée de Louise dont plusieurs textes, on l'a vu, comme l'épître préliminaire, ont une portée politique.

Dans la lyrique amoureuse pétrarquiste, la femme, muette, est l'inspiratrice. Si c'est elle qui écrit, y a-t-il un équivalent masculin de la Muse ? Non, bien sûr. Il ne peut qu'être « inspirateur » de sa poésie, avoir une autorité sur elle, comme le dit Blanchemain. La création masculine n'est pas envisagée selon les mêmes critères que celle des femmes. Celle-ci est due à la spontanéité, au naturel d'après Breghot du Lut et Blanchemain, (ce que dément la poésie de Louise), parce qu'elles sont incapables de transcender la réalité pour en faire de la poésie.

La reprise du code masculin dans le discours pétrarquiste ne fait pas de la parole d'une femme une parole en écho, parce qu'elle est précisément une prise de conscience de sa différence. Plutôt que de l'admettre, les critiques du XIXe siècle ont préféré la fixité dogmatique d'un « éternel féminin ». Et Louise auteur en est, selon eux, l'incarnation achevée.

XXe siècle : la revanche

Le XXe siècle voit s'affirmer la renommée de Louise Labé. Elle suscite l'admiration de grands critiques et l'image qu'ils en donnent, héritage du romantisme, est celle de l'amante des élégies et des sonnets. Ils vantent avec insistance l'ardeur et la sincérité d'une passion qui s'exprime avec naturel et spontanéité. « Pour la première fois en notre langue la passion s'exprimait en se déchaînant avec cette véhémence et cette naïveté », écrit F. Brunetière en 1900. Associant dans l'éloge Marguerite de Navarre, Pernette du Guillet et Louise Labé, il juge que « de l'exaltation du désir d'amour et de son épuration elles ont fait la source même de l'inspiration poétique ».

Pour É. Faguet, « les vers de Louise Labé sont les plus beaux vers passionnés du monde », pour M. Jasinski « à force de sincérité, elle atteignit là où Ronsard et du Bellay n'arrivèrent que bien plus tard, dégagés à grand-peine de leur premier pédantisme : à l'originalité ». Originalité, soulignée encore par lui, d'une poésie « unique en ce XVIe siècle qui, de l'amour, n'a guère voulu exprimer que les élégances convenues ou la joie reconnaissante de la volupté ».

Brunetière avait remarqué la « mélancolie passionnée » de certains vers. L'image que Rainer Maria Rilke donne de Louise en 1910 est celle d'une femme douloureuse, profondément marquée par les « longues souffrances de l'amour ».

Ce qu'elle dépeint, sans craindre de l'effrayer, à la toute jeune Clémence de Bourges, dédicataire de l'épître préliminaire, c'est «la montée nocturne du désir; elle lui promet la douleur comme un univers agrandi». La poétesse s'efface ici devant la femme.

La thèse de Dorothy O'Connor en 1926 ouvre une époque nouvelle dans les études sur la Belle Cordière, et donne à son image une autre dimension. Elle n'est plus seulement l'amante passionnée et douloureuse du siècle précédent. «J'ai désiré avant tout, dit-elle dans l'avant-propos, présenter l'histoire de mon héroïne d'une façon vraiment scientifique.» Elle s'est donc livrée à des recherches très étendues dans les archives et les textes littéraires sur Louise, sa famille, son entourage, son époque, pour étudier «une sensibilité féminine à l'époque de la Renaissance», en attachant beaucoup moins d'importance qu'on ne l'a fait jusqu'alors aux mœurs de la belle Lyonnaise. Ses œuvres ont été analysées «en rapport avec le siècle qui les vit naître, et non plus en les isolant comme autant de spécimens d'un esprit féminin». L'image que son ouvrage donne de Louise Labé, c'est celle de l'écrivain, et plus précisément de celui «qui représente le mieux une certaine phase de la Renaissance française».

Plus que sur la femme, l'accent est mis sur l'œuvre replacée dans son contexte historique et littéraire : le mérite de Louise c'est qu'à une époque où ce genre de poésie était encore tout neuf en France, elle sut écrire des sonnets originaux et non calqués sur des poèmes italiens. Ce n'est plus seulement la sincérité de l'amante, mais l'originalité de la poétesse qui est jugée digne d'admiration, en un temps, précise l'auteur, où l'originalité en matière de vers n'était pas tenue en haute estime.

D. O'Connor convient toutefois que «son plus grand mérite sera toujours celui d'avoir fait de ses vers les secrétaires de son cœur». Mais on regrette que, tout en souhaitant montrer son héroïne sous un jour favorable, elle ait accepté d'en faire, selon une tradition déjà ancienne, une «*cortegiana honesta*, à l'exemple des meilleures d'Italie», quoique celles-ci n'aient pas montré de talent littéraire. «Nous croyons, dit-elle, qu'elle le fut indubitablement. » Elle lui reconnaît, sans autre précision, une « inspiration féminine », indéniable. Déguisée sous un pseudonyme masculin, on reconnaîtrait sans peine dans sa prose et sa poésie la main d'une femme.

S'il loue, après bien d'autres, la sincérité de la poétesse dont l'art est égalé à celui de Villon et Marot, Koczorowski admirant les pages « si vives, si pleines de verve satirique », du *Débat*, voit en Louise « un esprit fin et perspicace », observant la société du XVIe siècle, ses amours, ses plaisirs, ses études, et « un cœur jeune s'intéressant vivement à tout ce qui se passe autour de lui ». Image peu habituelle d'un auteur qui eut tant de vogue à l'apogée de la Renaissance et dont on comprend pourquoi il provoqua tant d'écrits cherchant à pénétrer cette « âme attrayante ».

L'image de Louise, douée pour l'observation et la satire, s'enrichit ainsi de nouvelles facettes, ignorées, semble-t-il, jusqu'alors. Léon-Paul Fargue s'en fait encore la même image d'une « mondaine, ardente, à la page ». Attentive à la mode, aux modes littéraires, il voit en elle pourtant une révolutionnaire. « Cette princesse d'école lyonnaise demeure une Antigone, une délicieuse rebelle. » Cet aspect revendicatif de Louise Labé n'avait pas encore été vraiment dégagé. Femme tout autant que poétesse, voulant « les droits du cœur, comme celles d'aujourd'hui veulent les droits de la citoyenne », telle est l'image retouchée de l'amante déchirée par la passion.

Qu'elle continue cependant à hanter les imaginations romanesques, et reste encore une figure de légende, « un rêve d'antan » : c'est ce que prouve la belle « Plainte pour le quatrième centenaire d'un amour » qu'Aragon dédia à la mémoire de cette Belle Cordière « à l'étrange nom », en 1941. Il transfigure la véritable Louise en une jeune fille « qui fut soldat comme Jeanne à seize ans », actualise et revit, sur arrière-fond de guerre et de désastre, l'amour et la séparation des amants, Louise et Olivier de Magny : « Rien n'est changé ni nos cœurs ne le sont/C'est toujours l'ombre et toujours la mal'heure. »

Mais la personnalité de Louise Labé va, peu à peu, se libérer des préjugés et des reconstructions romanesques qui la défiguraient. L'œuvre poétique et l'œuvre en prose suscitent de plus en plus un intérêt de nature esthétique, mais devront pourtant être débarrassées d'un certain nombre de lieux communs : sa supériorité sur Scève notamment, avant qu'on reconnaisse les mérites incontestés de la poésie « obscure » de l'auteur de *Délie*. Et Louise la poétesse sera estimée bien supérieure à la prosatrice, et l'auteur des sonnets plus « moderne » que celle des élégies, préjugé qui a encore la vie dure.

La comparaison entre les deux « perles » lyonnaises, Pernette du Guillet et Louise Labé, a souvent nui à l'une et à l'autre à tour de rôle. Pernette offre l'image d'une femme poète dont l'œuvre a été marquée par la forte personnalité de Scève dont elle fut à la fois la disciple et l'inspiratrice. Scève est son « Jour », la lumière qui l'arrache à l'ignorance, intellectuelle et morale, et toute lumière vient de lui. L'inspiration amoureuse oriente les *Rymes* comme la *Delie*. La confrontation de leurs deux œuvres découvre l'identité de leurs conceptions, leur effort commun dans une ascèse spirituelle douloureuse pour atteindre « la parfaite amitié », l'amour pur fondé sur la vertu et le savoir, ou plutôt sur la vertu du savoir, selon la formule de V.L. Saulnier. En accord avec la théorie platonicienne, Pernette souhaite la fusion totale avec l'aimé. À la réflexion austère elle mêle l'ardeur enthousiaste de la jeunesse : c'est cette alliance qui caractérise sa manière poétique et, à travers elle, l'image de la femme dans son œuvre.

Comme son maître, Pernette refuse la soumission charnelle et affective d'un être à l'autre, veut se délivrer des tourments de « l'amour mondain », la jalousie et l'absence. Comme Scève, mais avec une sensualité moins marquée, elle ne passe pas sans trouble de la tendresse ardente au « parfait amour ». Les *Rymes* trahissent pourtant la souffrance de devoir se refuser pour parvenir, au prix d'un dépassement continuel, à un bonheur supérieur mais aussi une certaine volupté de la tristesse qu'elle puise dans ce renoncement même. Mariée après la rencontre du poète, âme délicate, déchirée sans doute entre le plaisir vulgaire « trop condamnable» qu'elle doit accorder à l'époux et son amour ardent pour un autre. Les vers de Pernette trahissent une nature empreinte de douceur, humble sans asservissement, une coquetterie ingénue lorsqu'elle attise par sa réserve la flamme de l'aimé qui, lui, l'accuse de froideur et de cruauté.

Louise affiche une personnalité bien plus affirmée, indépendante de toute influence masculine, un tempérament plus ardent et plus souple que celui de Pernette, et exprime, dans un registre plus varié, toutes les nuances de l'amour, comblé ou déçu. L'opposition entre l'esprit et la chair, entre le bien et le mal, qui traverse toute la poésie de Pétrarque comme celle de Scève et de Pernette, n'existe pas chez Louise Labé qui ignore, nous l'avons dit plus haut, le sens du péché. Dans le *Dictionnaire universel des lettres*, l'auteur de l'article «Louise Labé» écrit que son «œuvre littéraire est tout entière vouée à l'amour charnel». Ce qui est faux.

L'union qui chez Pernette s'effectue par le dépassement de l'amour physique, Louise la cherche tout aussi passionnément, mais la fait naître du plaisir des sens, loin de l'en séparer. C'est sans doute pourquoi nombre de critiques, comme V.L. Saulnier, dont les jugements sont d'ordinaire judicieux et mesurés, ont fait de Louise une courtisane permettant dédaigneusement à son mari de lui accorder de vivre dans l'aisance, confondant comme beaucoup d'autres auparavant, la légende d'une vie avec la réalité poétique. La comparaison avec Pernette a sûrement contribué à déconsidérer la conduite plus «libre» de la Belle Cordière.

Léopold S. Senghor, au contraire, qui voit en Louise «la plus grande poétesse de France», s'étonne qu'elle ait pu passer pour une «indigne courtisane», alors qu'on ne saurait, selon lui, trouver dans toute notre littérature de «poèmes d'amour plus pudiques».

Thierry Maulnier, jugeant irremplaçables les paroles des deux Lyonnaises, que n'ont pu égaler «les plus violentes et les plus tendres filles de Racine», établit entre l'œuvre de Pernette et celle de Louise une égalité qui semble à présent contestable. Festugière, lui, juge les vers de Pernette meilleurs que ceux de Louise. Et V.L. Saulnier marque également sa préférence pour Pernette. Est-ce uniquement la poétesse, qui est jugée ou la femme, plus conforme au modèle traditionnel de l'épouse chaste, partagée entre les devoirs conjugaux et l'amour pour celui qui seul est la source du bien, mais décidée à ne pas «fouler son honneur» ?

Pourtant, au fur et à mesure que grandit la renommée de Louise, c'est la femme de lettres et la mondaine qui retient l'attention. André Gide la situe, avec Pernette, non sans quelque dédain, dans la société lyonnaise de Scève, «cour d'amour éprise d'érudition, de préciosité où toute simplicité, tout naturel semblait vulgaire, où la passion devient aussitôt matière à discussion et à discours». Ainsi dénonce-t-il tout ce que l'amour littéraire comporte de pédanterie, d'artifice et de fausseté, «si ardentes que soient (ou que se veuillent) ces deux savantes muses».

Quant à la valeur poétique de Louise Labé, on l'a, selon Gide, ces derniers temps surfait à plaisir. Dans les meilleurs sonnets, il a trouvé des vers «d'une platitude et d'une gaucherie désolantes qui les déparent». Aussi pense-t-il que la figure même de la Belle Cordière – sa légende en somme – entre pour beaucoup dans «cette sorte de culte que certains lui vouent, comme il advint récemment, et plus abusivement encore pour la comtesse de Noailles».

Une femme poète à la réputation surfaite, dont l'œuvre reflète les travers du petit cercle lettré qu'elle fréquentait. Voilà l'image, peu flatteuse, qu'en a donnée André Gide. Moment d'humeur, désir d'aller à contre-courant de l'opinion générale de la critique ? Son jugement prouve du moins la renommée de Louise Labé dans les années 1945-1950. C'est aussi le portrait d'une mondaine, admiratif cette fois, que Marcel Arland donne de l'auteur du *Débat*, «à mi-chemin entre ceux du Moyen Âge et ceux de l'hôtel de Rambouillet, qui nous révèle une Précieuse; c'est une vraie Précieuse qui n'ignore ni la mesure ni le goût».

Louise n'est plus seulement la poétesse de l'amour, dans les sonnets et les élégies. Son *Débat* fait d'elle un «excellent prosateur». Cette œuvre «charmante, aisée, heureuse» offre de celle dont on faisait exclusivement le chantre de la passion amoureuse, l'image d'un écrivain doué, capable de maîtriser avec bonheur les difficultés de son art, dont la prose n'est plus celle de Rabelais, ni de Marguerite, et « s'apparente un peu à celle d'Amyot et nous laisse pressentir Montaigne ».

Dès 1944, les recherches historiques concernant Louise Labé avaient beaucoup progressé grâce à la publication du manuscrit de Georges Tricou, complété par les études de Kenneth Varty (1959). Ces travaux situaient Louise au sein de sa famille, faisant s'évanouir certaines légendes.

Elles n'ont pas découragé un écrivain comme Luc van Brabant. Après une première étude en hollandais sur les sonnets, il a bravement entrepris de résoudre les énigmes de la vie de la belle Lyonnaise dans divers ouvrages : *Louise Labé et ses aventures amoureuses avec Clément Marot et le Dauphin Henry* [...] en 1966, *Les baisers littéraires et le salon de Dame Louïze Labé, Ensemble avec : Maurice Scève et le cœur astral de Louise Labé, l'explication de sa devise et son arbre généalogique* (1967). *Présence de Louise Labé au cœur de l'*œuvre *de Clément Marot* (1969).

L'auteur y accumule les affirmations les plus fantaisistes et les plus rocambolesques, étayées sur ses interprétations de l'œuvre ! Marot aurait été séduit par Louise, âgée de douze ou treize ans, lors de son premier séjour à Lyon. C'est elle qu'il aurait chantée sous le nom d'Anne, cette Anne qui lui jetait de la neige. Mais Anne-Louise serait restée sourde à ses déclarations assidues. Étienne Dolet aurait alors incité la jeune fille à répondre aux avances du poète. Celui-ci, de retour à Lyon, l'aurait rencontrée à nouveau dans la demeure de la famille de Bourges, rue des Générales, qui n'était pas très éloignée de celle de son père, Pierre Labé, et Marot serait la source du mauvais renom de la Belle Cordière.

L'imagination romanesque de Van Brabant a librement inventé, aucun témoignage ne venant confirmer ses dires. On a noté plus haut qu'il est difficile d'apprécier la nature des rapports entre Louise et Clément Marot, si tant est qu'il y en ait eu de notables. Le poète quercynois a pu rencontrer la jeune fille, puisqu'il est revenu à Lyon à plusieurs reprises, de 1538 à 1542. Il aurait été alors simplement séduit par sa beauté et son charme. Les épigrammes qu'on lui attribue ne font aucune allusion aux dons poétiques de la jeune fille dont les *Œuvres* parurent d'ailleurs onze ans après la mort de Marot (1544). S'il avait été sérieurement épris, ne lui aurait-il pas adressé personnellement quelque poème ?

Quant au Dauphin Henry, ce serait l'homme de guerre dont elle s'était éprise à seize ans et elle l'aurait suivi au siège de Perpignan, etc. Le critique E. Giudici n'a pas eu de peine à démontrer le ridicule de ces assertions sans fondement.

Dès lors, ce type de recherches semble s'arrêter, l'intérêt de la critique française, et des pays les plus divers se porte uniquement sur l'écrivain. Tout au long du XXe siècle, se succèdent études, commentaires, textes d'hommages, traductions. Dès 1584, le *Débat* avait été traduit en anglais. Après l'édition de 1824 (Cochard et Breghot du Lut), ses sonnets sont traduits en allemand (1824, 1924, 1928, 1932, 1935, 1936) à Strasbourg, Zurich, Berlin, Hamsbourg, Munich, Munster, en italien à Milan (1946), Florence (1965) en anglais, par K. Varty, en Grande-Bretagne et au Canada (Toronto), en polonais par K. Kaspisz qui lui consacrera plusieurs études, en hongrois, à Budapest (1937), en hollandais à Anvers (1960) et à Lima enfin.

De Rainer Maria Rilke qui l'évoque longuement et traduit plusieurs de ses sonnets à Paul Éluard déclarant : « Sa sincérité est sublime », à Albert-Marie Schmidt, admirant sa « minutieuse sincérité féminine, mais non efféminée », à Andrée Chédid, Max-Pol Fouchet, et bien d'autres poètes et écrivains, l'admiration pour Louise Labé témoigne de son accord avec la sensibilité moderne.

Celle du critique italien, Enzo Giudici, a été totale et ne s'est jamais démentie au cours de la très abondante et très importante série de travaux, de 1953 à sa mort. L'édition des *Œuvres* qu'il a donnée en 1981 est une œuvre de référence. Il a tracé de son héroïne le portrait le plus enthousiaste, et a voué à son œuvre une admiration justifiée par nombre d'analyses et de renseignements très précieux (notamment en ce qui concerne les influences italiennes sur sa culture et sa création littéraire). Sous sa plume, la belle Lyonnaise apparaît comme «la réalisation colorée et souriante de l'idéal humain et culturel de Léonard, dans lequel le culte de l'âme épouse le souci du corps et la recherche la plus anxieuse s'unit au plus serein rêve de la beauté. Une harmonie absolue de la vie avec l'art et de la chair avec l'esprit, caractérise le portrait de Louise. On ne voit en elle qu'un calme équilibre, où la mâle virilité de la nature et le besoin extrême de volupté concourent à une parfaite unité».

Quant à sa poésie, «mélodieuse et colorée», elle lui paraît être «la projection d'un moi intense et tenace. Ce moi assoiffé de vie et de liberté, païen et romantique à la fois, est le ressort, le secret, l'âme de la poésie de Louise». Plus encore qu'avec Scève ou avec Pernette du Guillet, estime-t-il, «la Renaissance lyonnaise s'épanouit avec Louise Labé dans toute sa plénitude et sa splendeur, fraîchement désireuse de volupté, sans réserves ni doutes».

Si son œuvre reste appréciée d'un public cultivé, presque uniquement par les sonnets d'amour, le nom de Louise Labé n'est pas ignoré, mais évoquera longtemps encore une vie légendaire, qui, pour le plus grand nombre, reste scandaleuse. Son souvenir est célébré et vivace dans sa ville natale, mais tout de même, on y a renoncé à donner son nom à un lycée de jeunes filles! Dans l'avant-propos aux travaux de Giudici, en 1964, Jean Tricou écrivait déjà que Louise Labé était devenue une spécialité lyonnaise, au même titre que le guignol et le saucisson. Depuis trois ou quatre décennies, les travaux sur Louise Labé se sont multipliés. Son image en a-t-elle été modifiée? Guère, sinon dans quelques biographies enthousiaste dues à G. Guillot, ou à Fernand Zamaron, attentif à situer parmi ses contemporains «la dame de franchise». En fait, c'est à l'œuvre qu'ont été consacrées et que le sont encore, les très abondantes études sur la Belle Cordière.

Les recherches de Natalie Zemon Davis sur les cultures du peuple et sur les femmes du XVIe siècle, particulièrement dans le milieu lyonnais, recherches extrêmement importantes et novatrices ont, entre autres, souligné «à quel point l'exploit de Louise fut extraordinaire, elle la seule femme poète de basse naissance dans la France du XVIe siècle». Car, si la femme riche et bien née pouvait être incitée à lire et à écrire, par la publication d'œuvres féminines (de Christine de Pisan ou de Marguerite de Navarre) et grâce à l'influence dans des milieux cultivés des programmes d'enseignement – très modestes – recommandés par des humanistes comme Érasme ou Vivès, « en revanche il est probable que pour les femmes du même peuple, savoir lire et écrire reste chose plutôt ridicule, un thème de farce ».

Une femme que son intelligence et sa curiosité d'esprit ont fait sortir de son milieu, c'est aussi le portrait qu'en donnait Ch. Boy, l'imaginant aux prises avec les préjugés de son entourage, vraiment comprise « ni du monde auquel elle appartenait ni de celui auquel elle aurait dû appartenir ».

Nathalie Davis justifie aussi la fidélité de Louise à la religion catholique en la replaçant dans son milieu. La Réforme attirait les simples citadines désireuses de lire, de s'instruire, ou les aristocrates cultivées qui jouaient un certain rôle dans la vie publique. Mais le mouvement protestant ne recruta pas dans le cercle étroit, important toutefois, des femmes vraiment lettrées des villes comme Louise qui avaient déjà eu accès au savoir. Pourtant son testament atteste son refus de cérémonies ostentatoires.

Un autre aspect de la personnalité de la Belle Cordière est apparu plus récemment, celui de la féministe militante. Dès 1924, Émile Henriot notait qu'elle « lève avec un grand bon sens l'étendard des revendications féministes les plus fortes ». Dans l'*Épître dédicatoire*, cette petite-bourgeoise ne réclamait-elle pas audacieusement le droit de se mettre à l'étude, de composer des ouvrages littéraires et qui plus est de les publier ? Dédaignant les attributs traditionnels de la femme-objet, elle lançait un appel aux dames « vertueuses » (courageuses) pour qu'elles s'encouragent mutuellement à conquérir une gloire réservée jusque-là au sexe masculin, à participer à la vie culturelle à égalité avec les hommes, dans une collaboration suscitant l'émulation pour le plus grand profit de tous. Elle souhaitait aussi les voir devenir leurs compagnes dans la vie privée comme dans la vie publique.

Il n'est pas inutile d'énumérer à nouveau ces revendications aux résonances étonnamment modernes pour apprécier à quel point elles semblaient provocantes au XVIe siècle. Cette liberté qu'elle réclamait d'ailleurs sans agressivité visait l'harmonie sociale. On découvre ainsi la dimension politique de l'œuvre en prose longtemps oubliée. La figure de la poétesse se double alors de celle d'une bonne observatrice de la société du temps, maniant la satire avec un sourire amusé et un regard aigu.

L'intérêt grandissant porté à l'écriture féminine a actuellement orienté l'étude de ses œuvres vers l'expression de sa « différence » face aux auteurs masculins. En 1962, G. Guillot notait déjà que Louise « s'accepte dans son sexe ». Il en fait un « être volontaire, alors qu'en général, l'aggravation de la féminité chez la femme, la mène à l'exhibitionnisme et au lyrisme ». De façon plus précise, Louise va devenir le type même de l'auteur femme qui s'approprie les modèles, le rôle et les énoncés masculins et en modifie ainsi radicalement la portée.

C'est sous cet angle que la critique des dernières années du XXe siècle, américaine surtout, a analysé les sonnets et les élégies. Un système aussi codifié que le discours pétrarquiste, proféré d'ordinaire par une voix masculine, se prête tout particulièrement à étudier les modifications que lui fait subir une locutrice. L'écart entre le *canzoniere* de Louise et le cheminement traditionnel de Pétrarque et de ses émules montre que son utilisation du code pétrarquiste dans le discours lyrique illustre « une prise de conscience de sa différence sexuelle par l'auteur ».

Ann Rosalind Jones évoque ainsi judicieusement Pernette et Louise sortant du silence pour occuper le lieu du discours masculin par la marge : « Elles s'emparent de sa position centrale en tant que locutrices et en adaptant les rituels à leurs propres fins. Leur condition de femme, leur voix de femme ne se limitent pas à modifier un style poétique : elles récrivent les règles du jeu. » Nouveau point de vue sur la littérature écrite par des femmes, que ne pouvait partager encore la critique du XIXe ou du début du XXe siècle.

L'œuvre de Louise peut ainsi être qualifiée « la première, la plus éclatante, la plus entièrement féministe dans toute la littérature française » (T. Conley). Son auteur devient l'archétype accompli de l'auteur femme, assumant en toute sérénité sa différence. Cette dimension nouvelle qui consacre pleinement ses talents d'écrivain, fait d'elle le « sujet du désir », (c'est le titre de l'étude récente de D.L. Baker), non plus seulement son objet. Elle a conquis, avec le droit à la parole, son autonomie, très différente du farouche repli sur soi de l'amant pétrarquiste. Sans se départir pour autant d'une ouverture d'esprit qui lui fait chercher le dialogue, l'échange avec autrui que ce soit avec les auteurs contemporains ou ceux du passé, la communauté féminine de l'Épître ou du *Débat*, ou même l'amant du *canzoniere*.

La modernité de Louise Labé a été soulignée à des époques différentes. Celle de l'auteur des élégies et des sonnets surtout. Sans doute parce que sa poésie intemporelle, sans anecdote, sans allusion personnelle, peut être de tout temps et de tout lieu, et que sa « simplicité artistique », où passion et poésie se confondent avec une remarquable cohérence, garde, à travers toutes les facettes de la *persona* qu'elle présente, l'accent de la « sincérité ». À condition de donner à ce terme le sens de faculté de pénétrer clairement les exigences de son esprit et de les exprimer avec cette ardeur si « innocente » qui suffit à se justifier. Sans doute d'autres aspects de la personnalité ou de l'œuvre de Louise Labé apparaîtront-ils à de nouvelles générations de lecteurs. Ce serait la preuve qu'elles peuvent rester étonnamment vivantes.

On ne s'étonne pas que poètes, romanciers, dramaturges de nos jours encore séduits par la Belle Cordière se soient emparés d'une figure légendaire assez imprécise pour permettre les jeux de l'imagination ; quitte, bien sûr, à défigurer ou à embellir à son gré le personnage, sans trop se soucier du contexte historique.

Épilogue

Notre domaine n'est pas celui de la biographie imaginaire ou du roman. Rien n'empêche toutefois, à partir de ce que nous savons de sa vie, de ce que l'œuvre révèle de sa sensibilité et de ses qualités d'auteur, de chercher à se représenter Louise Labé.

Une personnalité exceptionnelle, un destin exceptionnel. Des dons innés, une intelligence vive et brillante, et des capacités physiques. Dès son jeune âge sans doute, une ardente curiosité et de la ferveur pour le savoir. Il lui a fallu montrer une volonté très ferme, déployer énergie et ténacité pour acquérir, peu importe comment et auprès de qui, des connaissances qu'on ne dispensait pas aux gens de son milieu, surtout pas aux filles. Grâce à la camaraderie fraternelle, elle est devenue une excellente écuyère, ce que seule sa condition modeste rendait un exploit. Mieux encore, le « capitaine Loys », comme on l'a surnommée avec admiration, a gagné ses galons en endossant la lourde tenue du combattant et en s'entraînant aux armes. C'était à coup sûr une solide gaillarde, guerrière, douée de souplesse et de vigueur.

À l'énergie physique, Louise dut joindre l'énergie morale, pour s'adonner studieusement aux lettres, et aussi l'art de s'adapter, dans une société très hiérarchisée, aux compagnies mondaines, aussi prêtes à admirer une jeune prodige qu'à rire de ses ignorances ou de ses faux pas. Vaincre la malveillance des proches, les préjugés des notables, demandait tact et finesse. Elle n'en manquait pas.

Passionnée, Louise dut l'être dans sa quête du savoir comme dans la vie amoureuse. Hardie, téméraire même lorsqu'elle rompt des lances pour défendre la dignité féminine, assez libre pour faire fi des sots racontars. Mais l'œuvre révèle un tempérament bien équilibré, alliant malice souriante et ardeur sensuelle sans culpabilité, un écrivain maîtrisant parfaitement son art.

Étonnante poétesse, à la personnalité si riche que chacun peut l'imaginer à sa guise. Célébrée, encensée, calomniée, elle achève sa vie en bourgeoise à l'aise, gérant ses biens, retirée. Son testament fait apparaître une femme généreuse, attentive envers les humbles et ceux qui l'ont entourée dans sa retraite.

Louise Labé s'est éteinte dans l'oubli. Mais le mince recueil qu'elle a laissé a traversé les siècles pour faire entendre l'une des poésies d'amour les plus vibrantes et les plus prenantes de la Renaissance française.

Notes
et références bibliographiques

Chapitre premier – «Le climat lyonnais»

P. 7. A. du Moulin, *Aux Dames Lyonnoizes. Rymes de gentile et vertueuse Dame D. Pernette du Guillet, Lyonnaise*, Lyon, Jean de Tournes, 1545. Édition critique par Victor E. Graham, Genève, Droz, 1968, p. 3.

P. 11. F. Gascon, *Grand commerce et vie urbaine au XVIe siècle. Lyon et ses marchands*, environs de 1520, environs de 1580, Paris, Mouton, 1971, 2. vol., t. I, pp. 47 sq.

P. 13. V.L. Saulnier, *Maurice Scève*, Paris, Klincksieck, 1948, p. 18.

P. 14. Rabelais, *Œuvres complètes*, éd. Jourda, Garnier, 1962, t. I, *Pantagruel*, ch. VIII, p. 259.

P. 17. Jacqueline Boucher, *Lyon et la vie lyonnaise au XVIe siècle*, Lyon, éd. lyonnaises d'art et d'histoire, 1992, p. 102.

P. 18. L. Febvre, *Le problème de l'incroyance au XVIe siècle*, Paris, Albin Michel, 1942 et 1968, p. 42.

P. 19. Voir l'article de J. Cl. Margolin, «Le cercle humaniste lyonnais d'après l'édition des Epigrammata (1537) de Jean Visagier», *L'humanisme lyonnais au XVIe siècle*, Presses Universitaires de Grenoble, 1974, pp. 151-183, auquel je suis très redevable pour ce passage, citation p. 170.

P. 23. V.L. Saulnier, *op. cit.*, ch. VI.

P. 25. L. Febvre, *op. cit.*, p. 42.

P. 26. Jacqueline Boucher, *op. cit.*, p. 96.

P. 26. Claude de Rubys, *Histoire véritable de la ville de Lyon*, Lyon, Bonav. Nugo, 1604, pp. 499-500.

P. 28. A. Baur, *Maurice Scève et la Renaissance lyonnaise*, Paris, Champion, 1906, p. 50.

Chapitre II – La famille du cordier

P. 29. Georges Tricou, « Louise Labé et sa famille », *Bibliothèque d'Humanisme et Renaissance*, V, 1944, pp. 60-104.
P. 31. Inventaire sommaire des Archives communales antérieures à 1790 ; Ville de Lyon, t. II, p. 44, série CC 23 (registre).
P. 35. Louise Labé, *Œuvres complètes*, éd. Fr. Rigolot, Paris, Flammarion, 1996, pp. 192-193.
P. 36. Georges Tricou, *op. cit.*, p. 71.
P. 37. Nathalie Zemon Davis, *Les cultures du peuple*, p. 154, note 40.

Chapitre III – Énigmatique adolescence

P. 39. Cl. Marot, *Œuvres poétiques*, éd. G. Defaux, Paris, Bordas, 1993, t. I, Ép. XIX, v. 57-58.
P. 40. L. Labé, *Œuvres complètes*, éd. Rigolot, *op. cit.*, p. 184, v. 155-157 ; et p. 193, v. 431-448.
P. 40. K. Varty, « The Life and Legend of Louise Labé », *Nottingham Medieval Studies III*, 1959, pp. 78-108.
P. 41. L. Labé, *Œuvres*, *op. cit.*, pp. 194-195.
Sur le collège de la Trinité, voir :
G. de Groer, *Réforme et Contre-Réforme en France. Collège de la Trinité au XVIe siècle à Lyon*, Paris, 1995.
A. Jouanna, Ph. Hamon, D. Biloghi, G. Thiec, *La France de la Renaissance, Histoire et dictionnaire*, Paris, Laffont, 2001, pp. 584-585.
P. 44. Florence Weinberg, *Longs désirs, L. L. Lyonnaise,* éd. lyonnaises d'art et d'histoire, 2002, pp. 43 sq.
P. 44. J. Boucher, *La vie à Lyon, op. cit.*, p. 115.
P. 45. L. Labé, *Œuvres complètes, op. cit.*, p. 273.
P. 45. Fr. Rigolot, *Louise Labé Lyonnaise ou la Renaissance au féminin*, Paris, Champion, 1997, p. 140.

P. 47. L. Labé, *Œuvres complètes, op. cit.*, Épigrammes XIII et XIV, p. 160.
P. 48. V.L. Saulnier, *Maurice Scève, op. cit.*, t. II, p. 61, note 10.
P. 52. *Ibid.*, t. II, pp. 36 et 148-150.

Chapitre IV – La fille de Mars et de Vénus

P. 53. *Œuvres complètes, op. cit.*, Élégie III, v. 37-41.
P. 55. *Ibid.*, Ode XXIV, « Des louanges de Dame Louise Labé », p. 183.
P. 56. L. Labé, *Œuvres*, éd. Ch. Boy, Genève, Slatkine, 1981 ; rééd. : Paris, 1887, t. II, pp. 41-42.
P. 56. G. Tricou, *op. cit.*, pp. 79-80.
P. 57. Voir également Daniel Martin, *Signe (s) d'amante. L'agencement des Euvres de Louïze Labé Lionnoize*, Paris, Champion, 1999, pp. 458-460.
P. 57. Antoine du Verdier, *Bibliothèque*, 1585.
P. 57. Voir A. Jouanna, « La noblesse française et les valeurs guerrières au XVIe siècle », *L'homme de guerre au XVIe siècle*, notes du colloque de l'association R.H.R., Cannes, 1989, publ. par G.A. Pérouse, A. Thierry, A. Tournon, Saint-Étienne, Publ. Univ., 1992, p. 207.
P. 58. L. Labé, *Œuvres complètes, op. cit.*, Ode XXIV, v. 149-154.
P. 58. *Ibid.*, v. 177-180.
P. 59. Clément Marot, *Œuvres poétiques*, éd. G. Defaux, Garnier, 1993, pp. 283-284, éd. pour l'identification des « jeunes hommes » et de Louise, pp. 1082-1083. Il s'agit peut-être d'Antoine du Moulin et de Claude Galland, de Sainte Marthe ou Charles Fontaine – des Lyonnais, c'est tout ce qu'on peut affirmer. Quant à Louyse, G. Defaux pense qu'il s'agit sans doute de L. Labé.
P. 60. K. Berriot, *Louise Labé. La Belle Rebelle et le François nouveau*, Paris, Seuil, 1985, p. 107 ; D. Martin, *op. cit.*, p. 452.
P. 62. G. Tricou, *op. cit.*, pp. 78-79.
P. 64. V. L. Saulnier, *op. cit.*, p. 345.
P. 65. Claude de Rubys, *op. cit.*, Lyon, 1604, p. 375 ; V. L. Saulnier, *op. cit.*, p. 344.
P. 66. Jean Guéraud, *Chronique lyonnaise*, présenté par G. Tricou, Lyon, 1929, pp. 44-48.

Chapitre V – Mariage

P. 67. F. Rabelais, *Pantagruel*, éd. Jourda Garnier, 1962, Ch. VIII, p. 262.
P. 67. L. Labé, *Œuvres complètes*, *op. cit.*, Épître dédicatoire, p. 40.
P. 70. Voir Archives de Lyon, B.B. 83, doc. 77, 234.
P. 71. L. Labé, *Œuvres*, éd. Ch. Boy, Genève, réimpr. Slatkire, 1981, p. 48.
P. 76. G. Tricou, *op. cit.*, (Inventaire des Célestins), pp. 85-86.
P. 77. Ch. Boy, *Œuvres*, *op. cit.*, t. II, pp. 50-51 ; G. Tricou, *op. cit.*, pp. 86-89.

Chapitre VI – Débats à la mode sur la langue et l'amour

P. 79. Voir *Œuvres complètes*, éd. Rigolot, p. 242.
P. 80. V.L. Saulnier, *op. cit.*, p. 34.
P. 82. G. Tory, *Champfleury* (K 32, fol. XII, 2°) cité par F. Brunot dans *Histoire de la langue française*, t. II, 1907, p. 35.
P. 84. Nina Catach, *L'Orthographe française à l'époque de la Renaissance*, Genève, Droz, 1968, pp. 246-247.
P. 85. F. Brunot et Ch. Bruneau, *Précis de grammaire historique*, Paris, Masson, 1933, pp. XV-XVI.
P. 86. Louise Labé, *Œuvres poétiques* ; Pernette du Guillet, *Rymes*, éd. Fr. Charpentier, Paris, Poésie Gallimard, 1993, p. 19.
P. 86. R. Antonioli, « Un médecin lecteur du Timée », *L'Humanisme lyonnais au XVIe siècle*, S. Champier, Presses Universitaires de Grenoble, 1974, pp. 53-60.
P. 88. H. Weber, *La création poétique en France au XVIe siècle*, Paris, Nizet, 1981, pp. 162-167.
P. 91. Cl. Marot, *Œuvres poétiques*, éd. G. Defaux, Paris, Garnier, t. I, XL et XXXVII.
P. 92. V. L. Saulnier, *op. cit.*, p. 207.

Chapitre VII – Dans les cercles lettrés

P. 97. Cl. Marot, *op. cit.*, t. II, p. 204, VII ; la réponse de Jeanne Gaillarde figure au t. I, p. 144 (Rondeau XX).

P. 98. M. Madeleine Fontaine, « Un cœur mis en gage. Pontus de Tyard, Marguerite de Bourg et le milieu lyonnais des années 1550 », *Nouvelle Revue du XVIe siècle*, 1984, n° 2, pp. 69-89.

P. 98. Évelyne Salvadore-Berriot, *Les femmes dans la société de la Renaissance*, Genève, Droz, 1990, pp. 358-360.

P. 102. G.A. Pérouse, « F. Taillemont l'enchanteur mondain », *L'Humanisme lyonnais au XVIe siècle*, Actes du Colloque de Lyon, 1972, Grenoble, Presses Universitaires de Grenoble, 1974, p. 201.

P. 103. *Les Amoureuses occupations* de Guillaume de la Tayssonnière, D. de Chanein. A sçavoir : Strambotz, Sonets, Chantz et Odes liriques, Lyon, Guillaume Rouille, 1555.

Sur La Tayssonnière, voir Y. Giraud, « Guillaume de la Tayssonnière et ses *Amoureuses occupations* », *Il Rinascimento a Lione*, Atti del Congresso internazionale (Macerata, 6-11 Maggio 1985), a cura di A. Possenti et G. Mastrangelo, edizioni dell'Ateneo, Roma, 1988, t. II, pp. 349-369.

P. 103. Jacques Peletier du Mans, *L'Amour des Amours*, éd. J. Ch. Monferran, Paris, Société des textes français modernes, 1996. « Art poétique », *Traités de poétique et de rhétorique de la Renaissance*, éd. Francis Goyet, Paris, Librairie générale française, coll. « Le livre de poche », 1990.

P. 103. Pontus de Tyard, *Les Erreurs amoureuses*, Éd. John A. Marc Clelland, Genève et Paris, Droz et Minard, 1967 ; *Solitaire second*, éd. Cathy M. Yandell, Genève, Droz, 1980.

P. 105. Sur Luc'Antonio Ridolfi, *Aretefila*, voir V.L. Saulnier, *op. cit.*, t. II, p. 163, note 45.

P. 106. Sur le cercle de Pontus de Tyard, voir A. Lefranc, *La vie quotidienne au temps de la Renaissance*, Paris, 1938, p. 73.

P. 107. A. du Verdier, *Bibliothèque française*, 1585, p. 822. J'ai eu beaucoup recours dans ce chapitre à l'article déjà cité de K. Varty, « The Life and Legend of Louise Labé ».

P. 107. Jacques Peletier du Mans dans *Opuscules*, à la suite de l'*Art poétique, op. cit.* Voir Labé, *Œuvres*, éd. Rigolot, pp. 234-235 et transcription, p. 236.

P. 108. Peletier du Mans, « Ode A. Louize Labé, Lionnoese ».

La beauté ét le moins qui soèt an ele.
Car le savoer quele à
E le parler qui soevenant distile
Si vivement anime d'un dous stile,
Sont trop plus que cela.

Cette orthographe donne un exemple des réformes proposées par le Lyonnais Louis Meigret et adoptée en partie par Peletier et l'imprimeur Jean de Tournes. La traduction de cette ode est due à Fr. Rigolot, dans L. Labé, *Œuvres complètes*, pp. 236-237.

Chapitre VIII – La nouvelle Sappho

P. 111-112. François Rigolot, « Louise Labé et la redécouverte de Sappho », *Nouvelle Revue du XVIe siècle*, Droz, Paris et Genève, 1983, n° 1, pp. 19-31.
Du même auteur, *Louise Labé Lyonnaise ou la Renaissance au féminin*, Paris, Champion, 1997, ch. I, pp. 31-67. Je suis très redevable à ces deux textes pour tout ce qui concerne la redécouverte de Sappho.

P. 114. Marguerite Yourcenar, *La couronne et la lyre*, Paris, Gallimard, 1979.

P. 114. *Alcée/Sappho*, trad. de Théodore Reinach, avec collab. d'Aimé Puech, Paris, Les Belles Lettres, 1937 et 1980.

Pour la traduction complète de l'œuvre, voir E. Mora, *Sappho, Histoire d'un poète*, Paris, Flammarion, 1966.

P. 117. Cl. Marot, *Œuvres poétiques*, éd. G. Defaux, Paris, Bordas, 1993, t. II, pp. 283-284 et notes pp. 1082-1083.

P. 118. Philibert de Vienne, *Le Philosophe de Court,* Lyon, Jean de Tournes, 1547.

P. 118. A. du Verdier, « Loyse Labé, courtisane lyonnaise », *Bibliothèque*, 1584.

P. 118. La Croix du Maine, *Bibliothèque*, 1584, p. 499.

P. 119. Père D. de Colonia, *Histoire littéraire de la ville de Lyon*, Slatkine, 1970, p. 547.

P. 119. L. Labé, *Épître dédicatoire* dans *Œuvres complètes*, éd. F. Rigolot, Paris, Flammarion, pp. 41-43.

P. 120. *Œuvres complètes*, éd. Giudici, Genève, Droz, 1981, pp. 94-95, note 1.

Sur l'Épître dédicatoire, voir Madeleine Lazard, « Protestations et revendications féminines dans la littérature du XVIe siècle », R. H. R; 6 nov.-déc. 1991, pp. 859-877 et « Femmes, littérature, culture au XVIe siècle en France », *Femmes et pouvoirs sous l'Ancien Régime*, D. Haase-Dubosc et E. Viennot, éd. Rivages, 1991. Voir aussi Év. Berriot-Salvadore, *op. cit.*, pp.445-448.

P. 122. D.N. Losse, « Women adressing Women, The differentiated Text », *Renaissance Women Writers*, éd. A. Larsen et C. Winn, Wayne State Univ. Press., Detroit, 1994, pp. 24-37.

P. 124. A. d'Aubigné, Lettre VIII : « À mes filles touchant les femmes doctes de notre siècle », *Œuvres,* éd. H. Weber *et alii*, Paris, Gallimard, 1969, p. 854.

P. 125. G.A. Pérouse, « Louise Labé, Claude de Taillemont et le monde poétique de Jeanne Flore », *Les Voix du lyrisme*, textes réunis par G. Demerson, publication de l'Université de Saint-Étienne, éditions du C.N.R.S., 1990, p. 37.

Chapitre IX – Le débat de Folie et d'amour

P. 129. Daniel Martin, *op. cit.*, introd., pp. 12-24.

P. 130. Fr. Lecercle, « Les Commentaires du *Canzoniere* de Pétrarque à la Renaissance », *Le texte et ses représentations*, Paris, Presses de l'École normale supérieure, 1987, pp. 167-180. D. Fenoultea, *Du palais au jardin. L'architecture des Odes de Ronsard*; Genève, Droz, 1990, pp. 7-29.

P. 131. K. Varty, « Quelques aspects poétiques de la prose de Louise Labé », *Il Rinascimento a Lione*, a cura di A. Possenti G. Mastrangelo edizioni dell Ateneo, Roma, 1988, t. II, pp. 965-983.

P. 131. D. O'Connor, *op. cit.*, p. 98.

P. 131. V.L. Saulnier, *Maurice Scève*, *op. cit.*, t. I, pp. 386-387.

P. 131. Kupisz Kasimir, « Le théâtre de Louise Labé », *Les Voix du lyrisme, op. cit.*, pp. 125-145.
P. 132. Caridad Martinez, « À la lumière de la traduction. Une stratégie de l'ambiguïté », *Les Voix du lyrisme, op. cit.*, p. 113.
P. 134. Une liste des emprunts possibles de Louise Labé à Érasme a été dressée par D. O'Connor, pp. 111-112, E. Giudici et M.M. Fontaine, « L'ordinaire de la folie », *La Folie et le corps*, éd. réunies par J. Céard, Presses de l'E.N.S., 1985, pp. 184-185.
P. 135. Christiane Lauvergnat-Gagnière, « La Rhétorique du Débat », *Les Voix du lyrisme, op. cit.*, pp. 53-67.
P. 136. D. Martin, *Signe(s) d'amante, op. cit.*, pp. 64-66.
P. 140. M. Rose Logan, « La portée théorique du Débat de Folie et d'Amour », *Saggi e Ricerche di Letteratura Francese*, XVI, 1977, p. 22.
P. 140. Julianne Jones Wright et Fr. Rigolot, « Les irruptions de Folie : fonction idéologique du porte-parole dans les œuvres de Louise Labé », *L'Esprit créateur*, XXX, 4, Winter 1990, pp. 72-80.
P. 141. Fr. Charpentier, « Les voix du désir : le Débat de Folie et d'Amour de Louise Labé », *Le signe et le texte. Études sur l'écriture en France au XVIe siècle*. Textes réunis par Lauwrence D. Kritzman, Lexington, French forum publishers, 1990, pp. 27-38.
P. 141. M. M. Fontaine, « L'ordinaire de la folie », *op. cit.*, pp. 179-195.
P. 143. M. M. Fontaine, « Politique de Louise Labé », *Les voix du lyrisme, op. cit.*, p. 223.
P. 145. Erwin Panofsky, *Essais d'iconologie*, Paris, Gallimard, 1967, pp. 179 ; 203. Cité par Ch. Lauvergnat-Gagnière dans « La Rhétorique dans le Débat », *Les voix du lyrisme, op. cit.*, pp. 63-64.
P. 145. M.M. Fontaine, « L'ordinaire de la folie », *op. cit.*, p. 193. Guillaume Paradin, *Mémoires de l'histoire de Lyon*, Lyon, 1573, p. 356.

Chapitre X – Une observatrice malicieuse

P. 147. B. Castiglione, *Le livre du Courtisan*, présenté par A. Pons, Paris, éd. G. Lebovici, 1987, [d'après la version de G. Chappuis (1580)], livre II, pp. 162-206.
P. 147. F. Charpentier, « Les voix du désir : le Débat de Folie et d'Amour », *op. cit.*, p. 35.
P. 149. Voir D. Martin, *Signe(s) d'amante*, *op. cit.*, pp. 96-97.
P. 149. E. Giudici, *op. cit.*, p. 44.
P 150. M. Rose Logan, « La portée théorique du *Débat* de Louise Labé », *Saggi e Ricerche di Letteratura Francese*, vol. XVI, 1977.
P. 153. Sainte-Beuve, « Louise Labé », *Revue des Deux Mondes*, 15 mars 1845.
P. 153. Marcel Arland, *La Prose française*, 1951.
P. 155. Fernand Zamaron, *Louise Labé, dame de franchise*, Paris, Nizet, 1968, p. 53.
P. 156. E. Giudici, « Influssi italiani sul Débat de Folie et d'Amour », *Louise Labé et l'École lyonnaise, op. cit.*, pp. 129-164.
P. 156. Voir M. M. Fontaine, « L'ordinaire de la folie », *op. cit.*, pp. 190-191.
P. 156. K. Varty, « Louise Labé et Marsilio Ficino », *Modern Langage Notes*, LXXI, November 1956, pp. 508-510. Du même auteur : « Louise Labé's theory of transformation », *French Studies*, XII, I, janvier 1958, p. 513. Cet article a été critiqué par Ann R. Larsen : « Louise Labé's, Débat de Folie et d'Amour : Feminism and the defense of Learning », *Tulsa Studies in Women's Literature*, 2, 1, Printemps 1983, pp. 43-55.
P. 157. Sur l'importance du lien entre l'*Épître* et le *Débat*, voir M. Rose Logan, « La portée théorique du Débat de Folie et d'Amour », *op. cit.*, pp. 11-25.
Voir Ann R. Larsen, « Louise Labé's Débat de Folie et d'Amour : Feminism and the Defense of Learning », *op. cit.*, pp. 43-55.
Voir R.D. R. Cottrell, « The problematics of Opposition in Louise Labé's Débat de Folie et d'Amour », *French Forum*, 1987, XII, pp. 27-42.

P. 159. Daniel Martin, *Signe(s) d'amante, op. cit.* Deuxième partie, pp. 47-147. Étude très détaillée du *Débat*, pp. 146-147.

Chapitre XI – Confidences élégiaques

P. 161. François Lecercle, « L'erreur d'Ulysse. Quelques hypothèses sur l'organisation du *Canzoniere* de Louise Labé », *Les Voix du lyrisme*, textes réunis par G. Demerson. Publication de l'Université de Saint-Etienne, éd. du C.N.R.S., 1990.
Sur l'Élégie et sur Marot introducteur de l'Élégie, voir V.L. Saulnier, *Les Élégies de Clément Marot*, Paris, S.E.D.E.S., 1968, et Cl. Marot, *Œuvres poétiques*, édition G. Defaux, Paris, Classiques Garnier, Bordas, t. I, pp. 637-639. Voir également sur l'Élégie : *Traités de poétique et de rhétorique de la Renaissance*, éd. Francis Goyet, Paris Librairie générale française, 1990, p. 300.

P. 163. Marguerite de Navarre, *Heptaméron*, éd. Michel François, Paris, Garnier, 1967, 35e Nouvelle, p. 255.

P. 163. Montaigne, *Essais*, éd. P. Villey, Paris, P.U.F., 1978 (3e édition), t. II, p. 896.

P. 164. Voir D. Martin, *Signe(s) d'amante, op. cit.*, p. 158.

P. 166. Voir J. Cl. Moisan, « La codification de la passion : Louise Labé (Sémiramis). Ronsard (Hercule) », *La Peinture des Passions de la Renaissance à l'âge classique*, textes réunis par B. Yon, publication de l'Université de Saint-Etienne, 1995, pp. 111-126.

P. 170. Voir D. Martin, *Signe(s) d'amante, op. cit.*, pp. 164-176 ; B. Castiglione, *Le Courtisan* (traduit d'après la version de G. Chappuis (1580) par Alain Pons), livre IV, ch. LXVI, Paris, Flammarion, « GF », 1991, p. 397.

P. 172. Olivier de Magny, *les Gayetez*, éd. par Alistair R. Mac Kay, Genève, Droz, 1968.
Les Cent deux sonnets des Amours de 1553, éd. critique par Mark S. Whitucy, Genève et Paris, Droz et Minard, 1970.

Les Souspirs, éd. critique par David Wilkin, Paris et Genève, Droz, 1978.
Les trois premiers livres des Odes de 1559, éd. critique par François Rouget, Genève, Droz, 1995.

Chapitre XII – Les Sonnets ou les rôles inversés

P. 170. Chiara Sibona, *Le sens qui résonne. Une étude sur le sonnet français à travers l'*œuvre *de Louise Labé*, Longe Editore, Ravenna, 1984.

P. 181. Ch. Sibona, « Création-imitation : un essai sur la poétique de Louise Labé », *Annali dell'Istituto universitario orientale*, Sezione Romanza, XXV, 2, Napoli, 1983, p. 729.

P. 182. E. Giudici, *Essai*, *op. cit.*, p. 70.

P. 182. Nicolas Ruwet, *Langage, musique, poésie*, Paris, Seuil, 1972, pp. 165 sq.

P. 185. E. Giudici, *Œuvres complètes*, *op. cit.*, p. 175, note 58.

P. 185. Françoise Charpentier, *Louise Labé, Pernette du Guillet…*, *op. cit.*, p. 29.
Voir François Rigolot, *Louise Labé lyonnaise*, *op. cit.* et la discussion sur l'antériorité du sonnet II, pp. 89-99.

P. 186. Pour l'analyse du sonnet II, voir Chiara Sibona, *op. cit.*, pp. 49-52 ; D. Martin, *op. cit.*, le chapitre 3 est consacré à l'étude de l'agencement des sonnets.
K. Berriot se montre totalement hostile à Olivier de Magny, notamment dans la question du « dialogue » des sonnets, *op. cit.*, pp. 128-129.

P 191. Voir François Lecercle, « L'erreur d'Ulysse. Quelques hypothèses sur l'organisation du *canzoniere* de Louise Labé », *Louise Labé. Les Voix du lyrisme*, publication de l'Université de Saint-Etienne, éditions du C.N.R.S., 1990, pp. 207-221.

P. 191. Daniel Martin, *op. cit.*, ch. 3.

P. 192. Sur le thème du baiser, voir H. Weber, *La création poétique au* XVIe *siècle*, *op. cit.*, pp. 369 sq. Voir aussi G. Mathieu-Castellani, *Éros baroque*, Paris, 1979.

Sur le platonisme : Stephany Canteloube Sigal, *Le platonisme et le sensualisme dans l'*œuvre *de Louise Labé*, thèse de la *Tulane University*, 1975.

P. 193. Sur le néo-platonisme de Louise Labé, voir K. Varty « Louise Labé et Marsilio Ficino », *op. cit.*, pp. 508-510.

P. 193. Sur le sonnet XVIII, voir Fr. Lecercle, « L'erreur d'Ulysse », *Les Voix du lyrisme, op. cit.*, pp. 219-220 ; André Gendre, « De l'Antiquité à Ronsard et à Louise Labé. Le baiser amoureux et la mort », *Travaux de linguistique et de littérature*, XVI, 1, 1978, pp. 169-181.

P. 194. Fr. Rigolot, « Signature et signification : les baisers de Louise Labé », *The Romanic Review*, I, LXXV, January 1984, pp. 10-24. « De l'Antiquité à Ronsard et à Louise Labé, Le baiser amoureux et la mort », *op. cit.*, pp. 169-181.

P. 195. Gabriel A. Pérouse, « Louise Labé, Claude de Taillemont et le monde poétique de Jeanne Flore », *Les Voix du lyrisme, op. cit.*, pp. 35-49.

P. 199. F. Charpentier, *L. Labé, Œuvres poétiques*, *op. cit.*, p. 26.

P. 200. Gisèle Mathieu-Castellani, « Les marques du féminin dans la parole amoureuse de Louise Labé », *Les Voix du lyrisme, op. cit.*, pp. 189-203.

Chapitre XIII – Dernières années dans le malheur des temps

P. 205. Chanson nouvelle, dans *L. Labé, Œuvres complètes*, éd. Fr. Rigolot, pp. 238-239.

P. 205. G. Tricou, *Louise Labé et sa famille*, *op. cit.*, p. 86.

P. 207. Olivier de Magny, *Les trois premiers livres des Odes de 1559*, *op. cit.* ; *Œuvres complètes*, éd. Fr. Rigolot, *op. cit*, pp. 239-242.

P. 209. Pour le sens à donner à l'expression « Cortegiana honesta », voir la définition d'É. Berriot-Salvadore : « Le terme et le personnage imputés d'Italie gardent finalement des contours imprécis. Même si du Verdier donne [à cette expression] une acception romaine : recevoir gracieusement en sa maison seigneurs, gentilshommes et autres personnages de mérite avec entretien et divers discours, le soupçon de vénalité trouble la définition», *Les Femmes dans la société française de la Renaissance*, *op. cit.*, Droz, 1990, p. 453.

P. 210. M. de Montaigne, *Les Essais*, éd. Villey, Paris, P.U.F., 1965, liv. III, ch. 5, p. 895.

P. 210. P. Larivaille, *La vie quotidienne des courtisanes en Italie*, Paris, Hachette, 1975, p. 27.

P. 211. Villamont, *Les voyages du Seigneur de Villamont, chevalier de l'ordre de Jérusalem, gentilhomme du pays de Bretagne...*, Paris, Claude de Monstroeil et Jean Richet, 1595, p. 132.

P. 212. Montaigne, *Essais*, *op. cit.*, III, 5, p. 870. L'Estoile, Registre-Journal, éd. M. Lazard et G. Schrenck, Droz, sept. 1577, t. II, p. 205.

P. 213. Brantôme, *Œuvres complètes*, éd. L. Lalanne, Paris, Vve J. Renouard, 1864-1882, t. VIII, p. 194.

P. 216. Claude de Rubys, *Histoire véritable de la ville de Lyon*, *op. cit.*, pp. 402 et 404.

Chapitre XIV – Louise Labé au long des siècles

XVIe siècle : admirée et suspecte

P. 222. Épigramme XIII, *Œuvres complètes*, éd. F. Rigolot, *op. cit.*, p. 100.

P. 224. Philibert de Vienne, *Le Philosophe de court*, Lyon, p. 76.

P. 224. François de Billon, *Le Fort inexpugnable de l'honneur du sexe féminin*, Paris, 1555, fol. 15, recto 1.

P. 225. Jean Calvin, *Gratulatio advenerabilem presbyterum dominum Gabrielum de Saconay pracentorem ecclesiae lugdunensis*. Voir J. Calvini, *Tratatus theologiciomnes...*, traduction française de Théodore de Bèze, *Petits traités de M. Jean Calvin*, Genève (Baptiste Pinereul), 1566, p. 1824.

P. 226. Guillaume Paradin de Cuyseaulx, *Mémoires pour servir à l'histoire de Lyon*, Lyon, A. Gryphius, 1573, liv. III, ch. 29, p. 355.

P. 226. *Ibid.*, *Louise Labé*, *Œuvres*, éd. Ch. Boy, t. II, p. 103.

P. 227. Claude de Rubys, *Les Privilèges, Franchises et Immunités octroyées par les rois très chrestiens aux Consuls, éche-*

vins, manants et habitants de la ville de Lyon, et à leur postérité, Lyon, A. Gryphius, 1573.
Claude de Rubys, *Histoire véritable de la ville de Lyon*, Lyon, *op. cit.*

P. 228. La Croix du Maine, *Bibliothèque du Saint de la Croix du Maine*, Paris, 1584.

P. 228. Voir É. Berriot-Salvadore, « La problématique histoire des textes féminins », *Atlantis*, vol. 19, n° 1, automne-hiver 1993, p. 10.

P. 228. A. du Verdier, *La Bibliothèque d'Antoine du Verdier, seigneur de Vauprivas*, Lyon, 1585, p. 822.
Les articles de ces deux auteurs figurent dans le tome II des *Œuvres* de Louise Labé, *op. cit.*, éd. Ch. Boy, pp. 106-107.

P. 229. F. de Billon, *Le Fort inexpugnable*, *op. cit.*, ch. XIII, fol. 180.

P. 229. P. Blanchemain, *Poètes et Amoureuses. Portraits littéraires du XVIe siècle*, Paris, Wilhem, 1877, t. I, pp. 177-220.

P. 230. Pierre de Saint Julien, *Gemelles ou Pareilles, Recueillies de divers auteurs...*, Lyon, t. I, XI, p. 324.

P. 230. Jean Dagoneau, *La Rose des Nymphes illustres*, Manuscrit, Bibliothèque de Reims.

P. 231. Madeleine Lazard, *Images littéraires de la femme à la Renaissance*, Paris, P.U.F., 1985, voir le chap. IV, « La poésie au féminin », pp. 45-70.

P. 234. É. Berriot-Salvadore, « Les héritières de Louise Labé », *Les voix du lyrisme*, textes réunis par G. Demerson, publication de l'Université de Saint-Etienne, éd. du C.N.R.S., 1990, p. 93-106.

XVIIe-XVIIIe siècles : l'éclipse

P. 235. Sainte-Beuve, *Les grands écrivains français XVIe siècle. Les poètes*, éd. Allem, 1926, pp. 176-177.

P. 235. Stanislas Piotr Koczorowski, *Louise Labé. Étude littéraire*, Champion, 1925, pp. 28-29.
P. 235. Guillaume Colletet, « Louise Labé », *Vies des poètes français*, ms f fr. n° 3073, Bibliothèque nationale, ff. 257.

P. 236. Jean-Pierre Nicéron, *Mémoires pour servir à l'histoire des hommes illustres dans la république des lettres [...]*, t. XXIII, Paris, Briasson, 1733, pp. 242-257.

P. 236. P. Dominique de Colonia, *Histoire littéraire de la ville de Lyon* [...], t. II, Lyon, Rigollet, 1730, pp. 538; 542-546.

P. 236. P. Dominique de Colonia, *Histoire littéraire de la ville de Lyon* [...], t. II, Lyon, Rigollet, p. 423 et 538-546.
Jean Pernetti, *Recherches pour servir à l'histoire de Lyon ou les Lyonnais dignes de mémoire*, Lyon, frères Duplain, 1757, pp. 348-353.

P. 237. [Abbé] Irailh, *Querelles littéraires, ou mémoires pour servir à l'histoire des révolutions de la République des lettres depuis Homère jusqu'à nos jours*, Paris, Durand, 1761, I, pp. 158-164.

XIXe siècle : Louise et l'éternel féminin

P. 241. Sainte-Beuve, *Œuvres de Louise Labé, la Belle Cordière*, « le Constitutionnel », 23 fév. 1863. Recueilli dans les *Nouveaux Lundis*, 4e éd., Paris, 1869-1878, t. IV, « Journal des Savants », déc. 1844 ; « Louise Labé », *Revue des Deux Mondes*, 15 mars 1845.

P. 242. Léon Feugère, *Les Femmes poètes au XVIe siècle*, Paris Didier et Cie, 1860, pp. 1-22.

P. 242. Michèle Clément, « La réception de Louise Labé dans les éditions du XIXe siècle : la résistance au féminin, la résistance du féminin », *Masculin/Féminin dans la poésie et les poétiques du XIXe siècle*, sous la direction de Chr. Planté (collection « Littérature et idéologies »), Presses Universitaires de Lyon, 2002. Cet article m'a été très utile pour l'étude des critiques du XIXe siècle.

P. 242. Édouard Turquety, « Étude sur Olivier de Magny », *Bulletin du Bibliophile*, Paris, Techener, XIVe siècle, 1860, p. 1637 sq.

P. 243. Prosper Blanchemain, *Œuvres de Louise Labé*. Publiées avec une étude et des Notes, Paris, Librairie des Bibliophiles MDCCCLXXV. « Louise Labé », *Poètes et amoureuses. Portraits littéraires du XVIe siècle*, Paris, Willem, 1877, I, pp. 177-220.

P. 243. Charles Boy, *Œuvres de Louise Labé*, Paris, A. Lemerre, MDCCCLXXXVII, 2 vol, I. Œuvres de Louise Labé, Bibliographie. Notes et variantes. II. Recherches sur la vie et les œuvres de Louise Labé. Glossaire. [Réimprimé en 1968, Genève, Slatkine Reprints, I. II].
P. 244. Alfred Cartier, « Les poètes de Louise Labé », *R.H.L.F.,* I (1894), pp. 433-440.
P. 244. F. Brunetière, « La Pléiade française et l'école lyonnaise », *Revue des Deux Mondes*, 15 déc. 1900.
P. 244. É. Faguet, *Histoire de la littérature française*, 1900.

XXe siècle : la revanche
P. 245. Max Jasinski, *Histoire du sonnet en France*, Paris-Douai, 1903, p. 66.
P. 246. Dorothy O'Connor, *Louise Labé. Sa vie et son* œuvre, Abbeville, F. Paillard, 1926 (Doctorat d'université de la Faculté des lettres de l'Université de Paris).
P. 247. Stanislas Piotr Koczorowski, « Louise Labé, étude littéraire », *Revue de Pologne*, janv. sept. 1924 ; Paris, Champion, 1925.
P. 247. Louis Aragon, *Les yeux d'Elsa*, Paris, 1942, 2e éd., Paris, Seghers, 1980, pp. 61-65.
P. 248. L.-P. Fargue, « Louise Labé », *Revue de Paris*, fév. 1950.
P. 249. Thierry Maulnier, *Introduction à la poésie française*, 1939.
P. 249. Festugière, *La Philosophie de l'amour de Marsile Ficin et son influence sur la littérature française au XVIe siècle*, Paris, Vrin, 1911.
P. 249. Saulnier, V.L., « Étude sur Pernette du Guillet et ses Rymes avec des documents inédits », *Bibl. d'Humanisme et Renaissance*, IV, 1944, pp. 7-119.
P. 249. Léopold Sedar Senghor, Préface de l'*Anthologie des poètes du XVIe siècle*, 1955.
P. 250. André Gide, *Anthologie de la poésie française*, Paris, Gallimard (bibl. de la Pléiade), 1949, p. XVI ; p. XXIV.
P. 250. Marcel Arland, *La poésie française*, 1951.
P. 250. Georges Tricou, « Louise Labé et sa famille », *op. cit.,* pp. 60-104.

Son fils, M. Jean Tricou a donné la liste de tous les documents d'archives relatifs à Louise Labé et sa famille ; J. Tricou, *Armorial et Répertoire lyonnais*, 7 vol., vol. I, Paris, Suffray, 1972, pp. 151-152.

P. 250. K. Varty, « The Life and Legend of Louise Labé », *op. cit.*, pp. 78-108.

P. 252. Albert Marie Schmidt, *Poètes du XVIe siècle*, 1953.

P. 252. P. Éluard, *La poésie du passé*, Paris, Seghers, 1960, p. 357.

P. 252. Andrée Chedid, sonnet « Pour Saluer Louise Labé », dans *Les Pharaons*, hiver 1972 (consacré presque entièrement à Louise Labé, p. 9).

P. 253. Enzo Giudici, *Louise Labé, Essai*, Paris, Nizet, 1981, pp. 56 ; 83 ; 86. Dans cet Essai, voir le ch. IX, « L'histoire de la critique », pp. 89-97. Voir également la bibliographie de ses ouvrages donnée par l'auteur, pp. 100-103.
Ses travaux sur Louise Labé, de 1953 à 1964, sont rassemblés à quelques exceptions près dans l'ouvrage : *Louise Labé et l'École lyonnaise. (Studie e Ricerche con documenti inediti)*. Avant-propos de Jean Tricou, Naples ; Liguori, 1964.

P. 253. E. Giudici, Notes sur la fortune posthume de Louise Labé, *Bibl. d'Humanisme et Renaissance*, XLI, 1979, pp. 349-355.

P. 253. Natalie Zemon Davis, *Les cultures du peuple*, Paris, Aubier (Collect. historique), 1979 [trad. de *Society and Culture in early Modern France*, Stanford Univ. Press., 1965].

P. 254. Madeleine Lazard, *Les Avenues de Fémynie*, Paris, Fayard, 2001 et chap. XII, « À la conquête du savoir », pp. 213-232.

P. 254. Émile Henriot, « Courrier littéraire, Louise Labé, écuyère, amoureuse et poète », *Le Temps*, 11 nov. 1924.

P. 255. M. M. Fontaine, « Politique de Louise Labé », *Les Voix du lyrisme*, *op. cit.*, pp. 223-241, 233-251.

P. 255. Hélène Moreau, « Errant par les chants de Pétrarque : les sonnets de Louise Labé », *Les Voix du lyrisme*, *op. cit.*, pp. 767-777.

P. 255. Madeleine Lazard, *Les Avenues de Fémynie*, *op. cit.*, ch. XIII, « l'écriture au féminin ».

P. 255. Sur l'écriture féminine, voir «Écrire au féminin à la Renaissance»,*L'Esprit créateur*, vol. XXX, n° 4, hiver 1990. Articles de Fr. Rigolot, Anne R. Larsen, Françoise Charpentier, J. Nash, J. Borney, G. Mathieu-Castellani, J. Jones Wright, Robert R. Cottrel, Cathleen Bauschatz Kenneth Read.

P. 255. Michèle Clément, *op. cit.*, p. 47.

P. 255. Ce point de vue «féministe» d'Ann Rosalind Jones («Assimilation with a Difference : Renaissance Women Poets and Literary Influence», *Yale French Studies*, 62, 1981, pp. 135-153) est partagé par Gisèle Mathieu-Castellani.*La quenouille et la lyre*, Paris, P.U.F., 1998.

P. 256. Deborah Lesko Baker, «The Subject of Desire. Petrarchian Poetics and the female Voice», *Louise Labé*, Purdue University Press, West Lafayette, Indiana, Purdue Studies in *Romance Literatures*, vol. 11, with a Forewore of Tom Conley, p. XIV.

P. 256. Parmi les derniers romans, il faut signaler celui de K. Berriot, *Parlez-moi de Louise*, 1980, et celui de Sissel Lie, *Cœur de lion*, traduit du norvégien, Paris, Presses de la Renaissance, 1991. Des ouvrages récents ont paru en 2002, un roman de Florence Weinberg, *Longs désirs, Louise Labé lyonnaise*, trad. Myriam Mac Ginnis, éditions lyonnaises d'art et d'histoire, 2002 (réjouissants anachronismes et contexte historique très fantaisiste). Une biographie de Mady Dépillier, *Louise Labé, la première féministe*, édit. du Losange, Nice (recherches sur la vie, la famille et la critique, contemporaine surtout, ignorées).

Œuvres de Louise Labé

Éditions anciennes

Evvres de Louize Labé Lionnoize, à Lion par Jean de Tournes, MDLV (in-8°).
Evvres de Louize Labé Lionnoize, revues et corrigées par la dite Dame, à Lion par Jean de Tournes, MDLVI (in-8°).
Evvres de Louize Labé Lionnoize, à Lion par Jean de Tournes, MDLVI [édition abusive (in-16°) (in-8°)].
Evvres de Louize Labé Lionnoise, à Rouen par Jean Garou, 1556 (in-16°).

Principales éditions modernes

Evvres de Louize Labé Lionnoize, éditées par N. F. Cochard et Breghot du Lut, Lyon, Durand et Perrin, 1824.
Œuvres de Louise Labé, éditées par Prosper Blanchemain, Paris, librairie des Bibliophiles, 1875.
Œuvres de Louise Labé, éditées par Charles Boy, Paris, Alphonse Lemerre, 1887, 2 volumes, Genève, Slatkine, 1981.
Œuvres complètes, édition critique et commentée par Enzo Giudici, Genève, Droz, 1981 [les « Escrits » manquent].
Œuvres poétiques précédées des Rymes de Pernette du Guillet avec un choix de Blasons du corps féminin, éd. Françoise Charpentier, Paris, Gallimard, 1983.
Œuvres complètes, éd. François Rigolot, Paris, Flammarion, 1986.
« Louise Labé, Œuvres complètes », éd. critique établie, annotée et commentée par Karine Berriot, *Louise Labé. La Belle Rebelle et le François nouveau*, Paris, Seuil, 1985.

Louise Labé's Complete Works, traduites et éditées par Édith R. Farrell, introduction par C. Frederick Farrell Jr et Édith R. Farrell, Troy, New York, Whitson, 1986.

Index

Q

R

S

T

V

W

Z

Table

Cet ouvrage a été réalisé en Times par Palimpseste à Paris

Impression réalisée sur CAMERON par
BRODARD ET TAUPIN
La Flèche

pour le compte des Éditions Fayard
en février 2005

Imprimé en France
Dépôt légal : février 2005
N° d'édition : 56376 – N° d'impression : 28158
ISBN : 2-213-61765-1
35-68-1965-9/02